ちくま文庫

無敵のハンディキャップ

障害者が「プロレスラー」になった日

北島行徳

筑摩書房

目次

無敵のハンディキャップ

障害者が「プロレスラー」になった日

章扉写真　南信司

第一章

鍋のゴングが鳴り響く

雨が降っていた。

一九九一年四月二十七日、東京都世田谷区にある世田谷ボランティアセンターの二階。窓の外を見ながら、浪貝朋幸《なみがいともゆき》が顎を突き出して、口から煙を吐いている。薄汚れた指先には、よれた煙草が危なっかしそうにつままれていた。

「ぜぇんぜぇん、おきゃくさんこねぇじゃん」

そう言って溜息をつくと、頬をひきつらせて笑みを浮かべた。卑屈な感じのする笑顔だった。

「お客さんが十人くるまで、もう少し待ちましょうよ」

会場の中からは神山真《かみやままこと》の嘆きにも似た声が、木霊《こだま》のように何度も聞こえてくる。午後一時半。すでに試合開始の時間を三十分過ぎている。受付では、新垣多恵《しんがきたえ》が暇そうに椅子に座っていた。目の前の机には、大量に作られたパンフレットが山のように積まれ、小さな金庫には百円玉が数枚入っている。入場料は三百円だから、会場の中を見るまでもなく、観客の入りがわかった。

「やっぱぁ、あめだからかなぁー」

ぎこちない手つきで煙草を灰皿に押しつけると、浪貝は、また恨めしそうに窓の外を見た。ボランティアセンターの入口には「ドッグレッグス　プレゼンツ　障害者プロレス第一回興行　体拳発表会」と書かれた看板が、雨で濡れている。

この頃の私たちの心の中は、いつもどんよりとした黒い雲に覆われていた。雨が降りそうで降らない、青空が見えそうで見えない。もどかしさと苛立ちが続く毎日だった。ならば、いっそ大雨が降ればいい。障害者プロレスは、そんな、半ばやけっぱちな気持ちから生まれたように思う。私は水滴のついた窓ガラスを見ながら、ドッグレッグスの旗揚げ戦らしい天気じゃないか、と心の中で呟いた。

試合会場である定員三十人ほどの会議室の中央には、六畳用の絨毯《じゅうたん》が敷いてあった。これがリングである。真ん中には、なぜか、もう一枚絨毯が敷かれていた。スタッフの一人が危ないからと、中央だけを二重にしたのだ。もっとも、床に絨毯を敷いただけのリングに、今更危ないも何もあったものではないのだが。そのリングの周りにはパイプ椅子が十脚ほど並べられ、たった三人の観客が、えらい所にきてしまったという顔をして、気まずそうに座っていた。いずれも見慣れた顔で、私たちが言うところの「ボランティア業界人」という連中だ。本当は、あまりきて欲しくはなかった人種なのだが、この寂しすぎる観客の入りで贅沢を言ってはいられない。

一時四十五分。ボランティアセンターの職員二人が、一階の事務室から様子を見にやってきた。これで観客は五人になった。

「よし、もう始めよう！」

スタッフに声をかけると、私はリングアナウンサーとしてマイクを握った。

「大変長らくお待たせしました。本日のプログラムを発表します。まず、美しくなければ筋肉じゃない。マッスル・イズ・ビューティフル『スタローン神山の筋肉パフォーマンス』。続きまして本日のメインイベント、ボランティア業界初、世界障害者プロレス選手権試合『チャンピオン・サンボ慎太郎対挑戦者・獣神マグナム浪貝』を行います」

観客の間からクスクスと笑い声が聞こえる。つられるようにして、照れ笑いや苦笑いが、リングの周囲にいるスタッフの間からも起きた。まったく緊張感のない、仲間内で楽しんでいるような雰囲気の中、興行は始まった。

まず、スタローン神山こと、神山真の筋肉パフォーマンスがリング上で行われた。体中にオイルを塗りたくり、スパッツ一枚でさまざまなポーズをとる神山は、スポーツクラブでインストラクターとして働いている。趣味のボディビルで鍛え上げた自慢の筋肉を披露し、興行に花を添えたいという本人の希望を汲み、前座としてプログラムに加えたのだ。

「さぁー、見てよ!!　どう？　どう？　ぼくの筋肉!!」

大声で叫ぶ神山に対して、観客席から気持ち悪がる悲鳴とバカにしたような笑いが起きた。そんな反応を気にせずに、神山は十五分ほどパフォーマンスをすると、満足気にリングから引き上げて行った。いよいよメインイベントの開始である。レフェリーも務めることになっている神山が、控え室でトレーニングウェアに着替えてリングに戻ってくると、私は再びマイクを握った。

「挑戦者、獣神マグナム浪貝選手の入場です！」

私のコールに合わせて、本部席に座っている新垣が、カセットデッキで入場テーマを流す。

「よっしゃぁ!!」

大声で気合いを入れて、上半身裸で肩にタオルをかけた浪貝が入場してきた。鶏の足のように広げた掌《てのひら》を宙に突き上げ、フラフラと千鳥足でリングに向かう。今にも転びそうな様子の浪貝を支えているのは補助靴だ。それは、革靴の踝《くるぶし》の辺りから二本の金具が伸び、膝下でバンドによって留めてある。二本の金具が支えになり、不安定な足首を固定しているのだ。

リングネームは、浪貝がファンである二人の有名人から取って付けた。「獣神」はプロレスラーの獣神サンダー・ライガーから、「マグナム」はAV男優のマグナム北斗からである。

浪貝はリングにたどり着くと、肩のタオルを投げ捨てた。あらわになった上半身は、無駄な脂肪がいっさいなく、水泳選手のような筋肉に包まれている。そして、魚のように目を剝《む》いて、まばたきもせずにチャンピオンが入場する方向を凝視した。

「チャンピオン、サンボ慎太郎選手の入場です！」

軽快なテーマが流れる中、おもちゃのベルトを腰に巻いたジャージ姿の慎太郎が入場してきた。バタバタした足どりで、顔には今にも噴き出しそうな笑みを浮かべている。丸坊主で地黒の顔に、キョロキョロと動く丸い目が、どこか愛嬌を感じさせた。リングネームの「サンボ」とは、柔道に足への関節技を加えた旧ソ連生まれの格闘技である。

レフェリーの神山が、浪貝と慎太郎をリングの中央に呼び寄せる。補助靴を脱いだ浪貝は、膝立ちで慎太郎ににじり寄り、血走った目で下から睨み上げた。慎太郎も負けずに睨み返すが、なにが面白いのか、また噴き出して笑いそうになっている。

神山が本部席の方をチラリと見ると、新垣が右手にすりこぎを、左手には鍋を持ち、顔の前に掲げた。そして「ファイト！」と神山が叫んだ瞬間、彼女は鍋をすりこぎで思い切り叩いた。

カーーン。

軽く乾いた金属音が、静かな会場に響く。世界初の試みであり、今後も生まれることはないであろう障害者プロレス。その歴史に残る記念すべき第一試合は、鍋のゴングで始まった。

びたーーん。

浪貝が膝立ちのまま渾身の力を込めて振り回した拳が、立っている慎太郎の腹にいきなり命中した。調子に乗った浪貝は、二発、三発と、また拳をふるう。脂肪の多い慎太郎の腹が波打つと、地黒の肌が赤黒く変色し、顔からは笑みが消えた。次の瞬間、慎太郎は浪貝の前でクルッと前転し、その反動で勢いがついた足の踵《かかと》を浪貝の頭に落としていった。

「うおーっ！　浴びせ蹴りだ！」

レフェリーの神山が、興奮して解説者のように声を張り上げた。ひるんだ浪貝の右腕を慎太郎は股で挟み、一気に両腕で引っ張るように伸ばした。

「あっと、腕ひしぎ逆十字固めだ。うまいなー、お前どこで覚えたんだよ」

神山がレフェリーであることを忘れて、また観客のようなことを言っている。しかし、浪貝が必死の形相で痛みに耐えているのを見て、急に思い出したかのように「浪貝ギブアップ⁉」と聞いた。この試合は、三分10ラウンドの三本勝負で行われていた。関節技や絞め技でギブアップを奪うか、打撃技でノックアウトした場合に一本となり、先に二本を取った選手の勝ちとなる。対戦相手の両肩をマットにつけて、3カウントが入った時点で勝敗が決まる普通のプロレスと比べると、格闘技色が強いルールに私が設定した。ここまでの対戦に至る経緯から、二人には相手を完膚なきまでに叩きのめす完全決着のルールの方が適していると思ったからだ。

試合は慎太郎の一方的ペースで進んだ。障害の程度が浪貝の方が重いこともあるが、なにより慎太郎には必殺の関節技があったからだ。誰に教わったわけでもないので、これも持って生まれた才能と言うのだろうか。慎太郎は浪貝を寝転がすと、首、腕、足を巧みに逆へと絞り上げる。苦痛の声を挙げながらも必死に耐えてきた浪貝だったが、4ラウンドに首を両脚の太股で挟まれ、雑巾を絞るように捻《ひね》られると、ついにギブアップした。それは「クロックヘッドシザース」という紛れもないプロレスの技だった。

一本先取されて後がなくなった浪貝だが、技らしい技はパンチしかないため、誰の目から見ても敗色濃厚になってきた。それでも鬼気迫る形相で、ただひたすらにパンチを慎太郎の腹に放っていく。何かにとり憑かれたようなその姿に圧倒されたのか、それともあまりの単調な展開に退屈しているのか、観客席はすっかり静まり返っている。そして9ラウンド。執拗に腹を殴る浪貝に対して、慎太郎が面倒だとばかりにアッパーカット気味の平手を顔面へぶち込んだ。カクンとうつ伏せに倒れる浪貝。すかさず慎太郎は上に覆い被さると、浪貝の両脚を両腕で抱え込み、首を両足首で固めると海老のように体を反らせた。ソープランドに行ったときに思いついたというオリジナル技「慎太郎ソープ固め」がガッチリと極《き》まった。じわじわと浪貝の首が、慎太郎の海老反りに合わせて変な方向に折れ曲がっていく。

「危ない、危ない！　死んじゃうよ！」

　神山が慌ててゴングを要求し、技をほどいた。試合終了の鍋の音が鳴り響く中、「あうー」と浪貝がうめき声を挙げた。

　試合に勝った慎太郎は、マイクを持つと観客に向かって叫び始めた。

「みなさん、きょうは、あめのなか、すみません。ほんと、しょうがいしゃは、よのなかに、ばかにされているけど、なみがいさんとおれのしあいで、しあいで、しあいで……」

　言葉が続かなくなったのか、さかんに頭を掻きむしる。

「……しょうがいしゃは、もっと、あばれたらいいと、おれはおもうよ。なみがいさん、ありがとうございました」

　何とか言葉を振り絞ると、浪貝に頭を下げた。観客席からパラパラと拍手が起こる。次は浪貝がマイクを握った。試合が終わったせいか、うってかわって穏和な表情になっている。

「いやぁ、こぉんなことというと、みんなぁ、またぁ、わらうかもしれないけどぉ、しょうがいしゃは、もぉっとそとにでたほうがいいよぉ。こういうことぉ、みんなでぇ、もっとやろうよぉ」

言っていることと、今までやっていたことにギャップがありすぎて、会場がドッと笑いに包まれた。

興行が終わり観客が帰っても、私たちはいつまでも絨毯のリングの周りに集まり、余韻を楽しんでいた。障害者レスラー二人とスタッフ六人は、口を休みなく動かして、今日の興行を振り返った。話すたびに、アルコールも入っていないのに、ほろ酔い気分になっていくのが心地よかった。最終入場者数が五人で、興行収益は千五百円。興行といっても、子供の積み木遊びみたいなものである。それでも、みんなの心はずっと思い描いていた理想の恋人と、やっと出会えたような喜びに満ちていた。ただ一人、新垣だけが、叩き続けて底がボコボコに変形した鍋を見て、憂鬱そうな顔をしていた。鍋はボランティアセンターから借りていたものだったのだ。頭の中では、さまざまな言いわけが駆け巡っているようである。

こうして、ドッグレッグスの旗揚げ興行は幕を閉じた。そして、それは私にとって、障害者たちとの濃密な付き合いの始まりであり、手応えと挫折を繰り返し感じることになる闘いの幕開けでもあった。

窓の外を見ると、雨が上がっていた。

第二章　ドッグレッグス誕生

話は、障害者プロレス旗揚げ戦の三年ほど前に遡る。世田谷ボランティアセンターで、私は矢野《やの》慎太郎《しんたろう》と話していた。当時、私が二十三歳、慎太郎が十九歳で養護学校高等部の三年生。二人きりでじっくり話すのは珍しいことである。慎太郎が参加している劇団「GOOD MIX」のミュージカル公演を見に行った直後だったので、その感想が話題の中心だった。劇団といっても、障害者と健常者の交流を目的としたボランティアグループの色合いが強く、内容云々というより、私には観客がボランティア業界人ばっかりだったのが気に入らなかった。

「なんで観客が障害者の親とか、養護学校の先生とか、施設の職員とか身内ばっかりなんだよ。あのさ、障害者のことを知ってもらおうと思って人前で発表しているんだろ。だったら、一般の人に足を運んでもらえなければ意味がないじゃないか。お前は、そこのところをどう思っているんだよ」

私の話がわかったんだかわからないのか、慎太郎は腕組みをすると顎に手をやり、「ふうーむ」と大きな唸り声を挙げた。ミュージカルをやっていたせいだろうか、動きが芝居じみている。私はおかしくて噴き出しそうになったが、慎太郎は真剣そのものの表情だ。

「……ぼくは、うたがへたなのも、しばいがへたなのも、じぶんでは、わかっては、いるのですね。でも、おきゃくさんは、はくしゅをくれます。なにか、どうじょうの、はくしゅみたいで、いやなのですね」

「同情ね……」

しっかりとした答えが返ってきたので、少し意外な感じがした。

屋根裏の鼠のようにドタバタと騒がしく、赤ちゃんが生まれるのを分娩室の前で待つ父親のように落ち着きがない。脳性麻痺の障害を抱える慎太郎は、いつもはそんな男だ。ボランティアセンターに毎日やってきては、仕事をしている職員に話しかけて業務を妨害し、そのたびに煙たがられていた。また、職員の女性を好きになり、相手にされないと「ぼくが、こんなに、すきなのに、どうして、おなじように、ぼくのことを、あいせないんだー」とボランティアセンターで叫ぶというストーカーまがいのこともやったことがある。そんな慎太郎が、それでも周囲から心底嫌われないのはなぜか。持って生まれた陽気なキャラクターも理由の一つだが、なによりも大きいのは、独特な他人との距離感覚にあると思えた。私たちの日常での人間関係にありがちな、腹の探り合いみたいなものが慎太郎にはまったくない。何の警戒心も持たずに近づいては、相手の心にふっと飛び込んでいく。そして、飛び込まれたら最後、その明るく能天気な愛すべきキャラクターに心を捉えられ、何をやらかそうと憎みきれなくなってしまうのだ。

慎太郎と出会ったのは、世田谷区でボランティア活動を始めるようになった十八歳の頃。

あるボランティアグループのイベントに参加したときのことである。ボランティアグループは往々にして閉鎖的な村社会で、住んでいる者にとっては居心地がいいが、よそから来た新顔には冷たいところがある。わけのわからないボランティア業界用語を楽しそうに話す人たちの中で、萎縮気味だった私に話しかけてきたのが、中学二年生の慎太郎であった。

「なまえ、なんというのですか」

年齢のよくわからない浅黒い顔が、満面の笑みを浮かべて、目の前にヌッと現れた。しかし、すぐに返事をすることはできなかった。言語障害があるために発音が聞き取りにくく、何を言っているのかわからなかったのだ。

「ごめん、わからないや。もう一度話してくれる？」

「な、ま、え、なんと、いうのですか」

「……も、もう一度」

「な、ま、え」

　あの頃は、そんな短い会話でも何度も聞き直さねばならなかった。何度か同じやりとりをするうちに、慎太郎は「もういいや」という感じでそっぽを向くと、別の人と話を始めてしまった。これ以上、同じことを聞くのは悪いというホッとした気持ちと、もっと話してみたかったという気持ちが、七対三ぐらいの割合で心を占めた。

　慎太郎は俳優の牟田《むた》悌三《ていぞう》が代表を務める「障害のかきねをはずそう会」、ボランティア業界で「かきね」と呼ばれる障害者と健常者の交流グループに所属していた。「かきね」は世田谷区の中でも、特に参加者の多いボランティアグループだったので、その活動はあちこちで目につき、慎太郎の姿もよく見かけた。「かきね」の活動は、週末にどこかに遊びに行くことが中心で、慎太郎は人気者として周囲に受け入れられ、いつも楽しそうな表情だった。

その後、私はさまざまなボランティアを掛け持ちするようになり、何年もの間、慎太郎との会話は挨拶程度のものでしかなかった。それでも、初対面の印象が大きかったのだろう。私の心の中で慎太郎は、ずっと気がかりな存在として残った。

「どうじょうの、はくしゅも、いやなのだけれど、ぼくは、もっと、いろんなことを、やってみたいのですね。たとえば……」

慎太郎が、自分のことだけをとりとめもなく話し続けている。もう当初の話題は、頭から消えてしまっているようだ。慎太郎の言葉は慣れることで聞き取れるようになったが、こんなふうに会話がチグハグになってしまうことは多かった。

「じゃあ、二人でとりあえず新しいボランティアグループでも作るか」

話を切り上げる意味で、軽くそんなことを慎太郎に持ちかけ、私はボランティアセンターを後にした。

外はすでに暗くなっていた。ボランティアセンターから自宅までは自転車で三十分程の距離があるが、この間にいろいろ想いを巡らせるのが私は好きだった。自転車をこいでいると、これまでに出会った障害者の顔が浮かんでは消えた。ボランティアの世界に身を置くようになって、もう五年が経っている。障害者が参加する発表会で、観客がボランティア業界人ばかりなのに腹が立つようになったのは、この頃からだ。

私がボランティアを始める前に障害者に対して持っていたイメージは、きっと多くの人と変わらないことだろう。メディアが作り上げた障害者像の影響を受け、「体が不自由でも心は綺麗で一生懸命に生きている人たち」と思っていた。しかし、実際に接してみると、そんなイメージは吹き飛ばされることになる。金を使って女の子のボランティアばかりを家に集めてハーレムを作ったり、自分で用は足せるはずなのに、わざわざ女の子にトイレ介助をやらせたりする男の障害者たちがいた。酒を飲んで大暴れをしたり、金を借りたら返さない障害者たちもいた。初めは何て連中だと呆れたが、次第に憎めなくなり、いつしかその無軌道ぶりを楽しめるようになった。

なぜなら、親しく付き合っていくうちに、障害者が健常者社会で生きる不都合さが、少しはわかるようになったからだ。健常者はさしたる疑問もなく、進学し、就職し、結婚をして家庭を築いていく。だが、障害者が同じように進もうとしても、自分の意志だけではどうにもならないケースが多い。どうしても周囲の健常者たちの理解が必要となり、そして、それは必ず得られるとは限らない。

健常者の多くは、障害者が抱える問題に無関心だ。そのために障害者たちは、壁にぶつかり、跳ね飛ばされ、泥にまみれることになる。もちろん、泥水をすすりながらも、汚れなき美しい白い花を咲かせる障害者もいるだろう。それはそれで立派だとは思うが、私は壁にぶつかったら、やけ酒を飲んで暴れるぐらいの人間の方が好きだ。もっと言えば、風俗店に行かないで、金を使ってボランティアの女の子を集めようという気持ちも、よく理解できてしまうのだ。

もし、ボランティアを始めなければ、私も一生障害者と関わりを持たなかったかもしれない。今の自分の生活を振り返ったとき、朝起きて仕事に行って家に帰ってくるまでの間で、障害者と出会うことがまったくないからだ。障害者と健常者の関係は、日常生活のレベルで切り離されているのが現実である。そんな状況の中で健常者の多くは、障害者にもいろんな人がいるという当たり前の事実に考えが及ばなくなり、美化したイメージで括るようになってしまっていた。それが悪循環を生む。聖人君子のような障害者に対して、一生懸命頑張って生きている、と感心することはあるだろう。しかし、実際に付き合ってみたいという興味は、逆に芽生えなくなってしまうのではないか。

障害者問題の原因の一端が、健常者の無関心による無理解にあるとするならば、障害者が真面目なやつだけでなく面白いやつもたくさんいることを知れば、関心を持つためのきっかけになるはずだ。それには、障害者たちが人前で自己表現する発表会活動が有効だと思えた。そこで、歌や演劇といったさまざまな障害者の発表会を見に行ったり、手伝ったりしてみた。だが、期待はあっさりと裏切られてしまう。どこの会場も、観客はボランティア業界人ばかりで、一般の客はまるでいない。身内の観客は、優しさと善意だけで評価し、舞台の上で何が行われようと拍手をするべく待ち構えている。しかも演じられる内容は、清く、正しく、美しく生きています、というようなものばかり。身内で固まった世界は、優しく温かで、傷つくこともなく心地よい。しかし、そんな自己満足なイベントに一般の人が足を運ぶことはないだろう。予定調和の拍手に包まれた会場で、失望だけが私の心には残った。

「どうじょうの、はくしゅは、いらないのですね」

ボランティアセンターでの慎太郎の言葉が頭にこびりついている。どうしたら同情ではなく、観客に正当に評価されるのだろう。健常者並みに歌や演技に磨きをかければいいのか。いや、そうではない。健常者に近づくのではなく、逆に障害者であることを強調することでこそ、固定化されてしまった障害者観を揺るがすことができるはずだ。

では、具体的に何をやればいいのか。これが、わからない。いくら考えても思いつかない。そもそも、障害者は本当は一体何をやりたいのだろう。頭の中を幾つもの疑問が勢いよく回り続ける。その回転に合わせるように、強く自転車のペダルを踏むと、薄ぼんやりとした風景が夜の闇に溶けていった。頭の中で回っていた問いが一つにまとまると、形のわからない黒い塊に姿を変えて蠢《うごめ》きはじめた。

ボランティアセンターの一階の奥には六畳敷きの和室があった。入口の襖《ふすま》を少し開けると、光のカッターが、真っ暗い部屋の中を半分に割った。残された闇の中に、胎児のように丸まった慎太郎がいた。そばに近づくとガタガタと震えている。

「おい、どうしたんだよ」

声をかけると、慎太郎はゆっくりと振り返った。私は驚いて思わず声を挙げそうになった。

慎太郎の両目の回りは、殴られ続けたボクサーのように真っ黒で、眼球は今にも飛び出しそうなほどに大きく見開かれている。どう見ても、ただ事ではない様子だ。

「慎太郎、どうしたんだよ。何があったんだよ」

「こわいのですね」

「何が？」

「でんしゃがこわいのですね」

「電車？　何言ってるんだよ」

「えきの、ほーむに、たっていると、おちるような、きがするのですね」

相談にのって欲しいことがあると、慎太郎から家に電話があり、その様子がおかしいのでボランティアセンターに駆けつけた。同情の拍手はいらないという話を聞いてから、数日後のことである。

「言ってる意味がよくわからないぞ」

「これからのことを、かんがえると、いきていけないのですね」

そう言うと、慎太郎は押し黙り、後は震えているだけだった。私はかける言葉が見つからなかった。

後に慎太郎の母親から聞いてわかったことだが、家では食事や睡眠を取らず、手首を切ろうとするなどの自殺未遂を繰り返していたという。いつも能天気に明るい慎太郎が、なぜ、ここまで追い込まれてしまったのか。それを聞くことができたのは、慎太郎が心の深い裂け目から帰還して、さらに半年が経ってからになる。

「きっかけは、いすに、がびょうが、おいてあったこと、だったのですね」

「椅子って、学校の椅子のこと?」

「それをみたら、ちゅうがっこうじだいに、いじめられていたことを、おもいだしてしまったのですね……ちゅうがっこうのときにも、おなじことを、されたのですね……」

「中学校時代って、慎太郎は中学まで普通校だったんだよな」

「はい。いろいろ、ぼうりょく、とか、されました……」

「暴力?」

「どうきゅうせいに、ほうきで、なぐられたり、まどから、おとされそうになったり……」

「そんなことされたのか⁉ どうして⁉」

「……ぼくにも、わかりません」

「……あのときは、これからのことを考えると、生きていけないって言ってたよな……やっぱり、将来のことが不安なのか?」

「それも、あったのです。ずっと、しょうらい、どうなるのか、というのは、あって……しゅうしょくはできるのか、けっこんはできるのか、おとうさんとおかあさんが、しんだら、ひとりでいきていけるのか……それが、がびょうを、みたときに、ぜんぶが、わーっと、なってしまったのですね……」

「……そうか……」

慎太郎は、あまりこの話をしたくないようだ。そわそわして、私からさかんに目を逸《そ》らそうとする。漠然とした将来への不安と、その先にある死のイメージ。誰でも思春期に一度は感じることかもしれないが、障害者が将来のことを考え出したとき、それはあまりにも重く本人にのしかかる。就職先はあるのか。両親が死んだらどうなるのか。不安を考え出せばきりがない。そして、その中の幾つかの不安とは、いずれ間違いなく遭遇することになる。

私は話を切り上げることにした。これ以上話し続けると、慎太郎の不安がさらに大きくなるような気がしたからである。慎太郎はポケットに手を入れ、もぞもぞと落ち着きなく動かしていた。

一九八九年の終わり頃、私と慎太郎は新しいボランティアグループを作るために動き始めていた。まだ、頭の中の黒い塊は、はっきりとした形に定まってはいなかったが、やるしかなかった。

ボランティア業界に長く関わっている内に、ボランティアグループの問題点もだいぶ見えてくるようになった。自分たちの安息の場所にするために、閉鎖的になって健常者たちを遠ざけていること。障害者と健常者の交流という謳《うた》い文句を掲げていても、表面的な関わりだけで終わっていること。そんなボランティアグループの在り方を批判しているうちに、すっかり私はボランティア業界の嫌われ者となっていた。特に発表会に関しては批判が過ぎて、「そこまで言うなら自分でやってみろ」とまで言われてしまった。単純な反発心からボランティアグループ作りに向かった気持ちもあるが、見切り発車になるとわかっていながら踏み切ったのは、和室での慎太郎の一件があったからだ。あの日、宙をさまようような慎太郎の目を見たとき、放ってはおけないと思った。それには、一緒のグループで活動するのが一番よかった。

慎太郎は養護学校を卒業し、職業訓練校に通い始めていたので、そこで仲のいい障害者に声をかけ、私は、健常者でスタッフになってくれそうな、新垣と神山という二人の大学生に参加を呼びかけた。高校生の頃からボランティア活動を続けている新垣は、辛辣な批判精神の持ち主であったし、ボランティア業界に入ったばかりの神山は、まだこの世界に毒されていないのが良かった。

年が明けて、九〇年二月にグループの発足会を開いた。六人の障害者と十二人の健常者が集まったが、広くメンバーを募ったため、純粋にボランティアをしたいという女子高校生も多く参加してきた。発足会では、とりあえずグループ名を決めようという話になった。そして、ある障害者が提案したのが、ドッグレッグスという名前だった。

「なまえのいみは、なんなのですか」と慎太郎が聞くと、その障害者は、「犬の前足が健常者で後ろ足が障害者。それで、一緒に走るという意味です」と答えた。しかし、私は後にドッグレッグスの本当の意味は、米国語スラングで障害者という意味であることを知った。名付け親がそれを知っていたのかどうかは、今となってはわからない。なぜなら、その障害者は発足会以降、顔をみせることがなかったからだ。

ドッグレッグスとしてスタートしたものの、新しい形の障害者の発表会というアイデアはまるで浮かんでこなかった。仕方なしに毎週日曜日の午後にボランティアセンターに集まっては勉強会を開いたり、遊園地や公園に遊びに行ったりしていた。一部のメンバーは楽しそうだったが、これでは他のボランティアグループと何も変わりがない。こんなことをやりたかったわけではないと、焦りと苛立ちは募るばかりだった。

現状を打開する策のないままに季節は秋になる。私がボランティアセンターに行くと、爬《は》虫《ちゅう》類のような顔をした男がこちらを睨んでいた。古くさい黒縁眼鏡をかけ、足には黒くでかい補助靴を履いている。どこかで見たことがある顔だと思っていると、その男は私の方によろよろと歩いてきた。そして、いきなりビタンと床へ座り込み、私に土下座をした。

「わぁたしは、なみがい、ともゆき、といいます！　どっぐれっぐすに、にゅうだんさせてぇ、くださぁい！」

「は、はぁ？」

そうだ、思い出した。昔「かきね」が行った発表会で「みなさん、ぼくは、よわい、にんげんですのでぇ、まちでみかけたらぁ、てをかしてくださぃ」と舞台の上で喋り、会場の拍手を集めていた男だ。また、そんなことを言う一方で、酒と女と金に汚いという噂がボランティア業界で絶えない脳性麻痺の障害者である。

「いや、別にボランティアグループなんだから、入りたい人は入ればいいよ」

「ほんとぉですかぁ！　ありがとうござぁいます！」

浪貝は側にあった椅子に手をかけて立ち上がると、集まっているメンバーの元へ戻っていった。すると、入れ違いに今度は慎太郎が近づいてきて言った。

「なみがいさんが、はいるのなら、ぼくは、どっぐれっぐすを、やめます」

「な、なんで？　浪貝のこと嫌いなの？」

「なみがいさんのことは、かきねで、よくしっていますから」

「よく知っていたとしても、ドッグレッグスでは、何かしたわけじゃないだろ。変なこと言うなよ」

　私がそう言うと「わかりました」と慎太郎は不服そうに引き下がりながら、「はあーあーあ」とわざとらしい溜息を残して去って行った。

　その翌日、女子高生メンバーの全員の家に浪貝から「これぇから、よろぉしくおねがいしますぅ」という電話が入った。女子高生たちは、どこで電話番号を調べたのだろうと、一様に薄気味悪がっていた。

「しんたろう、いいかぁ、よくきけぇ！　おまえは、しょうがいに、あまえているぅ!!」

「そんなこと、なみがいさんに、いわれたくありませんよ！」

「うるせぇ！　きけよぉ、おめぇ！　いいかぁ！　おまえがとっぷにいるようじゃ、このぐるーぷはだめになる！　どっぐれっぐすの、なんばーわんしょうがいしゃは、このおれぇだ！　わかったかぁ！」

「なにいってんですか！　なんばーわんは、ぜったいに、わたしませんよ！」

浪貝がドッグレッグスに入ってから、慎太郎との間でこんな会話が集まりのたびに交わされるようになった。一つ年上なのをいいことに、浪貝が先輩風を吹かせようとすると、慎太郎も創立メンバーとしての意地からか、とにかく反発した。二人が言うところのナンバーワン障害者とは、ドッグレッグスの中で一番目立っている障害者のことを指すらしく、その座だけは互いに譲れない様子だった。だがナンバーワン争いは、常に浪貝が有利に進めた。問題行動は起こすものの基本的にはおとなしい草食動物タイプである慎太郎よりも、肉食獣のようにいつも獲物を狙ってギラギラしている浪貝の方が、周囲にその存在をアピールしたからだ。

ある日の勉強会のことである。障害者に対して持っているイメージを一人ずつ紙に書き、それについてみんなで意見を述べ合うことになった。浪貝は、みんなが書いた紙を集めると読み上げた。

「しょうがいしゃは、かわいそうだからぁ、まもってあげなければぁいけない……」

読み終えた途端に両手を真上に振りかざし、机をもの凄い勢いで叩いた。机がひっくり返るような音にみんなが驚くと、間髪を入れずに眼鏡を外して放り投げる。

「これはいったいどういうことだぁ！　これをかいたの、どこのどいつだぁ！　だぁれだ⁉　へんじしろぉ！」

浪貝の絶叫に、女子高生たちは恐怖のあまり声を失っていた。

それにしても、ドッグレッグスの浪貝は「かきね」の発表会での姿と比べるとまるで別人である。発表会のセリフは、その場の雰囲気に合わせたものだとしても、とにかくあの頃とは目つきが違う。純粋で疑うことを知らなかったような瞳が、今では、マイナスのエネルギーで満ちあふれている。一体、何があれば人間はこうも変わってしまうのだろうか。

「きょうは、かねぇないからぁ、めしはいいやぁ……」

みんなが弁当を買いに行こうとしたとき、浪貝が寂しそうに呟いた。ドッグレッグスで集まると、夕飯は弁当屋で買ってきて、ボランティアセンターで食べることが多い。

「なんだよ、金ないってどうしたんだよ」と聞くと「いやー、むかしのともだちと、のみにいっちゃってさ……」と語尾が消え入りそうな声が返ってきた。浪貝に羨ましそうな顔をされながら食事をするのも嫌なので、缶ビールを数本と鍋の材料を買ってくることにした。

「浪ちゃん、鍋作るからみんなで食おうぜ」

神山が買い物してきた袋を見せた。

「ほんとぉ？　よっしゃーくうぞぉー！」

浪貝は拳を突き上げて、オーバーアクション気味に喜んだ。

男のスタッフが作ったちゃんこ鍋は、肉や魚がでたらめに入っていて汁が濁り、お世辞にも旨いものではなかった。しかし、浪貝は「うまい、うまぁい、うまぁいよー」と、わざわざ声に出しながら食べた。そして、鍋の熱とビールの酔いで顔が赤くなりだすと、自分のことを饒舌に話し始めた。

「むかし、かきねを、やってたころにさぁ、しりあった、ぼらんてぃあたちと、ひさしぶりにあってさぁ、さけをのみに、いったんだよぉ。でもさぁ、のんでさぁ、みせでるときにわりかんで、さんぜんえんって、いわれてもさぁ、おれぇには、きっついんだよぉ。おれぇが、いまもらってる、きゅうりょうって、いちまぁんごせんえんよぉ。きっついんだよぉ。でもはらったよ。だってかっこわるいじゃん。むかしは、ずっと、しょうがいしゃも、けんじょうしゃも、かんけいないって、かつどうしてたんだからぁ、おごってもらいたくないんだよぉ。そうしたらさ、さいふはからっぽだよぉ。だけどよぉ、ちゃんと、しゅうしょくした、あいつらにとってはさぁ、なんでもねぇ、きんがくなんだよな。さんぜんえんぐらいはさぁ。たしかにさぁ、しょうがいしゃねんきんで、つきにななまんごせんえんもらっているけど、それはさぁ、おふくろがしょうらいのために、ちょきんしろっていうからてをつけてない。やっぱぁ、しょうらいは、ふあんだからね。でもさぁ、おれぇはさぁ、そういうねんきんよりもさぁ、おれぇは、はたらいて、それにみあった、きゅうりょうがほしいんだよぉ。おれぇはさ、ずっと、しょうがいしゃと、けんじょうしゃは、おなじにんげんだって、きいてきたよぉ。そうだよぉ、しょうがいしゃとけんじょうしゃは、おなじにんげんなんじゃないのかよぉ。なのに、なんで、こんなさべつがあるんだよぉ」

　これまで浪貝の周りにいたボランティアたちは、障害者も健常者も同じ人間なんだから、頑張れば何でもできると言ってくれた。それは、何か光り輝くような言葉だった。自分の体が他の人と違うと意識するようになってから、その言葉には何度も励まされた。だから、障害者と健常者は変わりがないと、浪貝は何の疑いもなく信じて生きてきたのだ。

しかし、一歩社会に出た途端、そんな甘い夢からは醒《さ》まされることになる。人間は平等であっても、人生は決して平等ではなかった。効率を重視した世の中で、障害者に与えられる職業選択の幅は狭い。職業訓練校を卒業した浪貝の進路は、福祉作業所しかなかった。自転車の部品を作る仕事を週五日続けて、手にする金額は健常者の十分の一。同じように社会に出たボランティアたちと話をすると、車を買った、海外旅行に行った、結婚が決まったと、自分とは別の世界のような話をしている。障害者が手に入れられるものは、健常者と比べると圧倒的に少ない。これが現実なのだ。障害者と健常者は違うという事実を突きつけられる毎日によって、浪貝の心の中では、怒り、妬《ねた》み、嫉《そね》み、悲しみ、恨みなどの感情がマグマのように沸き立った。そこから立ち昇る赤い火柱は、浪貝の瞳を不気味に輝かせるようになった。

「しょうがいしゃのきもちは、けんじょうしゃにはぜってぇーにわかんねーんだよ！」

ビールが少し入ったコップを、テーブルにドンと叩きつけるように浪貝は置いた。勢いでこぼれたビールと頰を伝わる悔し涙が、テーブルを濡らす。

「……うん。わからないな」

私がハッキリと言うと、浪貝は少し驚いたような顔をして、そのまま押し黙った。本当は「ドッグレッグスは、オレたちだけは、浪貝の気持ちがわかるぞ」と言って欲しかったのかもしれない。いや、私だって言いたいのである。その言葉が、喉元まで出かかっているのである。だが、それをグッと堪《こら》えたのだ。わかると言ってしまえば、障害者と健常者は同じと言ってしまえば、その瞬間、互いに気持ちは少し楽になるかもしれない。しかし、それは違うという現実から目を背けることになる。障害者と健常者の置かれている立場が明らかに違う以上、わかるというのは欺瞞《ぎまん》だ。だから、私は綺麗な言葉にすり替えたりはしない。違うという悲しみを、痛みを、浪貝と共有したいと思うのだ。不満そうな顔の浪貝のコップにビールをつぐと、彼は黙ってそれを飲み干した。

そうして、何時間飲んだのだろう。すっかり私たちは泥酔していた。いつの間にか浪貝は全裸になってストリッパーのようなポーズを取り、みんなを爆笑させている。慎太郎だけはなぜか怒って、「なみがいさんは、しょうがいしゃの、はじですよ！」と叫んでいるが、そんな声に浪貝は耳をかさない。さらに、何かのパンフレットからボランティアをしている人たちの顔を切り抜くと、あそこに貼って前バリの代わりにした。そして、またポーズを取ると、自らもみんなと一緒になって大笑いした。しかし、笑っても笑っても、心の芯に針を刺すような痛みが浪貝から消えるとは、私には思えなかった。

第三章

女子大生を奪い合って

一九九〇年十二月。世田谷ボランティアセンターの近くにある居酒屋で、私たちは忘年会を行っていた。この一年間での成果といえば、慎太郎、浪貝、私の三人がいることで、落ちこぼれと嫌われ者の集まりというレッテルを、ボランティア業界内から貼られただけであった。スタッフの一部からは、このままダラダラと活動を続けていても意味なしとの声も挙がり始めていた。私が批判したボランティアたちの、そら見たことかという顔が浮かぶ。そんな私の気持ちなど知らないかのように、この日の慎太郎は上機嫌だった。

「どっぐれっぐすの、はなしをしたら、きょうみが、あるというので、つれてきました」

慎太郎の隣には、髪の毛が長くて真面目そうな感じの女子大生が座っていた。この業界に多いタイプの女の子だなと思っていたら、案の定、他のボランティアグループで知り合ったのだという。満面の笑みを浮かべている慎太郎を見て、彼女に気があることは誰の目にも明白だった。小一時間ほど飲むと、彼女は帰ると言い出し、慎太郎も途中まで送ると後を追った。二人が店を出た直後、目の据わった浪貝が例の調子で絶叫した。

「みんなぁ、ごめん！　おれぇ、あのおんなのこがすきになった！」

「は、はぁ？」

「いやぁ、ほんとぉ、ごめん！」

「ゴメンって、だけどお前、少ししか話してないだろ」

「いや、けっこう、ながぁく、はなしたよぉ。ぼらんてぃあのはなしとかねぇ」

「でも、だからと言って……」

「ひとめぼれってぇやつです」

　みんなの目は点になっていた。

　しばらくすると慎太郎が得意げな顔をして店に戻ってきた。浪貝はその姿を見かけると、今の話は慎太郎には内緒にしてくれと周囲に目配せをし、ニヤリと頬をひきつらせた。

「あの子のどこが好きなわけ？」

　女子大生は帰ったというのに、まだにやけた顔をしている慎太郎に私は聞いた。

「はじめて、あったときから、かわいいと、おもっていたのですね。あと、ぼくの、ことば、ききとりにくい、ですよね。それでも、かのじょは、はい、はい、と、きもちのいい、へんじを、してくれるのですね」

　よく聞いてくれたと言わんばかりに、声が躍っている。

「慎太郎、悪いことは言わない。あの女の子はやめた方がいい」

「どうしてですか。どうして、きたじまさんに、そんなことがわかるのですか」

「だってさ、いつも同じようなタイプの女の子を好きになって、それで失敗しているじゃないか」

「おなじ、たいぷって、なんですか。わかりませんよ、もう」

「何でも言うことを聞いてくれて、優しくしてくれるお母さんみたいなタイプってことだよ。慎太郎は優しくされると、すぐに好きになっちゃうだろ。でもさ、彼女の優しさの意味を考えたことあるのか？　彼女はね、お前が障害者だから優しくしているんだぞ。矢野慎太郎に興味があって優しくしているわけじゃないんだぞ」

「そんなことありませんよ。かのじょは、そんなひとじゃ、ありませんよ」

慎太郎は頬を膨らませた。

私がそこまで言い切る根拠は、彼女の慎太郎や浪貝に対する態度と、健常者のスタッフに対する態度が、明らかに違っていたからである。二人には無警戒なほどに優しく、初めから男性として見ていないような素振りだったのだ。ボランティア業界は、障害者に優しく近づいてくる女の子たちの宝庫である。しかし、それはあくまでもボランティアとしての優しさであり、決して恋愛感情ではないのだ。

「きたじまさんも、ぼくとかのじょのことを、おうえんしてください、おねがいします」

「いや、何でオレが応援しなきゃいけないのかわからないんだけど」

私が苦笑いをすると、慎太郎が真剣な目をして見つめてきた。目が大きく見開かれ、寄り目になっている。

「……わかった、わかったよ。まぁ、精一杯頑張ってみろよ……」

「ありがとうございます！　がんばりますよ、ぼくは！」

「そうだよな……ドン・キホーテのように突進しているうちに、慎太郎の気持ちを受け止めてくれる女の子が現れないとも限らないしな……」

私が呟くように言った言葉は、慎太郎には届いていないようだった。彼はすっかり温《ぬる》くなった生ビールを、旨そうに一気に飲み干していた。

年が明けると、慎太郎は浪貝の態度の変化に、何かあると勘ぐり始めた。それはそうだろう。今までは、「おい！」とか「おまえ！」で呼ばれていたのに、急に「しんたろうくーん」と甘い言葉で話しかけられるようになれば、いくら慎太郎でも気付くというものだ。結局、あるメンバーの口から事情を聞き出した慎太郎は、激しく怒って浪貝に詰め寄った。

「せっかく、ぼくの、かのじょを、どっぐれっぐすに、つれてきたのに……なみがいさん、かのじょのこと、すきって、ほんとうですか！」

彼女と言ってはいるが、もちろん慎太郎と例の女子大生は付き合っているわけではない。頭に血が昇って、願望と現実がごちゃまぜになっているようだ。

こうなると浪貝も開き直る。

「うるせぇよぉ！　だいたいおまえは、あのじょしだいせいのまえに、すきだぁと、いってた、おんなは、どうしたんだよぉ！」

「それは、もう、むかしのことだよ！　はなしを、そらすなよ！　それなら、なみがいさんは、ころっけの、おんなは、どうしたんですか！」

コロッケの女とは、ボランティアセンターの近くにある弁当屋で働いていた女性のことである。弁当を買いに行った浪貝は、彼女にコロッケを一個おまけしてもらったことで、好きになってしまう。「かのじょは、やさしくてぇ、しょうがいしゃに、りかいがある！　すきになったぁ！」と言い出し、弁当屋に通い詰めた。もっとも、薄気味悪がった彼女が、浪貝を相手にしなかったのは言うまでもない。

「しんたろう、それこそぉ、おわった、はなぁしだぁ！　いまは、はなぁしがぁ、ちがうだろうぉ！」

「なんですか、つごうがわるくなると、もう！　だいたい、どうして、かのじょを、とるような、こと、するんですか。ほんとうに、なみがいさんは、なにを、かんがえているのですか！」

「うるせぇ！　なんにもかんがえちゃいねぇよぉ！　くやしかったら、せいせい、どうどうこいやぁ!!」

そして、彼女を巡って慎太郎と浪貝の恋の真剣勝負が始まった。

ドッグレッグスの集まりでは、互いに邪魔な存在がいるので、二人は相手より少しでも話をするために彼女の家へ電話をかけまくった。電話の内容は、日常生活での愚痴を聞いてもらったり、デートに誘ったりするというものだ。浪貝にはアマチュア無線、慎太郎にはミュージカル鑑賞という趣味があるのだから、それを話題にすればいいと思うのだが、そんな会話は一切しない。あくまで愚痴とデートの二丁拳銃で彼女のハートを射抜かんとしたのである。

自分の話だけしかせず、人の話をまったく聞かない二人に、次第に彼女も付き合いきれなくなる。おまけに二人して一日に何度も電話をかけるので、彼女の家は電話が鳴りやむときがない状態になっていた。彼女は実家にいたので家の人が出ることもあったのだが、そうすると無言で電話をきってしまう。迷惑だからやめてくれと彼女が言ったところで、まったく耳をかさない。追いつめられた彼女は、長かった髪をバッサリと切ってしまった。その髪は、二人が好きだと言っていたものだった。そんな状態が一カ月も続いた頃、彼女がノイローゼになってしまったという噂を耳にした。連絡を取ろうと彼女に電話をすると、すでに引っ越した後だった。

結局、二人はふられたことになるのだが、そのとばっちりを受けたのは私である。今度は私の家の電話が鳴り始めたのだ。特に慎太郎は、一日に三、四回も電話をかけてきた。

「どうして、ぼくは、ふられてしまったのですか」

「あんなに一日に何回も電話されれば、嫌いになるんじゃないの」

「……ぼくは、さいてーなのですね……ほんとうに、ぼくは、ひどいことを、してしまいました……」

「まあ、確かに酷《ひど》いことをしたのは間違いないけどさ、そんなに自分を卑下することもないだろ。オレに言わせれば、あの女子大生にも問題があったんだよ。おそらく彼女はさ、慎太郎と浪貝が二十歳を超えた大人だって、意識してなかったと思うね。ああいうタイプのボランティアはさ、自分の愛情を注ぎ込める相手としか、障害者を見てないからね。そうやって、優しい自分に酔っているわけよ。そして、就職するなり結婚するなりで忙しくなれば、間違いなくボランティアの世界からは離れていくね。そんな連中、いっぱい見てきたんだから。だからさ、慎太郎と浪貝があんなことをしなくても、結果的にはドッグレッグスを離れていったさ。むしろ、ああいうタイプのボランティアには、いい薬になったんじゃないの」

「いいくすりって、なんですか」

「障害者を甘く見るなってことだよ」

「そうですかね……」

「そうだよ」

「でも、やっぱり、ぼくがわるいと、おもうのですね。ぼくは、ほんとうに、だめなやつ、なのですね……ぼくは、ほんとうに、なさけないやつ、なのですね……ぼくは、ぼくは、いきていても、しかたがない、にんげんなのですね……」

こんな話を、日に何度も聞かされるのである。女子大生もノイローゼになるわけだと思った。そして、この頃から現在に至るまで、ほぼ毎日のように慎太郎は私の家に電話をかけてくるようになった。その日にあった出来事などを、逐一報告するために。

女子大生がドッグレッグスに参加しなくなったことは、二人にすれば相当ショックな出来事だった。だが、それを自分の責任とはせず、互いに相手に罪を擦《なす》り付け合った。

「ばかやろう！　しんたろう、おめぇが、ぜぇんぶ、わりぃんだぁ!!」

「なにを、いってんですか、もとはといえば、なみがいさんが、あのこを、すきに、なるのが、わるいんですよ！」

　こんな罵《のの》り合いを、ボランティアセンターで顔を合わせるごとにするのである。それがエスカレートすると、言葉ではなく、浪貝が慎太郎の顔面にパンチをぶちかますようになった。障害は慎太郎の方が随分と軽いのだが、浪貝に睨まれるとカエルのように動けなくなり、馬乗りになられて延々と殴られ続けた。あまりに行き過ぎると、みんなで仲裁に入ったりしたが、それでも懲りずに喧嘩を繰り返すので、次第に面倒くさくなって誰も止めなくなった。ついには、頭をぶつけると危ないからと、椅子や机を片づけて「後は勝手に喧嘩してろ」というぞんざいな扱いになってしまった。

　そして、九一年二月十日のことである。ボランティアセンターの和室で酒を飲んでいると、また、喧嘩が起きるようなムードになり、浪貝が飲んでいたビールを慎太郎の顔にひっかけた。それでも、慎太郎が黙っていると、今度は顔面にパンチが入った。ビールまみれになって殴られた顔を押さえている慎太郎の姿は、あまりにも情けなかった。

「なんだよ、慎太郎！　いつもいつもだらしねぇぞ、やられっぱなしで黙ってるのか！」

　私は少しハッパをかけてやった。すると次の瞬間、もう我慢ならんとばかりに、慎太郎はビールで濡れたシャツを脱ぎ捨てて、上半身裸になった。私が「いいぞ、やれ！　やれー」とはやしたてる。慎太郎は隣の広い会議室に出ると、浪貝を手招きした。

「かもぉん！　なみがい！　かもぉん！　なみがぃ！」

「じょうとうだぁ！　やるのかぁ、しんたろう‼」

顔を真っ赤にして、浪貝は叫び、ゆっくりと自分のシャツに手をかけた。慎太郎と同じように裸になろうとしたのだが、シャツに頭と麻痺した手がひっかかって脱げなくなってしまった。

「ちょっとぉ、だれかぁ、てぇ、かしてぇ」

神山に手伝ってもらい、上半身裸になった浪貝は、すぐさま慎太郎に襲いかかる。しかし、今回は浪貝が一方的に殴るという、いつもの展開にならなかった。慎太郎は浪貝を組み伏せるとスルッと背中に回り、後ろから喉に腕を回すと首を絞めた。プロレスの裸絞《スリーパーホールド》めという技である。その瞬間、和室で様子を窺《うかが》っていたスタッフの間から、驚きの声が挙がった。

すると、どうだ。今度は浪貝が技から逃れると、やはりプロレスっぽい頭突きを慎太郎の顔面に見舞っていく。スタッフたちは、ビールを片手にヤンヤの大歓声だ。久々に喧嘩で注目を集めたのがうれしかったのか、二人はその後もサービス満点にプロレスの技を入れた喧嘩を続けた。

「あぁ、そういえば、二人ともプロレスが好きだったんだよな……」

そう思った瞬間、頭に稲妻が走った。

「まてまて、プロレスで喧嘩の決着をつけるなら、ちゃんとプロレスのルールでやろう！　よし、もっと机を片づけよう」

言うが早いか、もの凄い勢いで私は会議室の机をさらにはじに寄せた。言葉にするのももどかしいほどに興奮しているのが、自分でもわかった。

「ようし、ルールはどうしようか。とりあえず時間は無制限だな。決着はKOかギブアップのみで決定にしよう」

格闘技色の強いプロレス団体の影響をまともに受けたルールだが、二人はすぐに了承した。

「うーん、やっぱり、ちゃんとレフェリーもいた方がいいな。神山君やってよ。そうだ、ゴングも欲しいな」

私が考えているのを見て、新垣がボランティアセンターの台所から鍋を持ってきた。鍋をすりこぎで軽く叩くと、カーンと何とも間の抜けた金属音が響いた。それを合図にして、二人は再び狂ったように会議室の硬い床の上でもつれ合った。殴り合うたびに骨と骨がぶつかり合う鈍い音がし、首や腕を逆に絞り上げると甲高い奇妙な悲鳴が挙がった。私たちは二匹の獣のような闘いから、いつしか目が離せなくなっていたのである。

きっかけは女の奪い合いから生まれた憎悪だった。だが、二人が争う理由は、もうそれだけではないように思えた。胸にドス黒く渦巻いているモヤモヤを、二人は相手にぶつけているのではないだろうか。暗闇で怯えていた慎太郎と、空っぽの財布を嘆いていた浪貝。健常者社会に対する二人の不安や怒りや悲しみは、どこにもぶつける場所がなかった。このプロレスは、その溜まりに溜まった感情の発露なのだ。だからこそ、技術的には拙《つたな》いプロレスであっても、私たちの目は二人の動きに惹きつけられたのだろう。

闘いが始まってから三十分が経った頃だろうか。慎太郎が浪貝の首を脇に抱え、そのまま後ろに倒れるようにして脳天を床に叩きつけた。プロレスの「ＤＤＴ」という技である。今までで一番大きい鈍い音がしたかと思うと、浪貝が床に脳天をつけたまま動かなくなった。危険と判断した神山がゴングを要求し、慎太郎の勝利となった。心配したメンバーが浪貝に駆け寄って顔を見ると、額から血が出ていた。一瞬、ひやっとしたが、よく見るとニキビが潰れていただけだった。

「いままで、なみがいさんに、なにか、されても、だまっていたのは、ぼくが、ほんきに、なったら、なみがいさんを、ころしてしまうかも、しれないと、おもっていたからです！」

慎太郎は得意そうな顔ではしゃいでいる。その姿を浪貝は、恨めしそうな顔をして見上げていた。

「世界障害者プロレス、初代チャンピオンの誕生だ！」

スタッフたちは大笑いしながら大騒ぎしている。雲の隙間から少しだけ陽が射すような感じがした。これだ、このプロレスを人に見せよう。障害者が体を人前にさらし、命懸けで闘う。それは、障害者について思考停止状態になっている健常者たちにとって、理解し難い衝撃を与えるはずだ。これなら、障害者プロレスなら、固定化された障害者やボランティアのイメージを揺り動かすことができるかもしれない。蠢いていた黒い塊が、形あるものに姿を変えようとしていた。

第四章　快進撃の始まり

旗揚げ戦で気を良くした私たちは、すぐに第二戦を行った。一九九一年六月二十三日、場所は同じく世田谷ボランティアセンター。「障害☆勝ちます」と名付けたこの興行から、新たにブルース高橋が参戦し、慎太郎と闘うことになった。慎太郎と同じ職業訓練校に通うブルースは、言語と手に障害がある脳性麻痺の障害者である。スラッと背が高く、彫りの深い顔は常にやや俯《うつむ》き加減で、渋い雰囲気を醸し出していた。ブルースというリングネームは、そんな容姿から付けたものである。

ブルースをプロレスに誘うことになったのは、慎太郎のつまらない冗談がきっかけだった。ドッグレッグスの集まりの最中に、慎太郎がふざけてブルースにキスをしようと迫ったのだ。慎太郎にしてみれば、みんなが楽しく話しているのに一人だけ暗くなっているブルースを笑わせようと思ったらしい。しかし、慎太郎はキスをする前に笑って噴き出してしまった。

「ふふふ、ふ、ぶ、ぶ、ぶふぉ！」

次の瞬間、ブルースの顔は慎太郎の唾だらけである。この行為に怒ったブルースは、慎太郎の顔面に強烈なビンタをぶち込んだ。それは単なるビンタと言うより、格闘技で用いられる掌打と言っていいほどの威力があった。これを見た瞬間、私はさっそく障害者プロレスへと誘った。ブルースは慎太郎や浪貝と違って真面目な性格なので、断られることも覚悟していたのだが、返ってきた言葉は意外なものだった。

「プ、プ、プ、プロレスは、あ、あ、あんまり、す、す、す、好きじゃないけど、人をバーンとぶったりするのは、気持ちがスーッとするから、や、やっ、やってもいいです」

あっさりと、即出場が決まった。

ブルースのファイトスタイルは、長い手脚を活かした掌打とキックを武器とする立ち技系。対する慎太郎は、相手を捕まえて関節技で仕留める寝技系である。試合は、ブルースが一方的に攻める展開となった。ブルースの打撃を一発喰らうたびに、慎太郎はゴロゴロとマットの上を転がった。そして、寝転がったが最後、なかなか起き上がってこない。

「なんだよ、慎太郎！　ゴロゴロしないで起きて闘え！」

スタッフの間から野次がとぶ。

だが、この情けない態度は、ブルースに対して実に有効な戦法でもあった。掌打やキックは相手が立っていてこそ放つことができる。立ち上がってこない慎太郎にブルースは苛立ち、それならばと、関節技で勝負しようとした。慎太郎は待ってましたとばかりにブルースの腕を取ると、電光石火のスピードで腕ひしぎ逆十字固めをガッチリと極《き》めてしまった。慎太郎の逃げ腰は誉められたものではなかったが、関節技の巧さは光った試合だった。しかし、普段の動作はとにかく遅いのに、関節技を極めるときだけなぜあんなにも素早いのだろう。スタッフ一同、首を傾げるばかりだった。

この日の観客は十人。旗揚げ戦とそれほど変わらない入場者数だったが、試合が終わると同時に観客の中にいた車椅子の障害者が叫び出した。

「はあーーい！　はあーーい！」

言語障害がひどく、何を言っているのかわからない。障害は浪貝より重い脳性麻痺のようだ。私たちがキョトンとしていると、彼は中指を一本突き出して体を震わしている。その隣に座っていた介助者が「真一はドッグレッグスに挑戦すると言っています」と笑顔を浮かべながら話した。まるで予期していなかった観客の乱入であったが、慎太郎は動揺することなく「なみがいさんに、かったら、おれが、あいてしてやるよ」と余裕で受け応えた。

「どこで障害者プロレスのことを知ったんですか」

私は帰ろうとするその障害者を呼び止めた。

介助者は足を止めると、車椅子の脇からノートパソコンのようなものを取り出し、彼に手渡した。それは、キーボードに文字を入力すると音声化してくれる、トーキングエイドというものだった。ぎこちない手つきでゆっくりと彼はキーボードを叩くと、それを私の方に向けた。

「せ・ん・せ・い・か・ら・き・い・た」

昔のB級SF映画に出てきそうな感じの、いかにも機械が喋っているようなぶつ切りの電子音声が聞こえてきた。

「先生？　あぁ、養護学校の先生ね。ドッグレッグスも客はこないけど、少しはボランティア業界で噂になっているんだな。なるほどね、それで見にこようと思ったわけだ」

「ち・よ・う・せ・ん」

「あぁ、そうか。挑戦だったっけ」

「はぁーーーい！」

最後は大きな肉声で応えた。

ドッグレッグスに挑戦をしてきたこの男の名は藤原真一《ふじわらしんいち》。浪貝が卒業した都立光明《こうめい》養護学校の後輩で、学園祭にプロレスラーの前田日明《まえだあきら》を呼んだことがあるほどのプロレスファンである。日常生活のすべてに介助が必要なのだが、自分でできることは一人でこなしてしまう。例えば車椅子から自動車に乗るときは、ドアを開けて車椅子を横付けするだけでいい。両手を伸ばし自動車に摑まると、グイッと腕の力だけで中に入ってしまうのだ。そんな日々の生活自体がトレーニングとなり鍛えられたのであろう。藤原の両腕と背中の筋肉は、本物のレスラーのように分厚く隆起し、触ると石のように硬い。彼の参戦は光明養護学校の教諭たちをも面白がらせ、学校の体育館を会場として使ったらどうかと持ちかけられた。私の方にそれを断る理由はなかった。

第三回興行「超障害者宣言」は九月二十九日に行われた。光明養護学校の体育館に、リングとして体操用のマットが敷き詰められた。絨毯《じゅうたん》のマットに比べると、見栄えも安全面も格段の進歩である。観客は三十人ほどだろうか。リングサイドには、藤原の母親の姿も見えた。その藤原はリングネームをアームボム藤原とし、浪貝と光明養護学校OB最強決定戦を行うことになっている。介助者に車椅子を押されて入場してきた藤原の表情は険しい。かなり緊張しているようだ。リングの前で車椅子から降ろされると、藤原はゴロゴロと転がりながら体勢を整える。そして、緊張を振り払うように、全身の力を使って細かく跳ねながらリング中央に歩み出た。この日のために購入した、リングコスチュームの真っ赤なロングタイツが目に眩しい。一方の浪貝も、リングコスチュームを水色のショートタイツに新調していた。彼の貧乏生活を知っているだけに、この一戦に賭ける決意が伝わってきた。

試合は浪貝が先輩の意地を見せ、序盤から有利に進める。足が思うように動かないのは同じだが、腕力では圧倒的に藤原が有利だ。そこで、浪貝が考えたのが頭を使う戦法だった。とは言っても、頭脳戦法という意味ではない。額を真っ赤にしながら、しゃにむに頭突きを放っていくという、本当に頭を駆使した攻撃である。

「ごん」「がつっ」「ぐきっ」

額、こめかみ、鼻。頭突きは、当たる場所によって違った音色を体育館に響かせた。とはいえ、打楽器と化した藤原が奏でるメロディに、酔う観客など一人もいない。皆、しかめっ面でリングを眺めている。藤原は頭突きを喰らうたびに悶絶し、足をヒクヒクと痙攣《けいれん》させた。逞しい上半身に比べて、麻痺がある藤原の下半身は異常に細く、それが震える様子は何だかもの悲しかった。

浪貝は藤原を押し倒し、馬乗りになると、とどめの頭突きを振り下ろした。藤原の顔が苦痛で大きく歪むと、彼の母親はリングから顔を背けた。自らも目眩《めまい》がするほどの手応えに、浪貝は勝利を確信した。だが、そこに油断が生じた。藤原は、まだ勝負を捨てていなかったのである。下から浪貝の首に抱きつくようにしがみつくと、そのまま一気に絞め上げた。巨大な毒蜘蛛が獲物に喰らいつくようなこの体勢は、藤原の最も得意とするものだった。この毒蜘蛛締めには、同じような体勢で介助していた介助者を、失神寸前まで追い込んだという恐怖のエピソードが残っている。藤原の太い腕の中で、浪貝の顔が段々と赤色から土色に変わっていく。レフェリーの神山はそれを見ると、浪貝のギブアップの声を聞くまでもなく試合を止めた。藤原の逆転勝利である。

試合終了のゴングが鳴る中、藤原はリング上を転がり回り、全身で喜びを表現した。そして、落ち着くと放送席に向かって指をクイクイと動かした。マイクを要求しているようなので、慌てて手渡した。

「はーーーい！　はーーーい！　はーーーい！」

藤原は大声で叫ぶと、マイクを床に叩きつけた。尋常とは思えない喜び方である。浪貝はセコンドに頭から水をかけられると意識を取り戻したが、一人で起き上がることができず、抱きかかえられて退場した。控え室に戻ると浪貝はマットの上に倒れ、「いやぁ〜、ほんとっ、しぬかとおもったよ〜」と、か細い声で呟いた。

浪貝と藤原の試合は、私も観客になって思わず声援を送ってしまうほど面白かった。しかし、観客席の反応はと言うと、たまに笑い声や声援が聞こえる程度。しかも、その多くは藤原の母親が発したものだった。興行が終わり、席を立つ観客の多くは複雑そうな顔をしている。みんな、どんな気持ちでいるのだろうか。それを聞いてみたい。そう思っていると、観客の中に知り合いのボランティア業界人を発見した。早速、呼び止めて感想を聞いてみた。「どうでした。面白かったですか？」と様子を窺うように尋ねると、そのボランティア業界人は「うーん、見てはいけないものを見てしまったという感じですね」と難しい顔をした。

「それは、どういう意味ですか？」

「……うん、そう、そうですねー……生でむき出しの姿の障害者を見せつけられたみたいで……障害者のあんな姿って、なかなか見ることできないでしょ。面白いか、面白くないかと言えば、面白いと言えば、面白いんですけど……何と表現したらいいのかな……」

言葉が見つからなくて、困った様子である。

「これはですね、後味の悪い面白さって言うんです」

「あぁ、なるほどね……ただ、演出を凝るとか、魅せる要素を入れた方が、もっと良くなるんじゃないですか。よけいなお世話かもしれないけど……」

そう言うと、そのボランティア業界人は、とぼとぼと帰る観客の中に混じっていった。

私は、内心ほくそ笑んでいた。観客の喉元にナイフを突きつけ、「さぁ、これをどう見る？」と問いかけているような気分が心地よかった。浪貝と藤原の闘いを見て、障害者を見世物にするなど言語道断と怒ったり、障害者が一生懸命に頑張っている姿に感動したと涙するのは楽だ。しかし、二人の意地と名誉を賭けた闘いが生み出した異様な迫力は、そんな単純な答えにたどり着くことを許してはくれない。

「後味の悪い面白さか……」

言い得て妙だと、我ながら思った。その場では楽しくても、会場を一歩出たら心に何も残らないようなイベントに、障害者プロレスはなってはならない。障害者にとって生きにくいこの社会を、少しでも変えていきたいという思いが出発点だからである。消化できない思いを持ち帰ってもらうことは、障害者のことを考えるきっかけに繫《つな》がっていく。それは小さいけれど、間違いなく一歩前進だと思えるのだ。そして、その試みは実を結んでいるようだった。この日の興行が終わってから数日後、私の家にドッグレッグス宛の手紙が届いていた。初めてのファンレターらしきものである。

二枚の便箋には、こんなことが書かれていた。

〈友達に誘われて見に来たけど、障害者のことを見慣れていないこともあって、ショックが大きかったです。でも、それよりも疑問に思ったのは、どうして、あそこまでして障害者が闘うのかということです。もちろんプロレスだからと言えば、その通りなんですが……。帰りの電車の中でも、その理由をずっと考えていましたが、理解できませんでした。それからしばらく経って、家の近くで障害者を見かけました。私の家の側に障害者施設があり、そこに通っているようです。恥ずかしい話ですが、私、近所に障害者施設があるなんて、今まで知りませんでした。というより、私が障害者のことを今まであまり意識しないで生きてきたから、気付かなかっただけなんでしょう。そう考えると、障害者が体を酷使しても自分を表

現したいと思うことが、なんとなくわかったような気がしました〉

手紙を読み、再確認した。やはり、障害者がプロレスをやるインパクトは絶大である。だからこそ、いかにして観客を集めるかがスタッフの問題となった。興行ごとに観客は増えてはいるものの、まだまだ物足りない状況だ。何しろイベントを手がけることに関しては、素人集団である。ノウハウなど何も持っていないため、すべて手探りで進めていくしかない。チラシを配って口コミに頼るだけの宣伝の見直し、照明や音響といった演出効果の強化など、さまざまな意見がスタッフから出された。特に演出の必要性は、私も強く感じていたことだ。ドッグレッグスの主張を押しつけるだけでは観客も息が詰まり、見ていてしんどいイベントになるだけである。選手の入場をもっと華やかにするなどして興行にメリハリをつければ、こちらの意図はより伝わりやすくなるはずだ。そんな話をスタッフ間で交わしていると、いつも朝方になった。スタッフの多くは、この暗中模索状態を楽しんでいるようだった。未開の地を自分の手で切り開いていくような手応えが、そこにあったからだろう。

レスラーの側にも、障害者プロレス効果というものが表れてきた。プロレスを始めるようになって、慎太郎と浪貝が生き生きとした表情を見せるようになったのだ。

「きたじまさん、いままで、おしばいで、もらっていた、はくしゅは、どうじょう、でしたけど、ぷろれすで、もらうのは、どうじょうの、はくしゅ、では、ないとおもうのですね。かんどうの、はくしゅ、だと、おもうのですね」

よく慎太郎はそう言うようになった。もちろん、同情の拍手を送っている観客だっていないわけではないだろう。しかし、大事なことは慎太郎が違うと思ったことだ。自分が正当に評価されているという感覚は、自信に繋がる。周囲からダメ障害者と呼ばれ、落ち込むことの多かった慎太郎と浪貝は、プロレスを通じて自信を持ち始めたようだった。その様子を見ているのは、自分のことのように嬉しかった。もっとも、この自信がやがて彼らにとって裏目にでることなど、この頃は考えもつかなかったのだが。

十二月八日、光明養護学校の体育館が当日になって学校行事のために使用できなくなり、急遽《きゅうきょ》、近くにある公立中学校の体育館を借りて第四回興行「H1クライマックス」を行うことになった。この興行から、浪貝をメインボーカルとしたロックバンド「つめ隊」を試合の前座に登場させることにした。バンド名のつめ隊とは、社会の風は冷たいから、という意味である。バックバンドはスタッフの秋谷《あきや》光隆《みつたか》、石田《いしだ》安昭《やすあき》、光明養護学校の教諭らが担当し、コーラスとバックダンスに慎太郎を起用した。作詞は私が行い、作曲は秋谷が所属しているアマチュアロックバンドに頼んだ。つめ隊結成の思いつきは、あるボランティアグループが行っていた「あったかい歌大募集」というコンクールがきっかけだった。ボランティア業界で歌われる歌というと、「車椅子で外出したら、雨が降ってきて大変だ」とか、「太陽がまぶしい。私は生きている」といったお涙頂戴的な歌詞と、お遊戯のような楽曲が大半である。そこでドッグレッグスでも対抗して「冷たい歌大募集」というコンクールを行うことにした。

ところがというか、当然の結果というか、応募は一通もこなかった。だったら、自分で作ればいいと書いたのが、「障害者はお前だ!」と「プログレッシブ・ボランティア宣言」の二曲である。

「障害者はお前だ!」
どいつもこいつも狂ってる/まともな奴はオレだけだ/訳知り顔で偉そうに/オレに意見は百年早い/金と体に狂った奴ら/本当の愛はオレしか知らない/普通が異常で異常が普通/お前ら何の疑問もないんだろ/オレに言わせりゃお前が障害者/表だけの薄っぺらなコインは/オレに言わせりゃお前が障害者/気味悪い舗装道路を死に向かって歩いていけよ/心が不自由なお前たち/生きてる意味があるのかい

「プログレッシブ・ボランティア宣言」
オレの痛みや悲しみはオレしか分からない/お前の痛みや悲しみはオレには分からない/オレは本当にだめな奴だ/生きていても仕方がない/だけどこうして叫ぶのは/お前の偽善が許せないから/オレは本当に情けない/死にたくなってしょうがない/だけど立ち上がらずにいられない/お前の欺瞞を見逃せなくて/与えられたものに何の意味がある/血を流してつかんだものしかオレは認めない信じない/愛や優しさが何を変えてきた/愛情の海に溺死体/愛や優しさが何を変えてきた/きれいごとでごまかす志願兵/愛や優しさが何を変え

てきた／優しさのロープで絞首刑／愛や優しさが何を変えてきた／差し伸べたその手が人を刺す

浪貝をボーカルに選んだのは、彼にエンターテイナーとしての才能を感じていたからだ。興行を重ねるごとに、オープニングで行っている選手たちの挨拶も堂々としたものになってきたが、浪貝の喋りはその中でもずば抜けて面白かった。マイクを摑み、観客を見回すと怒ったような表情で「おめぇらぁー！　きょう、ここになぁにしにきたぁ！」と絶叫する。いまさら聞く必要もない質問をされて、観客席は呆然だ。そこにたたみかけるように「そうかぁ、ぶろれすをみにぃ、ここにきたのかぁー！」と再び叫ぶ。これで観客は爆笑である。「それならぁ、おれたちは、しぬきでたたかう。だからおまえたちもぉ、しぬきでみろぉ！」

最後の締めとなるこの言葉で、会場に拍手が巻き起こった。実に観客をのせるのがうまい。この才能をプロレス以外でも活かしたいと思ったのだ。

もちろん不安もあった。浪貝には言語障害がある。挨拶のマイクパフォーマンスはゆっくり大声で言えばいいのだが、ロックのボーカルはそうはいかない。そのためにメッセージ性の強い歌詞が、観客席に届かない可能性もあるのだ。観客席の後ろの方からステージを眺めていると、観客への挨拶を終えた浪貝と慎太郎が、ライヴ用の衣装に着替えて現れた。サングラスをかけた浪貝は、マイクを確かめるようにきつく握ると「あ、わぁん、あ、つぅ、あ、すりぃ、ふぉう！」と叫んだ。そして、演奏が始まった。

「どうおぃつもぉ、くぅおぃつもぉ、くうってぇうるうーー!!」

不安が見事に的中してしまった。何を歌っているのか、まったくわからないのだ。浪貝のボーカルは、呪いの呪文を大声でわめき散らしているだけのように聞こえた。慎太郎は「はい！　はい！」と変な合の手を入れながら、その場で小刻みに足踏みをしている。どうやらダンスのステップらしい。これには観客もどう反応していいのか困惑したようだ。何人かが仕方なさそうに手拍子をしているが、ほとんどの人が苦虫を噛み潰したような表情をしている。企画倒れという言葉が私の脳裏をよぎった。しかし、しばらく見続けると、これはこれで逆に予想外の面白さがあることを発見した。

浪貝は、顔面に青筋を立て、手から血が出そうになるほどマイクを握りしめて熱唱している。だが、それでもメッセージは伝わることがない。その様子は、もどかしくて、おかしくて、切なかった。伝わらないメッセージソングというジレンマを表現できるのも、障害者ならではと言える。普通に考えればマイナス要素にしかならないことを、浪貝はその鬼気迫る歌いっぷりでプラスに変えてしまったのだ。二曲を歌い終わると、浪貝は満足そうにステージを降り、控え室に戻ってきた。慎太郎は、観客の雰囲気に同情の拍手というフレーズを思い出したようだ。

「ぼくは、もう、うたは、うたわないのですね」

露骨に不満そうな顔をした。

「あっ、そっ。じゃ、やめればぁーいいだろぉ。やめればぁ。だけどなぁ、おれは、ばんどつづけんぞぉ」

浪貝はまるで意に介していない。同じ目立ちたがり屋であっても、二人の観客に対する意識の仕方は対照的だ。

「浪貝、よかったぞ！　お前、凄いな。観客がどんな反応しても、おかまいなしだもんな。かっこいいよ」

私は浪貝に声をかけた。

「いやーぁ、しょうがいしゃは、わらわれたり、さげすまれるのは、なれているんですよぉ」

浪貝はそう言うと、満足そうな笑いをみせた。

「だけどさ、最後はみんなお前に引き込まれてたぞ」

「そりゃ、そうでしょう。そうじゃなきゃ、そうじゃなきゃ、こまるんだよぉ。しょうがいしゃはね、むし、されるのが、いっちばん、しんどいんだよ。むしが、いっちばん、つらいんだからさぁ」

浪貝の言葉に、あの必死なボーカルの意味がわかったような気がした。

「ほら、すぐに試合よ。早く着替えて！」

進行のスタッフに急《せ》かされると、二人はライヴ用の衣装を脱いでリングコスチュームに着替えだした。

「よっしゃーぁ！」

「はい！」

浪貝と慎太郎は気合いを入れ直した。

この日の興行は、初めてマスコミが取材に訪れた記念すべき試合でもあった。それも「レッスルボーイ」というプロレス専門誌である。数カ月後、その雑誌は書店に並んだが、ドッグレッグスを取り上げたその号を最後にして、なぜか廃刊になってしまった。

それはともかく、プロレス雑誌に取り上げられるということが話題になり、慎太郎や浪貝の周りで変化が起き始めた。

「おかあさんが、きたじまさんに、はなしたいことが、あるといってるのですね。だから、いえにでんわを、してもらいたいのですね」

慎太郎が私に頼んできた。

「電話するのはいいけどさ、お前のお母さんが一体何の用なんだ？」

「さぁ……ぼくはわからないのですね」

慎太郎は私から目を逸らしている。何かあるなと思いながらも多くは尋ねず、とりあえずは慎太郎の母親に電話をしてみることにした。

「プロレスをやるのが、いけないと言っているんではないんです」

大きくハキハキとした声が、受話器の向こうから聞こえてきた。

「はっきり言ってしまうと、私はプロレスが大嫌いなんです。あんな野蛮なもの……」

「まぁ、プロレスというだけで、どうしても駄目という人もいますから」

私は思わず苦笑いをした。

「でも、慎ちゃん……いえ、慎太郎がやりたいことは、やらせてあげたいんです」

「それでしたら、何も問題はないのでは……」

「いえ、私がひっかかっているのは、障害者プロレスって名前なんです。何でわざわざ障害者とつける必要があるのですか？　それを北島さんにお伺いしようと思って……なぜ、ただのプロレスではいけないのでしょうか？　どうしても名前をつけるなら、例えば、ボランティアレスリングとか……」

ボランティアレスリング。略してボラレスか。私は思わず噴き出しそうになるのを必死に堪えた。

「障害者がやっているから障害者プロレスなんですけど。おかしいですか」

「それは健常者から見ればそうでしょうけど……私は、慎太郎には、自分から障害者というふうに位置づけてほしくないと思っているので……」

「障害者と健常者を区別しないで考えるべきだということですよね。仰《おつしや》ることはわかります」

「では、名前を変えて……」

「変えません」

「はっ？」

「私たちが対象としている観客は、障害者を障害者と呼ぶ健常者なんです。障害者が人前で何を演じようと好意的に見てくれる養護学校の教師でもなければ、施設の職員でもなければ、ボランティアでもなければ、障害者の親でもないんです。もっと言えば、障害者と呼ぶことはできても、実際には障害者のことを何も知らない人たちを会場に呼びたいんです。そのためには障害者プロレスというストレートな名前が、絶対に必要なんです」

「理屈はそうでしょうけど……」

慎太郎の母親は、納得できない様子だった。しかし、私は話を切り上げて、電話をきった。プロレスをやらせないと言っているわけではない以上、完全に理解してもらう必要もない。慎太郎も二十歳を超えた大人なのだ。後は慎太郎と母親の間で話せばいいことである。また、この頃、同様のトラブルが浪貝にも起こっていたようだった。母親がプロレスをやっていることで怒っているらしく、毎週の集まりにまったく顔を出さないようになっていた。詳しい状況を知ろうと電話をしても「なんでもないから。そのうちにいきますから」と素っ気ない。その事情がわかったのは、年が明けてからである。

九二年の正月。私の自宅で新年会を開いていた。昼頃から慎太郎に神山、新垣、秋谷、石田らが集まり、酒を飲んでいた。

「はい。できたわよー」

新垣が、湯気のたった鍋を持って部屋に入ってきた。

「うぉー！　うまそうだな」

みんなが声を挙げる。すると新垣は「いつも、みんなが食べてる鍋はまずそうなんだもん」と言って笑った。そんな、和気あいあいとした新年会は、その男の登場によってぶち壊される。みんなの酔いがまわった夕方頃、浪貝が遅れてやってきたのだ。

「おぅ、浪貝。明けましておめでとう。久しぶりだな」と声をかけたが、「あぁ、どうも」とよそよそしい返事が返ってきた。なぜか私と目を合わせない。浪貝は駆けつけの一杯を飲み干すと、突然、大声で叫んだ。

「きたじまさぁん！　おれぇは、きょうはいわせてもらう！　どっぐれっぐすは、しょうがいしゃを、くいものにしてるよぉ！　こぉんなの、ぼらんてぃあぐるーぷじゃねーよーぉ!!」

それまでしていた話を止めて、みんなが浪貝の方を向いた。

「おれぇたちばっかぁ、ぷろれすでぇ、しんどい、おもいしてぇ、ふろんとのれんちゅうは、らくしているじゃねーかよぉ！」

浪貝の目は据わっている。

「お前、変なこと言うなよな。スタッフだって苦労しているんだぞ。裏方の準備の大変さなんか知らないだろう」と私が言うと、神山も「だいたい、オレたちがプロレスしても学生プロレスみたいになるだけで、そんなの誰も見ないよ」と答えた。

一瞬、ウッと言葉が詰まった様子の浪貝だったが、すぐに「どっぐれっぐすは、ぷろれすばぁっかりじゃだめだぁ！　もっとどっかあそびにいったり、べんきょうかいをしなきゃだめだぁ！」と言い出した。これにはみんな呆れ返った。もともと、そんな活動に行き詰まりを感じていたからプロレスを始めたのではないか。

「何で今になって、そんなこと言うんだよ。さては何かあったな」

私は勘ぐり始めた。

「今までどこに行ってたの」

新垣もすかさず突っ込んで聞いた。

「………」

浪貝は見開いた目を急に伏せだし、下唇を突き出し始めた。これはやばい、という表情である。単純な性格の浪貝は、感情がすぐに表情に現れてしまう。

「他のボランティアグループの新年会に行ってたんだろ？」

秋谷は知っていたようである。

「何、そのボランティアグループって？　「かきね」のこと？」

みんなが浪貝に聞いた。

「いや、「かきね」じゃないです。別のボランティアグループです。大学生が中心となった障害者と健常者の交流グループで、昔、浪ちゃんも所属していたんですって」

浪貝が黙っているので秋谷が代弁した。

「あー、なるほどね。むこうでチヤホヤされたからか」

新垣が蔑《さげす》んだような目で浪貝を見る。

「オレたちは、障害者だからってチヤホヤしないからね」

神山がそう言うと、みんな一斉に笑った。

「おかしい！　どっぐれっぐすはおかしいよぉ！　やっぱり、こぉんなのぼらんてぃあぐるーぷじゃねーよぉ！」

笑いを遮るように浪貝は叫ぶ。

「オレは全然おかしいなんて思わないね。逆にやっと、やりたいことが見つかったって感じだよ。だいたいオレに言わせればね、遊びに行ったり、勉強会をしていれば障害者を取り巻く状況が変わると思っているボランティアグループの方にこそ問題があると思うね。だけど、やりたくもないプロレスを無理強いする気はないからさ。そんなにおかしいと思うなら、ドッグレッグスを辞めればいいんだよ」

話をしていて段々と腹が立ってきたので、私も強い口調で言い返した。

「いや、ちがぁうんだよ。ぷろれすが、やりたくないわけじゃないんだよぉ！」

「じゃ、なんなんだよ！」

苛ついたみんなが声をそろえた。

「もし、おれぇが、けがでもしたらぁ、どうすんだよぉ！　どうかんがえてんだよぉ！」

「そんなのお前の責任じゃないか」

私は言い切る。

「へっ？」

「だって自分の意志でプロレスやっているんだろ。それとも何か、オレたちに無理矢理プロレスをやらされていると思っているわけ？」

「じぶんの、すきなこと、やっているんですから、けがをしたら、それは、じぶんのせきにん、なのですね」

慎太郎が勝ち誇った態度で口を挟んだ。

「うるせぇ！　おめぇは、だまってろぉ!!」

凄い形相で、浪貝は慎太郎を睨み返した。また喧嘩になってはたまらんと、神山が浪貝をなだめる。

「まぁさ、浪貝の言うこともわかるよ。だからレスラーにはスポーツ保険にちゃんと加入させているじゃないか。もし本当に怪我でもしたら、それこそドッグレッグスでできることはしようとは思っているしさ。まぁ、どこまで責任を取れるんだと言われれば、それはわからないけど……」

「いや、かみやまさん、そういうことじゃないんだよぉ。おふくろがいうんだよぉ。もし、おまえになにかあったらぁ、ぷろれすばっかやっている、どっぐれっぐすは、めんどうをみてくれるのかって」

「はっ？」

私は、浪貝が言っている意味がすぐには呑み込めなかった。

「ぷろれすなんてぇ、やっててぇ、もし、しょうがいがすすんだら、どっぐれっぐすは、めんどうをみてくれるのかぁ。みてくれないだろうと。そういうふうに、おふくろはいうわけよぉ。ぷろれすでけがをしなくても、おまえは、しょうらい、ひとさまの、てをわずらわせていきていくんだからと。そういうふうに、おふくろはいうわけよ。それで、つきあうなら、しょうらい、ちゃんとおれのことを、めんどうをみてくれるようなぼらんてぃあたちと、つきあったほうがいぃのかなっておもってさぁ」

言っている意味がわかると同時に、私はキレた。

「はーん、なるほど。よーく、わかったよ。お前は将来の面倒をみてもらうために、真面目にボランティアをやっていて、自分のことを大事に扱ってくれる奴らを友だちとして選ぶってわけか⁉ それで、オレたちはプロレスばっかりやっていて、全然、ボランティアのことなんか考えてなさそうだから、付き合わない方がいいと‼ そういうことか‼ ふざけるのもいい加減にしろ‼」

本気で怒鳴っていた。浪貝がボランティアセンターで夕食も買えずに悔し涙を流したとき、その痛みを共有したいと思ったことが馬鹿馬鹿しくなってきた。

「あぁ、それでそういうボランティアグループとかに顔を出しているわけね」

新垣が再び、蔑んだ目をする。

「いや、そうじゃない。そうじゃないんだ。それはおふくろがそういっているだけで……おれも、それにぜんぶ、さんせいしているわけじゃないから……」

浪貝は慌てて取り繕おうとする。確かに脳性麻痺の障害者は、もともと健常者の筋力の七、八割しかないため、歳をとると筋肉の衰えが早いと言われている。そのために、車椅子を必要とする人も多く、浪貝も将来的には介助が必要な生活になるかもしれない。しかし、それにしてもあんまりな発言である。皆、あまりの怒りのために口を閉ざしてしまった。

「……浪貝さ、将来さ、もしそうなったらそうなったで、オレたちが介助するよ」

口を開いたのは、神山だった。

「……おれは、どっぐれっぐすのみんなには、かいじょされたくない……」

「なんで？　どうして？」

神山は、返ってきた意外な答えに驚いた。

「どうしてって……どっぐれっぐすは、そういうところじゃないから……」

「じゃ、どういうところなんだよ」

「………」

神山が聞いても、浪貝は答えない。それどころか、また、目が据わり始めている。

「とにかくおれは、どっぐれっぐすをかえるぅ！　ぷろれすばっかじゃだめなんだよぉ！　もっとぉ、べんきょうかいやって、あそびにいって、もっとぉ、ぼらんてぃあのことを、しんけんにかんがえるぐるーぷになんなきゃ、だめなんだよ！　おい、あきやといしだ！　おまえたちはおれについてくるか!!」

スタッフの中でも若手である秋谷と石田を、浪貝は仲間に加えようとしたが「ふざけんなよ」と二人は憮然として答えた。すると慎太郎までも「あきやといしだは、おれとなみがいさんの、どっちについてくるのですか」と言い出した。

「いい加減にしろ！」

ついに、秋谷と石田も怒り出した。そして、また不毛な言い争いが繰り返され始めたのだ。

呆れきった私は「もう、浪貝はうるさいから帰れ、帰れ！」と怒鳴った。

「あぁ！　かえるよぉ!!」

「………………」

浪貝が座ったまま動かないため、沈黙が続いた。

「なんだよぉ！　みんなぁ！　げんかんまでおくってくれないのかよぉ！」

「お前！　何考えてんだ！」

頭にきた私たちは浪貝を外に担ぎ出すと、タクシーを拾って放り込んだ。

タクシーが夜の闇に吸い込まれていくと、みんなヤレヤレという表情をみせた。

「なみがいさんは、ほんとうに、しょうがないのですね」

慎太郎はここぞとばかりに、嬉しそうに浪貝を批判する。

「しかし、いくら他のボランティアグループでチヤホヤされたにしても、何で今頃になって、あういうこと言うのかな」

神山が不思議そうに言った。

「障害者プロレスをやっていることで、身内の風当たりが強くなったからだろ」

私がそう言うと、神山は興味深そうに顔を向けた。

「障害者プロレスに対する批判が、ボランティア業界内でも出始めているみたいだしね。入場料をとって障害のある体を人前にさらすなんて、まるで見世物小屋じゃないかってね。だから、あいつも親とかに文句を言われて、肩身の狭い思いをしているんじゃないかな」

「ボランティア業界って……誰がそんなこと言ってるんですか」

「オレは直接抗議されたわけじゃないから、はっきりとはわからない。ただ、この狭い業界だぜ。どこの誰があんなこと言ってたとか、こんなこと言ってたとか、いやでもすぐに耳に入ってくるからさ。まぁ、オレは確信犯だからまだいいんだよ。正面切って批判してくるんなら、ちゃんとやり合うつもりだからさ。むしろ、そういう批判を待っているぐらいだしね。だけど浪貝や慎太郎は……」

「じゃぁ、きたじまさん、ぼくは、これでかえります」

振り返ると、慎太郎が眠そうな顔で自転車にまたがっていた。慎太郎の家から私の家までは、自転車で十五分ぐらいの距離である。だから、慎太郎が私の家に来るときはいつも自転車だ。粗大ごみに捨てられていたような錆びた愛車をこぎ出すと、チェーンがガシャガシャと音をたてた。慎太郎も夜の闇に消えると、道路は気持ち悪いくらいに静かになった。

「浪貝や慎太郎って、ずっと優等生的なボランティアグループに所属してきただろ。だから、自分のやっていることが批判されるのは初めてだと思うんだよな。だから、見世物になるようなことはするな、とか言われると混乱しちゃうんだよ。自分は好きなことをやっているだけなのに、なぜ文句を言われるのか。ずっと、好きなことはドンドンやれ、どんなことにでも挑戦しろと言っていたのに、なぜプロレスは駄目なのか。ひょっとしたら、自分がやっていることは間違っているんじゃないのか……」

「価値観が揺らいじゃうんですね」

「そんなときにさ、王様のようにチヤホヤしてくれるボランティアグループに行けば、そこが正しいと思ってしまうよ」

「確かに、もっと勉強会をした方がいいとか、玄関まで送ってくれとか言ってるところをみると、そんなところなんでしょうね……でも、わからないのは、どうしてオレたちに介助をして欲しくないって言ったんですかね」

「わからない。わからないけど、浪貝にしてみれば、障害者と健常者なんて意識しないで、オレたちと対等に付き合ってきたわけじゃないか。そこに介助する側される側というのが加わると、もう今までのような関係に戻れないと思っているんじゃないかな。友だちだから気にするなと言うのは、健常者の論理なのかもね」

「……でも、何か寂しいですね」

私は、浪貝と慎太郎が去った後の夜の闇をいつまでも眺めていた。二人が消えていった闇は、暗く深かった。それは、まるで彼らの心に潜む暗部のようにも思えた。どんなに手を伸ばしても、彼らの心には届かないのだろうか。そんなことを自問自答していた。所々に見える街灯の明かりが、やけに眩しく見えた。

新年会の一件以来、浪貝はドッグレッグスに顔を出さなくなっていた。しかし、春が近づく頃、浪貝から「あのときは、どうかぁしてましたぁ。こころをいれかえましたんでぇ、またぁ、ぷろれすとばんどで、よろしくおねがいします」という電話がかかってきた。あまりの調子の良さに文句を言う気もなくなった。とにかく浪貝の復帰もあり、半年ぶりに興行を行うことになる。興行を休んでいる間に、イベントに詳しいスタッフが加わり、その関係で学生プロレスからリングを無料で借りることに成功した。憧れのリング導入に伴い、障害者レスラーたちの意識も変わってきた。これまでは天性の格闘技センスだけでプロレスをやってきたが、積極的にトレーニングを始めるようになったのである。地元のトレーニングセンターでウェートトレーニングに励み、実戦形式のスパーリングも数多く積んだ。特に慎太郎は「ぷろとして、はずかしくないように、もっときたえないと、だめなのですね」とかなりハードなメニューをこなした。人を上に乗せてのブリッジ運動で強い首を作り、重さ十キロのボールを腹の上に何度となく落としては腹筋を鍛え上げた。

そして、四月十九日。第五回興行「超障害者ランニングアローン」を迎えた。学生たちの手によって、光明養護学校の体育館にリングが組み上がると、その光景にみんなうっとりとして溜息をついた。学生プロレスのものとはいえ、本物のリングである。ついこの間まで、絨毯や体操用マットで試合をしていた私たちには、もったいない気がした。さっそく、障害者レスラーたちはリングに上がると、その感触を確かめた。興奮してマットを叩く浪貝やブルースをよそに、慎太郎は「なんか、たかくて、こわいのですね」と怯えていた。

リングで試合ができるのも驚きだったが、開場するとさらに信じられない光景が私たちを待っていた。「レッスルボーイ」の記事が、口コミで広まったのだろう、人、人、人。観客が洪水のように体育館に押し寄せてきたのである。みんな我が目を疑った。冗談半分で並べて置いた百席の椅子が満席になり、なおも観客が入口にあふれているのだ。今までのんびりと受付をしていたスタッフたちは、すでにパニック状態に陥っている。私と神山は中庭にあったベンチを何個も体育館に運び込み、そこに観客を誘導した。観客動員百三十人。私たちは、初めて満員の観客の前で試合を行った。それは、リングの上のレスラーが障害者であるということを除けば、まるで本物のプロレス興行のようであった。

興行が終わった後、会場の片づけを行っている障害者レスラーとスタッフの顔は、これまで見たことのないほどに充実していた。会場の隅では、慎太郎がサインを求められて嬉しそうにしている。私にも、観客を集めるという一つの目標を達成した満足感はあった。しかし、観客から回収したアンケート用紙に目を通しているうちに、段々と素直に喜べなくなってしまった。

「障害者も、やればできるんだと思いました」

「障害者の闘う姿に感動しました」

「障害者がとても輝いて見えました」

アンケート用紙には、そんな言葉ばかりが並んでいた。観客が倍以上に増えたというのに、なぜ批判する声がないのだ。それが不思議で仕方がなかった。すると新垣が「北島さん、話を聞きたいと言う人が……」と、見るからに怪しそうな帽子を被ったひげ面の男性を連れてきた。

「どうも、できたばかりの名刺ですが」

手渡された名刺には、映画監督・天願大介《てんがんだいすけ》と書いてあった。

数日後、新宿の天ぷら屋で天願監督と再び会った。興行の後は慌ただしく、ゆっくり話す暇もなかったので、改めて日を設けてもらったのだ。

「僕はあれは嫌がらせだと思いました。嫌がらせというのは、一方にする人がいて、もう一方に嫌だなと感じる人がいて、はじめて完結するわけですよね。だから、ぼくは『嫌だった』ときちんとあなたに伝えなければならないと思ったんです」

天願監督は落ち着いた口調で、障害者プロレスに対する感想を話した。

私は驚いた。この間の興行で感じていた不満を、いきなり解消してくれたからだ。観客が入ったのは、確かにうれしかった。観客からの反応があることで、障害者レスラーたちも生き生きと試合をしていた。興行的に考えれば万々歳である。しかし、障害者プロレスとは、こんなにも簡単に受け入れられていいものなのだろうか。また、ボランティア業界の連中も、いまだに正面切って私を批判してこない。それどころか、「プロレスみたいな活動もあって、いいんじゃない」という物わかりの良いスタンスをとってごまかそうとしている。健常者社会やボランティア業界に波風を起こそうとしているのに、反応が返ってこない。そんな状態に私は苛立っていた。それだけに、天願監督の「嫌がらせ」という言葉は嬉しかったのだ。

「みんなが天願さんのように思ってくれたら、もうプロレスをやる必要もないんですけどね」

　私は笑ってそう答えた。

　天願監督は、ドッグレッグス誕生の経緯などについて、非常に興味を持ったようだった。その場で、ドキュメンタリー映画としてドッグレッグスの活動を追いたいという意向を伝えられた。そして、五月十七日、ボランティアセンターで初めての取材が行われることになった。天願監督と五人のスタッフが、カメラを持ってやってくるのを、皆、緊張した面もちで迎えた。もっとも、慎太郎と浪貝はいつもの通りである。慎太郎はカメラマンに話しかけて、もう友だちになろうとしているし、浪貝はカメラを向けられると「てぇんがんさん！　しぬきでとってください!!」と叫んだ。おまけに芝居がかった喧嘩まで二人で繰り広げる始末で、これには天願監督も苦笑いをしていた。

第五章

就職と輪ゴムとソープランド

慎太郎は障害者の社会参加を当たり前とする空気の中で育ってきた。だから、欲しいものや夢見るものは、健常者と何ら変わりがない。しかし、どんなに望んでも、障害者であることで初めから手が届かないものがある。そのために、慎太郎の抱える悩みは、より一層深くなっていった。

一九九一年の九月から就職活動をしていた慎太郎だが、職業訓練校を卒業する頃になっても仕事の口が見つからないでいた。職業訓練校の紹介で、幾つかの一般企業へ実習に行ったが、その全てが不採用という結果に終わっている。

一番初めに実習に行ったのは、クリーニング会社の工場だった。慎太郎はスポーツクラブなどで使われたタオルを洗濯機に入れ、乾燥したら取り出す仕事を命じられた。濡れたタオルはジワリと腕に重く、作業場は真夏のように蒸し暑かった。少し離れたところで小さな扇風機が首を回しているが、その風を感じる暇もないまま、作業に追いまくられた。一日が終わると、着ていたTシャツが水をかぶったように汗でびしょ濡れになっていた。慎太郎に与えられた労働条件は、勤務時間が朝八時半から夜七時まで。休みは日曜日のみで、給料は月二万円ということだった。

一週間の実習後、慎太郎はこの職場に就職しないことを経営者に告げた。給料が安いだけではなく、仕事がきつすぎて自分には勤まらないと思ったからだ。すると、次の瞬間、経営者から思ってもいなかった言葉が返ってきた。

「障害者は働かないなら死になさい！」

一瞬、頭の中が真っ白になった。何を言われたのか、意味がわからなかった。いや、あまりの恐ろしい言葉に、慎太郎の頭が理解を拒んだのかもしれない。

家に帰ってベッドに横になると、怒りがこみ上げてきた。

――なぜ、しねとまで、いわれなければならないんだよ！　しごとだけで、にんげんを、はんだんするなよ！

慎太郎は心の中で大声を挙げた。そして、怒りをぶちまけ終わると、その感情は次第に不安へと変化していった。

――じゃあ、もし、しごとが、みつからなければ、じぶんは、いきていても、しかたがない、にんげんに、なってしまうのだろうか。

今度は急に恐ろしくなってきた。不安を押し消そうとベッドから起き上がると、ステレオに大好きな長渕剛のCDを入れる。立ったまま曲を聴き、静かに目を閉じた。少し元気が湧いてくる。

「ぼくには、ぷろれすも、ある。しょうがいしゃも、やれば、できるって、しょうめい、するのですね。ぷろれすは、これから、もっと、もっと、おおきくなると、おもうのですね。

じしんを、もつのですね」

目を閉じたまま、慎太郎は曲に合わせて体を揺らした。

次の実習先は、製菓会社のケーキ工場である。仕事は、ベルトコンベアで運ばれてくるトレイに、ケーキをのせる紙を敷くというものだった。実習は一日だけだったが、クリーニング工場と違って、職場が生き生きとしている感じがした。一時間働くごとにある十五分の休憩中にボーッとしていると、隣で作業していた知的障害者の女性が声をかけてきた。

「しごと、たいへんですか?」

「へ? あ、あぁ、はい。どうやって、やったら、うまく、できるのかなーとおもって……」

「そう……がんばってね!」

「……はい!」

慎太郎は笑顔で返事をした。

仕事中に微笑むことができるなんて思ってもいなかった。労働条件も、週休二日で月給十二万円と、クリーニング工場とは比較にならない。この職場で働きたいと慎太郎は強く思った。しかし、それが失敗の原因となる。職場のことが気に入ったら、もっと工場の中を知りたくなったのだ。

「もし、ここではたらくのなら、こうじょうの、なかを、もっと、しっておいたほうがいいのですね」

　そう思い込んだら、もう我慢ができなくなった。午後からの仕事をさぼり、工場の中を歩いていると、大声で呼び止められた。

「何をフラフラ歩いているんだ！」

　工場の人に怒られて、我に返った。咄嗟《とっさ》に弁解しようとしたが、浮かんできた言葉は「あぁ、しまった」だった。数日後、製菓会社からは不採用との通知があった。

　いつもキョロキョロとして落ち着きがないのも、友だち付き合いでなら愛すべきキャラクターとして受け入れてくれる人は多いだろう。だが、仕事となると、そうもいかない。職業訓練校を卒業しても就職が決まらなかった慎太郎は、東京都障害者職業センターに通うことになった。そこで、ボールペンのキャップを付けたり外したりする指先の訓練などをしながら、職業安定所に足を運んだ。


　この頃、慎太郎は初体験を済ます。

　就職が決まらずにストレスが溜まっていたことと、高まるばかりの女性に対する興味で、一日七回もオナニーをしていた。当然のごとくそれだけでは満足できなくなり、ソープランドに行くことを決心する。障害者年金を預金している銀行口座から三万円を下ろすと、電車に乗って池袋へと向かった。養護学校高等部時代の通学路である池袋の街には、当時から気になっていたネオン街があったからだ。どの店に入るかを決めるべく、ブラブラとネオン街を歩き続けた。派手な原色のネオンは麻薬のように脳を痺れさせ、まだ何もしていないのに、早くもいい気分にさせてくれた。

「お客さん、いい子いるよっ！」

呼び込みの声は、後ろから肩を叩かれたような感じがした。振り向きはしなかったが、一瞬、足が止まった。

その僅かな反応も、呼び込みは見逃さない。

「安いよ！　二時間一万円だよ！」

さらに強く肩を叩くような声に、慎太郎は反射的に振り返った。

そのまま周囲を見回すと、ほとんどの店が二時間三万円以上のようである。もう迷う必要はなかった。呼び込みと目を合わせないようにしながら、その店へと入っていった。

店内は茶色かったという。照明はピンク色のようだが、壁や天井の煤《すす》けた色によって、全体がくすんだ色に染まっていたのだろう。

「いらっしゃい。どの子にする？」

競馬新聞を片手に持った背の低い男が、威勢の良い声で聞いてきた。壁を見ると名札が掛かっている。中山美帆、堀ちえ美、荻野目葉子といったアイドルと一文字違いの名前が、名札には書いてあった。

「みなみのようこを、おねがいします」

目にとまったのは、この頃ファンだった南野洋子という名前だった。

「よーこちゃんね」

男はニヤニヤとした笑みを浮かべながら、待合室に案内してくれた。待合室は狭かったが、入口よりは明るくて安心した。部屋の隅にはテレビが一台置いてあり、巨人対広島戦を放送している。見慣れた野球放送を、知らない部屋で眺めるのは妙な感じがした。何か居心地が悪かった。二、三分待った頃、ガチャリとドアが開く音がした。

「いらっしゃいませ。よーこです」

「……はあーぁ」

心の中で溜息をついた。

ドアの所に立ち、ニコリと微笑む南野洋子の顔は、慎太郎には溶けたアイスクリームのように見えたという。目を下に移すと、体は小太りで、歳も自分より随分と上に思えた。

「ぼくは、ことばが、ふじゆう……からだも、ちょっと、ふじゆうなのですね」

個室に入ると、すぐに慎太郎は言った。

「大丈夫。言葉、わかりますよ」

彼女は何の抵抗もないように、そう言うと笑ってくれた。嬉しかった半面、目尻にできた小じわが気になった。

「としは、いくつなのですか」

思わず聞いてしまった。

すると彼女は、人差し指を立て唇に当てると、それは聞かないで、という顔をした。

「そうですか……」

寂しげな声を漏らすと、慎太郎は肩を落とした。

慎太郎の落胆ぶりを見て、彼女は仕方なさそうに答えてくれた。もっと上だと慎太郎は思ったが、今度は声には出さなかった。

「……三十歳よ」

「何か飲みますか？　コーラとオレンジジュースがありますけど」

「じゃ、おれんじじゅーすを、おねがいします」

彼女はオレンジジュースの栓を開けると、コップに注いでくれた。慎太郎は、あれっ、と思った。自分にとって、コーラはエビフライと並ぶ大好物である。それなのに、なぜこのとき、コーラではなくオレンジジュースを頼んだのだろう、と。

「それじゃ、お風呂に入りますか」

ジュースを飲み終えると、彼女が言った。

「はい。じゃ、いっしょに、はいるのですね」

すると、彼女はクスリと笑った。

「お客さん、こんな狭いお風呂には二人も入れませんよ」

確かに狭い。しかし、そんなことは見ればわかることだ。さっきから、何か変なことを言っている。

「お客さん、緊張しているのね」

また、彼女はクスクスと笑った。

ようやく慎太郎は、自分が緊張していたことに気付いた。確かに、体はガチガチに力が入っているし、頭の中も沸騰したヤカンのように熱くなっている。これで変なことを言ったりした謎が解けたと慎太郎は思った。湯船の中で彼女に体を洗ってもらうと、緊張はよけいに酷くなり、もう何が何だかわからなくなってきた。

風呂から上がってベッドへと行くと、彼女が声を挙げた。

「わぁーっ！よく見ると、お客さんのって、おっきいわね。入るかしら。怖いわ」

股間をしげしげと眺められ、驚いた顔をされると、恥ずかしいやら、嬉しいやら、変な気持ちになった。これで少し緊張が解けてきた。

「ぼくは、はじめてなのですね」

「あら、そうなの？　でも大丈夫。大丈夫よ」

彼女はそう言うと、優しく慎太郎を導いた。彼女の中に入ると同時に、慎太郎は夢中になって腰を動かした。快感に身をまかせるように、突いて突いて突きまくった。すると彼女が声を挙げた。

「お客さん、やっぱり痛いわ。ほんと、お客さんのおっきいわ」

「すみません、ごめんなさい、すみません」

腰を動かし続けながら、慎太郎は謝った。

「ううん、いいのよ、私も頑張るから」

彼女も腰の動きを合わせてきた。あまりの気持ちよさに、意識が薄れていく。何か遠くの世界に行くような感じを慎太郎は味わっていた。

結局、彼女と二回も行為を行った。

服を着ていると、彼女が聞いてきた。

「気持ちよかった?」

「はい。きもち、よかったです」

「そう。私も気持ちよかったですよ」

そう言って彼女は笑った。やっぱり、アイスクリームが溶けたような笑顔だった。

店を出ると、さっきと変わらないネオンが光っていた。瞬間、言いようもない不安が襲ってきた。

「しゅうしょくも、してないのに、こんなことを、しているなんて……だいたい、そーぷに、いって、おんなのひとと、やるなんて、なさけないよ……」

少しでも気を抜くと、次から次へと押し寄せる不安な気持ちに、心が潰されそうになった。

慎太郎は胸に手を当てて、スーッと息を吸い込んだ。

「……おおきな……おおきな、きもちでいくのですね」

自分に言い聞かせるように呟いた。そして、グイッと胸を張った。

「むねをはるのですね……むねを……」

胸を張りながらヨタヨタと歩く慎太郎は、ネオン街でも異質に映ったことだろう。だからと言って、その姿を気にとめる者はいない。道行く人は、慎太郎のことなど見えないかのように通り過ぎていく。原色のネオン街を離れると、町は急に落ち着いた色を取り戻した。駅の周りは、会社帰りのサラリーマンが行き交い、騒がしい。慎太郎は胸を張って歩き続けた。

就職がなかなか決まらないことで、口の悪いボランティア業界人からは「慎太郎は作業所に行くしかない」と言われるようになった。精神的にも随分と追い込まれているようで、ドッグレッグスの集まりにきても、虚《うつ》ろな目をして心ここにあらずという感じである。

その様子を見た浪貝が叫ぶ。

「しんたろうぉ！　そんなぁ、なやんでないでぇ、おれんとこに、こいやぁ！」

浪貝は、自分の通っている作業所に慎太郎を誘った。

「いやですよ！」

ぶっきらぼうに慎太郎が答えると、途端に浪貝は顔を真っ赤にして怒った。

「なぁんだとぉ！　おまえ、さぎょうしょを、ばかにすんのかーっ！」

「ひぃーー！」

悲鳴を挙げた慎太郎に恒例の鉄拳が、一発、二発と振り下ろされる。

「そうだよ。お前、いくらなんでも今の言い方は失礼だろ」

周りにいたドッグレッグスのスタッフも浪貝の肩を持つ。

「だって……」

殴られた頭を撫でながら慎太郎は呟いた。

「だってじゃないだろうよ。だったらさ、実際問題として、これからどうするんだよ」

私は怒るように言った。

「むぐー」

慎太郎は開きかけた口を閉じて唸った。

「でも、慎太郎が実習に行ったというクリーニング工場は酷すぎるわね」

新垣が、憮然としながら話す。

「休みが日曜日だけで、朝八時半から夜七時まで働いて、月給二万円だなんて……オレたちの常識では考えられないですよ」

神山も言葉を続けた。

「だけど、そのクリーニング工場で働いている障害者もいたんだろ?」と私が聞くと「はい。ちてきしょうがいのひとが、なんにんか、はたらいてました」と慎太郎は答えた。

「どうしてかな? よく、そんなとこで働きますね」

神山が首を傾げる。

「酷い労働条件でも雇ってくれるだけでありがたい。そういうことなんだろ。そんなふうに思っているのは、障害者はもちろん、障害者の親にも多いからな……」

私は溜息をついた。

「その意味では、慎太郎の親は偉いというか、まともですね」

神山はそう言うと、慎太郎の顔を見た。慎太郎は神山と目が合うと、首をすくめた。

「いや、その……ぼくの、おかあさんは、ですね……ぼくと、いっしょに、べんとうやでも、はじめようかと、いっているのですね……」

「えっ！　お前それは絶対にやめた方がいいよ。一生、親離れできなくなるぞ」

みんなが声をそろえた。

「ぼくだって、そんなのいやなのですね……」

ふと気づくと、慎太郎は机の上で輪ゴムの束をこねくりまわしている。

「慎太郎、何やってんだ？　そりゃ」

「こうやっていると、きぶんが、おちつくのですね」

私と話しながらも、輪ゴムをいじるのを止めない。

「そう言えば、最近、そうやっていつも輪ゴムをいじっているような気がするな」

いつの間にか、慎太郎の指先をみんなが注目していた。慎太郎は、輪ゴムを親指と人差し指と中指の三本の指でこねたり、掌を使って机でこねたりしている。ゴムの感触が気持ちいいのだろうか。次第にボーッとしだし、目の焦点が合わなくなってきている。ふと床を見ると、慎太郎が座っている椅子の周りに輪ゴムがいっぱい落ちている。

「慎太郎いいのか？　大事な輪ゴムが落ちてるぞ」

「ああ、だいじょうぶです。まだ、たくさん、あるのですね」

慎太郎は、ポケットから大量の輪ゴムを取り出してみせた。

「なんなんだよ、それは？　いつもそんなに持ち歩いているのか？　だいたい何でそんなにたくさんの輪ゴムを持っているんだ？」

　驚いて、私は矢継ぎ早に聞いた。

「わごむは、これまでも、いえでは、ずっと、こうやってこねていたのですね。さいきんは、はこで、かっているのですね」

「何？　輪ゴムを箱ごと買っているの？」

「そうなのですね。はこごとかって、いえをでるとき、わっと、つかんで、ぽけっとに、つめて、もっていくのですね」

「じゃあさ、オレの輪ゴムをあげるよ。さっき食べた弁当に入ってたやつ」

　神山が笑いながら、慎太郎に数本の輪ゴムを手渡した。それをもらうと、慎太郎は早速こねはじめた。そして、そのうちの何本かを横に省いた。

「これは、だめなのですね」

「なんでー⁉」

　神山がすっとんきょうな声を挙げる。

「おおきさが、きまっているのですね。ぼくが、すきなのは、じゅうはちごう、という、さいず、なのですね。ほかの、さいず、では、だめなのですね」

「へぇー、十八号ね。こだわりがあるんだー。しかも、それが触ればわかるってのが、凄いな」

真剣に神山は感心している。

「……ちょっとオレにもくれる」

私は慎太郎から輪ゴムをもらうと、同じようにこねてみた。

ぐにっ。ぐにっ。

輪ゴムの感触である。それ以上でも、それ以下でもない。ひょっとしたら、私の知らない未知の快楽でもあるのかと思ったが、とりたてて面白いものではなかった。輪ゴムは輪ゴムである。しかし、慎太郎にとっては、不安を抑え、情緒安定に欠かせないものなのだろう。そう考えると、家でいじるだけだった輪ゴムを外に持ち歩くようになったということは、それだけ不安が増しているということなのか。

「まぁ、こうなったら、そんなに慌てて就職しないでもいいだろ。ゆっくりと気楽に探せよ。最悪、お母さんと弁当屋という道が残ってんだからさ」

私は気休めのつもりで言った。

慎太郎は「うーー」と小さく呻くと、左手で頭を掻きむしり、右手ではさらに激しく輪ゴムをぐにぐにといじった。

九二年の六月になり、慎太郎の就職が決まった。府中市にあるゴミ処理工場である。

「きたじまさん、みてください。ここにしゅうしょくが、きまったのですね」

慎太郎は職安で写した求人票を、私に見せた。月給十八万から二十五万と書かれた欄がマジックで消されている。

「給料のところが消えているじゃない」と聞くと「この、きゅうじんひょうは、いっぱんのひとようなので、ぼくは、しょうがいしゃだから、げっきゅうきゅうまんです」と得意げに答えた。

「そうか九万円か……まぁ、良かったな。就職おめでとう。頑張れよ」

「はい。がんばるのですね」

しかし、正直言って、手放しでは喜べなかった。ケーキ工場での失敗談を聞いているだけに、どうしても心に不安が残った。

「……慎太郎。やっぱり就職できて、嬉しいか……」

「えっ？　そりゃ、そうなのですね。しゅうしょくするのは、とうぜんのことなのですね」

「当然って？」

「がっこうをそつぎょうして、しゅうしょくして、けっこんして、かていをつくるのは、にんげんとして、とうぜん、なのですね」

「いや、そんなことはないだろ。確かにそれは一般的な幸せかもしれないけどさ。だけど、学校を出てなかったり、結婚してなかったりしても、毎日楽しく生きている人は大勢いるぞ。人間の価値なんてのは、そんなことじゃ決まらないだろ」

「まぁ、それも、そうだとおもいますよ。でも、しゅうしょくして、けっこんして、こどもをつくって、というのは、ぼくのゆめなのですね」

「……夢？」

「そう、ぼくのゆめ、なのです」

その言葉を聞いて、私は複雑な心境になった。スポットライトに照らされて、百人以上の観客から拍手と歓声を送られている慎太郎の姿が脳裏に浮かんだ。健常者でも、ほんの一握りの人しか味わえないであろう体験をしても、慎太郎の心は満ち足りていないのである。本当に欲しいのは障害者としての華やかな舞台ではなく、健常者としての当たり前の日常なのだ。障害者が健常者に近づこうとする生き方に、疑問がないわけではない。だが、自分なりの幸せを探せと言うことが、今の慎太郎に何の意味があるというのか。就学、就職、結婚と、健常者の多くが何の疑問を持つことなく進む道に憧れてやまないのなら、それを追い求めるのもいいだろう。手の届かない所にあるからこそ、夢なのだから。うれしそうな慎太郎の顔を見ているうちに、切なさがこみ上げてきた。


慎太郎のゴミ処理工場での仕事が始まった。起床は朝六時だが、早起きは、そんなに苦手ではなかった。小、中学校と普通校に通っていた慎太郎は、母親に毎朝六時に起こされて、授業の予習をやらされていたからである。そのお陰で、早起きの習慣はついていた。家の近くの駅まで自転車をこぎ、売店でスポーツ新聞を買って電車に乗り込む。下り電車なので、車内はそれほど混んではいない。お陰で前日のプロレスの結果を、スポーツ新聞でじっくりとチェックできた。職場のある駅に着くと、会社の送迎ワゴンが待っている。その車で、数人の同僚とともに工場へと向かう。車内では一言も口を開かずに、黙ってカーラジオに耳を傾ける。十分ほど、車に揺られると、川辺にある工場が姿を現す。茶色く見えるその建物は、毎日のように慎太郎の心をざわつかせる。嫌だな、でも頑張ろう。二つの言葉が、グルグルと頭の中を回っていた。

ゴーーーーッ、ゴーーーーーッ、ゴーーーーーッ。

薄暗い工場の中に入ると、頭の中は機械の音だけになった。回収されてきた燃えるゴミが、ベルトコンベアの上を流れている。数人の男が、何かを探すようにガサガサとゴミ袋に手を入れた。中から掴み出されたのは、混入した瓶や缶などの燃えないゴミだった。

「ほら、籠がいっぱいになったぞ!」

みんなから「おじさん」と呼ばれている初老の男が、アルミ缶を竹の籠に無造作に放り込むと声を挙げた。慎太郎は、慌てて籠を台車に載せた。

慎太郎の仕事は、取り出された缶や瓶を、台車で工場内の指定された場所まで運ぶことである。竹の籠は数分でいっぱいになってしまうので、午前八時から午後四時までの間、一日に何十往復もそれを繰り返す。単調な仕事に耐えきれず、いつもの癖が出てしまい、ベルトコンベアの動きをボーッと眺めてしまうこともあった。そうすると決まって、おじさんに「真面目にやれ!」と怒られた。

就職してから一カ月が経ち、初夏を迎える頃になると、さらに仕事は厳しくなってきた。

サウナのような工場内で、ゴミは強烈な悪臭を放つ。肉体的にも精神的にも、これほど辛いと感じたのは生まれて初めてだった。時には意識が遠のくこともあり、おじさんに呼ばれても返事ができないことがあった。慌てて我に返り、聞き直そうとしたら、「うっ、うっ、うっ」と言葉が詰まってしまった。「もういい！」と、おじさんは怒鳴ると、また、ベルトコンベアの方を向いた。

それからだった。おじさんが、そのときの慎太郎の言葉の詰まりかたを真似するようになったのは。

休憩時間のことである。

「うっ、うっ、うっ」

慎太郎の真似をしながら、おじさんはニヤニヤと笑っている。

本人にしてみれば、軽くからかっているつもりなのだろう。職場でなかったら、慎太郎も笑って返していたかもしれない。しかし、心も体もギリギリまで追い込まれた慎太郎にそんな余裕はなかった。

「やめてください……」

悲壮な顔をしながら、小さく言った。

「あっ、あっ、あっ」

だが、その声が聞こえないかのように、おじさんは慎太郎の真似をいつまでも続ける。

慎太郎の頭の中で、もう一人の自分が怒鳴り散らし始めた。

——うるさい！　うるさいんだよ！　あつい！　とにかくあつい！　なんでこんなにあついんだ！　いらいらする！　むしゃくしゃする！　やめろ！　なんでそんなことするんだ！　そんなまねのなにがおもしろいんだ！　いやなひとだ！　ほんとうにいやなひとだ！　がまんできない！　もうがまんできない！

そして、感情が爆発した。

「おまえ、やめろよ！　いいかげんにしろよ！」

大声で叫んでいた。気が付くと、拳を握ってプロレスのファイティングポーズをとっていた。これ以上、言うなら摑み掛かってやろうと思った。目が潤み、拳は震えていた。

「何をやっているんだ！　やめろ、矢野！」

大声を挙げ、二人の間に割って入ったのは、工場の社長だった。

「早く仕事に戻りなさい！」

「ちがいます！　これは、おじさんが、いけないのですね。ぼくの、へんな、まねを、したんですから」

慎太郎の言い訳を聞きながら、おじさんはニヤニヤしている。社長に睨み付けられた慎太郎は、拳を下ろして軍手をはめると、台車の方へと向かった。

それから数日後、昼休みに食堂にいると、社長が声をかけてきた。

「矢野、プロレスをしていることで、最近、スター気分になっているんじゃないのか？」

「ちがいますよ。ちょうしになんか、のっていないですよ。ぷろれすは、ぷろれす、しごとは、しごと……」

慎太郎が喋り終わらないうちに、社長は言葉をたたみかけるように続ける。

「この工場にはな、有名人じゃなくても真面目に働いている人がいっぱいいる。そういう人を少しは見習ったらどうだ」

「……はい。もっと、がんばります」

もっと。もっと。とにかく頑張るしかない。ここをやめさせられたら、もう働く場所はないのだから。

慎太郎が仕事を始めてからというもの、私の家の電話は鳴りっぱなしの状態になっていた。仕事に対する不満や不安を私にぶつけると、慎太郎はホッとしたように電話をきる。だが、数分も経たないうちに電話をかけ直してきては、同じ話を繰り返すのである。さすがに私も精神的に参ってしまったが、それでも何とか話に付き合うように努めた。誰しも仕事の憂さ晴らしをしたいときはある。酒を飲んだり、買い物をしたり、旅行に行ったりと、その方法は人それぞれだろう。慎太郎にとっては、私への電話がそれに相当すると思えた。

「ぼくは、いっしょう、このしごと、つづけて、いくのでしょうか……」

「何だよ、慎太郎。泣き言を言うのはまだ早いだろ」

「それは、そうなのですけど……」

「……仕事、大変なのか……」

「しごとばは、さうな、みたいに、あついのですね……それに、ごみはくさいし、それはもう、たいへんなのですよ」

「そうか……」

「それに、いろいろと、いわれるのですよ。しょくばのひとに。おまえは、しごとが、おそいとか、のろまとか、ぼーっとしているとか……そういうふうに、いわれるのですよ……でも、ぼくだって、いっしょうけんめい、やっているのですね。せいいっぱい、やっているのですよ」

「………」

「いや、ぼくも、じぶんで、あまいとは、おもうのですね……もっと、もっと、がんばらないと、いけないのは、わかっているのですね。でも……」

私は何も言えなくなってしまった。クーラーの効いた職場で仕事をしている自分を振り返れば、何を言ったところで所詮は高みからの物言いである。明らかに立場が違う相手に、それでも頑張れという励ましが、どれだけ力になるというのだろう。健常者である私は、永遠に障害者の立場には立てない。しかし、それでも彼の心に届くような言葉を必死になって探した。受話器を通して沈黙が続いた。

「……とりあえず、いちねんかんは、がんばろうと、おもうのですね。おかあさんも、いちねんかん、やってみなさい、といっているし……」

慎太郎が重そうに口を開いた。

「……そうか、頑張れよ。どんな仕事だってさ、みんな大変なんだから……」

受話器をきつく握りしめて、私は言った。

「……はい。わかりました」

慎太郎の力ない笑顔が見えたような気がした。何て、つまらないことを言ってしまったのだろうと、私は自己嫌悪に陥った。

第六章

障害者対健常者

私は苛立っていた。

障害者たちとの付き合いが深くなればなるほど、障害者と健常者は違うと感じるようになってきたからだ。その違いに目を向けることなく、障害者も健常者も同じ人間というイメージだけが、この社会には定着している。空虚な幻想が健常者の無関心を誘い、障害者の苦悩を呼ぶのなら、ぶち壊すしかない。慎太郎や浪貝の苦悩を目の当たりにしてきた私は、強い破壊衝動に駆られていた。もっとも、そんな思いが彼らに届いているかというと、そうでもなかった。一九九二年頃になると、障害者プロレスも少しずつだが有名になり、慎太郎たちもさまざまな取材を受けるようになった。その中で、慎太郎は必ず決め台詞《ぜりふ》のようにこう言っている。

「しょうがいしゃも、やれば、できるというところを、みてほしいのですね」

そして、こうも言う。

「ぼくは、しょうがいしゃも、けんじょうしゃも、ほんとうは、いないと、おもっているのですね。どうしてかというと、めがわるくて、めがねをかけているひとも、しょうがいしゃ、だと、おもうからなのですね」

ちょっと待て。では、今の自分が置かれている状況については、どう考えているのだ。障害者と健常者は違うという現実と、毎日向き合いながら過ごしているではないか。だから、辛いのではないのか。だから、私の家に一日何回も電話をしてくるのではないのか。自分の苦しみを直視するのはしんどいことだから、そんな綺麗な言葉にすり替えたくなるのも、わからないではない。しかし、それでは私の嫌いなボランティア業界人とまったく同じではないか。一体、何のために慎太郎は障害者プロレスをやっているのだろう。一度、じっくりと話してみる必要があった。

「お前さ、どうしてプロレスやっているの？」

「ぷろれすが、すきだから、ですよ……それに……」

「それに？」

「しょうがいしゃでも、やれば、できると、おもうのですね。しょうがいしゃぷろれすで、ぼくらも、おなじ、にんげん、だって、ところを、おきゃくさんに、みせたいのですね」

「それで？　それを見せるとどうなるのよ」

「……はぁ？」

「要はさ、障害者も同じ人間と言われると、お前が嬉しいんだろ」

「まぁ、ぼくも、うれしいですね」

「つまり、お前は健常者になりたいんだ」

「いや、そうじゃありません」

「じゃ、健常者に近づきたいってことか」

「んー……まぁ、そうですね」

「バカか、お前は」

「えっ……」

「障害者と健常者は同じ人間って言い方はさ、確かにすごく正しいことのように聞こえるよ。でも、この言葉にオレは大いに疑問を感じるね。それにさ、障害者がそう発言することで、一番喜ぶのは健常者だってことわかっているのか」

「よろこんで、くれるなら、うれしいです」

「バカ。良い意味じゃなくて、悪い意味で言ってんだよ」

「はぁ？」

「障害者について、どう思いますかって聞けば、障害者も健常者も同じ人間なんて、誰だって言うよ。そういうイメージが定着しているからね。逆に障害者なんか大嫌いです、とハッキリと人前で公言する人の方が珍しいだろ」

「まぁ、そうですねー」

「だけどさ、健常者の方からすれば、同じ人間って言葉は免罪符みたいなもんなんだよ。同じと言うことで、障害者について考えることをやめているのが現状なんだよ。本当は同じではないという事実から、目を背けているんだよ。お前にもハッキリと言うけど、オレは障害者と健常者は違うと思っている。もし同じだったら、この効率優先の世の中に障害者がどうやって溶け込むんだよ。必要なのは違いを認め合い、受け止め合うことなんじゃないのか」

「うー……」

「現実には障害者と健常者は分けられているわけじゃない。そんな現状を、ほとんどの人が見て見ぬふりをして表面的には同じということにしている。一番の問題ってのはさ、ここなわけよ。そんなもん、無理にきまってるじゃないか。慎太郎や浪貝の悩みってのはさ、まさにここから生まれているわけだろ？」

「はぁー……」

「そりゃさ、同じと言われれば、そのときは気持ちいいかもしれないよ。でも、それが結果的に無関心を呼んで、回り回ってお前の苦しみに返ってくるんだよ。それが、なぜわからないんだ。お前たちを苦しめている無関心な健常者を、さらに喜ばして、さらに思考停止にして、それで一体どうするんだ」

「……」

決まりきった綺麗事のボランティア論以上のことを、慎太郎は理解できないようだった。

それでも、会うたびに何度も何度も同じことを話した。時には、電話で三時間以上も話したこともある。なぜ、そこまでしなければならないのか、自分でもよくわからなかった。ただ、私は障害者の立場に立てないとわかっていながら、必死になってその気持ちを理解しようとした。同じように私が考えていることを、慎太郎に理解してもらいたかったのかもしれない。

そうやって慎太郎と接すれば接するほど、もどかしさと苛立ちを感じることが多くなった。

時にそれは、憎しみにも似た感情へと変化した。

そんな中、次回の興行の準備が迫ってきた。慎太郎と話している内に芽生えた、苛立ちと憎しみは、絶対に観客に受け入れられないような試合を思いつかせた。

障害者対健常者の試合である。

健常者レスラーが障害者レスラーをいたぶるところを見せつけ、何でそんなことをするのかと、観客を怒らせるのが目的だ。そして、その上で逆に問いかける。

ならば、お前たちはどうなのだと。

現実に傷ついている障害者に対して、お前たちは今まで何をしてきたのだ。ただの傍観者ではなかったのか。目の前で障害者が殴られているからと言って、傍観者にとやかく言う権利はないはずだ。日頃しているように、黙って障害者が苦しむのを見届けるのだ。

健常者レスラーには、ドッグレッグスのスタッフである前沢浩《まえざわひろし》を指名した。慎太郎がドッグレッグスの中で唯一嫌っているスタッフである。なぜなら、何か失敗をしでかすたびに、前沢から激しく罵倒されてきたからだ。前沢のリングネームは、ビッグバン・ボランティア。プロレスラーのビッグバン・ベイダーのパロディーである。試合前に行ったスパーリングでも、ビッグバン・ボランティアは水を得た魚のように慎太郎をいたぶりまくった。靴で慎太郎の顔面をはり倒し、倒れたところをボコボコに蹴りまくる。慎太郎は悲鳴を挙げて逃げ回った。とてもスパーリングとは思えない光景である。どうみてもいじめだ。しかし、この圧倒的な力の差によって、障害者と健常者は違うという現実は浮き彫りになると確信した。こうなってくると障害者プロレスとは名ばかりで、私が自分の表現したいことに慎太郎を使っている感じもする。障害者が主役でない障害者プロレスは、主客転倒なのかもしれない。だが、この頃はそれでもいいと思った。障害者対健常者に込めたメッセージは、観客だけでなく、慎太郎にも考えてほしいことでもある。あれだけ話をしても伝わらなかったのだ。言葉でわからなければ、体でわかってもらうしかない。

九二年八月二十三日、光明養護学校に再び、学生プロレスのリングが組まれた。第六回興行のタイトルは「ボランティア敗戦記念日」。もちろん、ビッグバン・ボランティアが慎太郎に負けるという意味ではない。健常者が障害者を打ちのめすというヘビーなテーマに、既成のボランティア観は敗北するであろうという意味である。蒸し暑い体育館には、超満員百五十人の観客が詰めかけた。その中には、慎太郎の父親の姿も見えた。

「どうしても、じぶんの、しあいを、みてほしいと、おもったのですね」

父親の姿を控え室から発見した慎太郎は、スタッフに言い回っている。

この日は、障害者対健常者の試合以外に、もう一つ目玉があった。新人レスラー、ウルフファングのデビュー戦である。狼のように精悍《せいかん》な顔立ちをしたウルフは、ブルースが職業訓練校でスカウトした脳性麻痺の障害者だ。針金のように細く萎《な》えた両足を、杖で引きずるようにしてウルフが入場してくると、ひと際大きい歓声が挙がった。対戦相手は、ブルースである。また、この興行から試合形式が三分5ラウンド一本勝負となった。

膝立ちのウルフに対してブルースは立った状態で構えた。この体勢では、どう見てもウルフの方が不利に映る。しかし、ゴングが鳴った瞬間、観客は驚きの声を挙げた。ウルフは四つん這いの状態からグッと踏み込むと、思い切り右足を振り上げた。高々と舞い上がったその足は、大きな弧を描いてブルースの太股にヒットした。このキックこそ、狼斬りと名付けたウルフの必殺技である。手応えを確信したのか、ウルフは間髪を入れずに、二発目の狼斬りを放つ。その素早さは、まさに獲物を狙う狼のようだ。

ブルースも黙ってやられてはいない。相手の技を読んでいたかのように、ローキックを繰り出した。リング中央で二人の足が交錯する。相打ちだ。観客席のどよめきがやまない中、ブルースが先輩の意地を示すべく、掌打を打ち下ろす。肉と肉が弾ける小気味いい音が、リングサイドまで聞こえた。顔面に強烈な一発をもらったウルフだが、怯《ひる》むことなくブルースを捕まえて寝技に引き込むと、顔面に両手を回して絞め上げた。渾身の顔面絞め《フェースロック》である。ウルフの腕の間から、ブルースの苦悶の表情が覗く。だが、顔に回ったウルフの腕を、ブルースは下からずらすようにして外すと、その場で大きくジャンプした。そして、突き出した肘をウルフの腹に落とす。エルボードロップがクリーンヒットした。一進一退の攻防に、観客のボルテージは高まっていく。浪貝と藤原の試合が気迫で観客を圧倒する闘いなら、ウルフとブルースの試合は技で観客を魅了する闘いである。

しかし、名勝負の決着は唐突に訪れた。４ラウンド、ブルースの掌打がかするようにヒットすると、ウルフは顔を押さえてうずくまった。レフェリーの神山はウルフの顔を覗き込むと、すぐにリングドクターを呼んだ。ウルフの瞼《まぶた》はパックリと切れ、目が開けられない状態だった。リングドクターが首を振ると、神山はゴングを要求した。レフェリーストップでブルースの勝利である。

「こんな試合じゃ、ファンの人たちに申し訳ないよ！」

神山に手を挙げられるブルースの横で、ウルフは泣きながら絶叫した。その姿はファンの心を確実に摑み、デビュー戦で早くも女性人気ナンバーワンの座を射止めた。

そして、メインイベントである。

「かつ。かつ。ぜったいに、かつ」

慎太郎は自分に言い聞かせるように、控え室で呪文のように繰り返し呟いていた。また、慌ただしく走っているスタッフを呼び止めては「ぜったいに、かてると、いってください」と頼み込んだ。スタッフも忙しくて、慎太郎を相手にしている暇はないのだが、悲壮感が漂った表情を見ると、「大丈夫、勝てるぞ」と言うしかなかった。

「福祉の皮をかぶった悪魔、今世紀最大の偽善者！　ビッグバン・ボランティア選手の入場です！」

私のコールにより、悪役レスラーになりきった前沢が入場してきた。椅子をぶん投げ、観客の首を絞め、レフェリーを突き飛ばす。なかなか見事な暴れっぷりである。その様子を控え室から見ていた慎太郎の表情が、また険しくなった。

「障害者の意地に懸けても、ボランティアには絶対負けられない！　サンボ慎太郎選手の入場です!」

続いて慎太郎の入場である。顔には、いつものような笑顔はない。ゆっくりと花道を歩いてくると、リングサイドの父親と握手し、リングに上がろうとロープに手をかけた。その瞬間だ。ビッグバン・ボランティアが、花束嬢からバラの花束を奪って襲いかかってきた。虚を衝かれた慎太郎は、思い切り花束で頭を叩かれると、マットに倒れ込んだ。ビッグバン・ボランティアは追い討ちをかけるように、花束で慎太郎を滅多打ちにする。一発、二発と慎太郎が叩かれるたびに、リングにバラの花びらが舞い、観客席は笑いと歓声に包まれた。このときに慎太郎の目尻が少し切れたようだ。起き上がると、目の周りに血が滲んでいる。

「大丈夫、大丈夫、大した怪我じゃない!」

動揺する慎太郎に、セコンドのスタッフが檄《げき》を飛ばす。

「はい。はい」

切れた瞼の辺りを、慎太郎は必死にこすった。するとどうだ。不思議なことに、ピタリと血が止まった。

試合開始のゴングと同時に、慎太郎はドタドタとビッグバン・ボランティアに突進していった。だが、そこに待っていたのはビッグバン・ボランティアのパンチであった。骨と骨がぶつかる鈍い音を起こして、慎太郎はゴロンとマットに倒れた。

「あー、ビッグバン・ボランティア、顔面へのパンチは反則、反則!」

レフェリーの神山が慌てて制止する。その後も試合はビッグバン・ボランティアの一方的な攻勢となった。顔面を殴る、蹴る、爪でひっかく、そして噛みつきと卑劣な反則のオンパレードに、慎太郎のいいところはまったくない。マットをのたうち回るだけの慎太郎を見て、観客は静まり返った。

試合中盤までは、私の思惑通りの展開だった。ところがである。勝利を目前とした前沢の心に変化が起こった。自分に対してブーイングを飛ばし始めたお客さんの反応に、心が挫《くじ》けてしまったのだ。心の底から悪い人には見られたくない。そう思ってしまったら、もう悪役に徹することはできない。反則攻撃も中途半端なものとなり、勝負は最終ラウンドである5ラウンドまでもつれ込んでしまう。こうなると、試合慣れしていないビッグバン・ボランティアは不利だ。疲労から、途端に動きが鈍くなってきた。一方の慎太郎は中盤以降、ブルース戦で使ったゴロゴロ戦法でスタミナを温存していたのである。試合は一気に、形勢逆転となった。慎太郎はビッグバン・ボランティアの腕関節を極《き》めにかかる。慌てたビッグバン・ボランティアは、肘やパンチを慎太郎の顔面に落とす。しかし、もう遅かった。慎太郎がグイッと腕を引くと、ビッグバン・ボランティアの腕が逆に捻《ねじ》れた。それを見た神山が、ゴングを要求した。慎太郎の大逆転勝利である。

慎太郎のテーマとゴングが鳴り響く。何人かの観客が「ほんとかよ」と声を挙げる中、慎太郎はヨロヨロと立ち上がると、マイクを摑んで周囲を見渡した。観客は何を言うのかと固《かた》唾《ず》を飲んで見守った。一瞬、会場に静寂が訪れた。

「……かったぞ！」

次の瞬間、場内は爆笑だ。あまりにもシンプルなマイクパフォーマンスだったのが逆にうけたのである。会場は温かい笑いと拍手に包まれた。私の目論見は外れてしまったようだ。だが、私が押しつけた圧倒的な不利な闘いを制したのだ。慎太郎の頑張りは素直に認めるしかない。

会場の隅では、天願監督が慎太郎の父親にインタビューしていた。

「慎太郎のところは醒《さ》めて見ていました。高橋君とウルフの試合は凄いなって思いましたね」

慎太郎の父親は、そう言うと複雑そうな笑顔を見せた。

会場全体が試合を終えても熱気を帯びていた。観客にとっては、満足度の高い興行であっただろう。しかし、ハッピーエンドで終わる興行が、観客の心に面白かっただけではない何かを残すとは、やはり思えなかった。観客も誰一人いなくなり、モヤモヤとしたまま片づけをしていると、天願監督に呼び止められた。

「慎太郎君ね、次は北島君と闘いたいって言っているよ」

「えっ？」

「北島君に挑戦状を出すつもりみたいだよ」

「は、はぁ？」

慌てて、周囲を見渡した。慎太郎は体育館の外で、地面に座ってボーッとしている。私は駆け寄った。

「えーっ、なんでよ。どうしてオレとお前が闘うんだよ」

そう聞くと、慎太郎は立ち上がって、尻についた泥を払った。そして、神妙な顔つきで私の目をじっと見つめた。

「よろしく、おねがいします」

慎太郎は深々と頭を下げた。


午後十一時を過ぎていた。真っ暗な道を、トラックとワゴンが連なって走っている。試合に使った学生プロレスのリングを、埼玉県の大学に返し、東京に戻る途中である。スタッフは皆、疲れ切った表情でぐったりしている。それも仕方がない。キャンパス内の倉庫までトラックが入ることが出来ず、解体したリングを担いで延々と運んだのだ。東京では、女性スタッフと障害者レスラーが打ち上げをしている頃だろう。早く合流して、ビールを浴びるように飲みたい。口には出さなくても、互いの考えていることがわかった。

フロントガラスには、ヘッドライトに照らされた道路だけが映し出されている。助手席から眺める単調な風景は、否応もなく慎太郎の挑戦を思い起こさせた。返事は、もう決まっている。挑戦された以上、逃げるわけにはいかない。まさか、自分が試合に出場することになるとは夢にも思わなかったが、慎太郎とは常に真正面から向き合ってきたつもりである。持てる力をすべて出し切って、とことん闘うしかない。

そんなことを考えていると、無性におかしくなってきた。どうして、そこまで慎太郎のことを真剣に考えるのか。どうして、そこまで慎太郎にこだわる必要があるのか。友だちだからだろうか。いや、少し違う。他人との友情というより、むしろ肉親との愛情に近い感情を、私は慎太郎に対して抱いている。だから、過度に求め、過度に与えようとしているのだろう。そう思った瞬間、胸の奥がギュッと痛んだ。普段は胸の奥に閉じ込めてある、所々が欠けた私の心が姿を覗かせた。慎太郎と付き合うことで、私は癒されているのかもしれない。そう思うと、ますますおかしくなって、声に出して笑いそうになった。

フロントガラス越しの風景に、街の灯りが増えてきた。東京に近づいてきたようである。スタッフの表情に安堵の笑みが浮かび、弾んだ声で車内が騒がしくなってきた。私は欠けた心を、また胸の奥の闇へと沈ませた。

十月十八日。七回目の興行の「原点回帰」は、その名の通りに障害者プロレスの出発点である世田谷ボランティアセンターの二階で行われた。薄暗い会議室には、体操用マットに逆戻りしたリングが敷かれている。慎太郎は会場入りした瞬間から、私と目を合わせようともしない。望むところである。そのくらいの気持ちで向かってきてもらわなくては困る。控え室でも一言も口をきかないで、二人はリングコスチュームに着替えた。タンクトップとスパッツ、すねにはキック用のレガース。いつもなら私はリングアナウンサー用のスーツなので、随分と違和感があった。椅子に腰を落とし、頭からタオルをかぶって精神を集中する。私のリングネームは、アンチテーゼ北島とした。ビッグバン・ボランティア以上の鬼となって、慎太郎を叩き潰すつもりである。そこまで真剣にやらないのなら、障害者と健常者が闘うことに意味などない。どんなことが起きようとも、絶対に手を抜かないこと。何度も自分に言い聞かせた。

会場には観客は五人。宣伝をしなかったこともあり、本当の障害者プロレスファンという人だけが観客席に座っていた。ドッグレッグスのスタッフと映画の撮影クルーの方が、観客より多いという妙な風景の中、興行は始まる。この日の試合は二試合のみ。まず、ブルース高橋、ウルフファング組対スタローン神山、ビッグバン・ボランティア組のタッグマッチが行われた。ついに神山も、健常者レスラーとしてリングに立つことになった。試合は、神山のパワーファイトとビッグバン・ボランティアの喧嘩ファイトの前に、障害者チームは押されっぱなし。ぼろぼろになりながらも、なんとか5ラウンド引き分けに持ち込んだ。

そして、私と慎太郎の長い5ラウンドが始まる。

新垣がリングアナウンサーとしてマイクを握る。

「愛と憎しみが入り混じる、宿命の師弟対決！　ボランティア界を揺るがす大《おお》一番を、心ゆくまでお楽しみください」

私の入場テーマが鳴り響く。いよいよ出番だ。

「ボランティア界のヒットラー。そのラジカルなイデオロギーは愛を語るボランティアを死のガス室へと送り込む。今、恐怖政治の幕が開く。オレが福祉と言い切る男！　アンチテーゼ北島!!」

「よしっ！」

気合を入れて、マットに向かう。

「おしっ！　おしっ！　おしっ！　おしっ！　おしっ！　おしっ！　おしっ！」

観客席に座った浪貝が、叫んでいる。私はマットに立つと、慎太郎の入場してくる花道を見据えた。

「ダーティ、ブラック、ストロング、そして、ノイジーと言えばこの人。果たして彼は障害者のメシアになれるか⁉　サンボ慎太郎‼」

慎太郎が右手を上げて入場してきた。マットの中央で私たちは向き合う。ぐーっと慎太郎が、顔を近づけてくる。私は思い切り突き飛ばした。慎太郎はムクッと起き上がると、「おねがいします」と頭を下げた。

「ラウンド1！」

新垣の声と同時に、慎太郎はマットに仰向けになり、私を手招きする。モハメド・アリと闘ったときの、アントニオ猪木のような戦法だ。得意の寝技に持ち込みたいのだろうが、そうはいかない。私は素早く馬乗りになると、慎太郎の顔面に掌打を連続して打ち込んだ。

パン！　パン！　パン！　パン！　パン！　パン！　パン！　パン！　パン！　パン！

数秒間に百発近い平手が、慎太郎の顔面を捉えた。観客からは笑いと悲鳴が挙がる。

「ブレイク、ブレイク！」

レフェリーの神山が二人の間に割って入る。私が慎太郎から離れると「ダウン！　1、

2」とカウントを数え始めた。慎太郎はフラフラと無防備に立ち上がった。その隙を、私は見逃さない。慎太郎に向けて走りこむと、前方に一回転。その反動でスピードが乗った左足の踵《かかと》で、慎太郎の顔面を狙う。この試合のために行った秘密特訓の成果、浴びせ蹴りである。しかし、慎太郎は咄嗟《とっさ》にしゃがんでかわした。観客席からホッとした溜息が漏れる。

今度は慎太郎が不細工な格好でローキックを放つ。私がそれを難なくかわすと、慎太郎はバランスを崩してゴロンと転がった。「んがっ」と声を発して起き上がろうとしたが、足腰がふらつき、また転がってしまう。仕方なしに手招きをして、私を再び誘おうとする。この消極的なゴロゴロ戦法が、私は大嫌いだった。思わずカチンときて、馬乗りになると慎太郎の顔面に右膝を押しつけた。怯んだ慎太郎の左腕を摑み、一気に引っ張って肘関節を極《き》めた。慌てて慎太郎の右手が場外に出る。

「ブレイク！」

神山が私を慎太郎から離そうとする。頭にきていたので、離れ際に目の前にあった後頭部に蹴りを入れた。

「んあっ！」

頭を押さえて慎太郎が悲鳴を挙げた。

「サンボ、立って」

神山が声をかける。どうしてそんなことをするんだと、訴えるような目をして慎太郎は立ち上がってきた。そして、張り手を打ってくるが、それに合わせて左ミドルキック。ボディにまともに入った。手応えは十分だ。追いかけるように左の掌打を放つ。これは、大きく空を切った。掌打が当たる前に慎太郎がダウンしたのだ。ダウンカウントが入る。

「1、2、3……」

慎太郎は立ち上がったが、ファイティングポーズをとらない。

「……6、7、8」

俯《うつむ》きながら、にやけている。

「9!」

ナインカウントで「うへへへぇー」と笑いながら慎太郎はパッとファイティングポーズをとった。

まだ、かなり余裕がある態度である。ボディへのミドルキックは効いたと思ったのだが、十キロのボールで腹筋を鍛えただけに、大したダメージは与えられなかったようだ。ならばと、今度は右ローキック、左ミドルキックのコンビネーション。慎太郎はバランスを崩して倒れるが、「だうんじゃない」と神山にアピールする。神山も「わかっている」と頷いた。

そして、1ラウンドが終了した。コーナーに戻り、一息つくと、私は左足の痛みを思い出した。このことは誰も知らなかったのだが、実は秘密特訓中に、左足の甲と足首を痛めてしまったのだ。まだ数発蹴っただけだが、こんなに痛みだすとは思っていなかった。キックに頼らず、関節技と掌打で闘い抜くしかないようだ。

「ラウンド2!」

ラウンド開始のゴングとともに、慎太郎がドタドタと突っ込んでくる。それをかわして私は慎太郎のバックに回り、後ろから慎太郎の首を、左腕で脇に挟むよう取る。そして、慎太郎の首が真後ろに折れるように絞め上げた。飛龍裸絞め《ドラゴンスリーパー》という技である。

「んあーー！」

慎太郎が悲鳴を挙げる。

「サンボ、ギブアップ？」

神山が慎太郎の顔を覗き込みながら聞く。

「のーぉ、のーぉ、のーぉ」

悲しそうな声で、慎太郎はギブアップしないという意思表示をした。さらに絞め上げようとしたが、汗で手が滑り、技が外れた。

「ひーっ、ひーっ」

慎太郎は怯えたように、マットにうずくまる。

「サンボ、立て！」

神山が注意する。

「サンボ、立て！」

新垣もリングアナウンサーということを忘れて叫ぶ。私は待ちきれんとばかりに、ダウンしたままの慎太郎に馬乗りになると、再び掌打を雨あられと降らせる。

パン！　パン！　パン！　パン！　パン！　パン！　パン！　パン！　パン！　パン！

今度は五十発ぐらいお見舞いしてやった。

「ダウーーン！　1、2……」

神山のカウントが進む。

「ぶふぉお……くふぁ」

慎太郎はなんとかカウント7で立ち上がると、手を挙げてパチパチと拍手をし、その場で激しく足踏みをした。滑稽なパフォーマンスに、観客席から失笑が漏れる。そして、また勝手にバランスを崩してゴロンと転がると、起き上がろうとしたり、手招きをしたりと、わけのわからない行動を取り始めた。

「サンボ、立て、それでいいのか！」

苛立った新垣が野次る。苛立っているのは、私も同じだ。いい加減ゴロゴロとするのはやめろとばかりに、慎太郎の頭を両手で固定してサッカーボールのように連続して蹴りまくった。嫌な感じがする鈍い音が、断続的に聞こえてくる。ラウンド終了のゴングが鳴っても、私は蹴り続けることを止めない。

「あー、もう。ゴング、ゴング、ゴング、ゴング」

神山が呆れたように私を制止した。

コーナーに戻ると、急に呼吸が苦しくなってきた。攻め続けるのも、スタミナを消耗するのである。突然、観客席に笑いが起こった。反対のコーナーを見ると、慎太郎が自分の体をパチパチと叩いて観客を笑わせている。なんてタフなんだ。思わず苦笑いがこみ上げてきた。

3ラウンドが始まった。「わーーーー」と叫びながら、またも慎太郎が突っ込んでくる。難なくかわすと、勢い余ってマットに頭から突っ込んだ。すかさず馬乗りになり、首を絞めにかかったが、慎太郎の手がかろうじて場外に出る。

「足をつかえよ、足だよ、足!」

ウルフが観客席から慎太郎にアドバイスを送る。

「あしだよ、あし、あしだよ、おまえー!」

浪貝も絶叫した。

立ってきた慎太郎に前蹴り。今度は倒れても、だるまのようにすぐに起き上がってきた。またそれを、顔面への掌打でぶっ倒す。慎太郎はリングの外まで転がって、ダウンした。それでも自分の顔を指さしながら「ぶてー! ぶてー!」と叫ぶ。

「よっしゃー!」

私は馬乗りになると、三度目の掌打の乱れ打ちだ。

「あー! 場外! 場外! 北島、場外!!」

神山が慌てて止めに入る。

「ひー、ふー、ひー、ふー」

慎太郎は苦しそうに立ち上がると、さっきと同じように拍手と足踏みのパフォーマンスを狂ったようにしだした。痛みと興奮で錯乱気味のようである。それからは、私が倒しては慎太郎が立つの繰り返しとなった。フリーノックダウン制で試合が行われていたので、慎太郎は10カウントさえ聞かなければ、何回ダウンしても負けにならない。一体、何回ダウンを奪ったのか、わからないまま、3ラウンド終了のゴングが鳴った。

「はぁ、はぁ、はぁ、はぁ」

呼吸の乱れがなかなか整わない。足の痛みは、酷くなる一方だ。反対のコーナーでは、さすがの慎太郎もぐったりしている。苦しいのは互いに同じようだ。もう一度、闘志を奮い起こした。

「ラウンド4！」

本当に一分のインターバルがあったのかと思えるほど、新垣の声が早く聞こえた。

ゴロゴロ戦法の慎太郎の腕を取ると、私は一気に引き伸ばす。肘関節が完全に極《き》まり、勝利を確信した。

「ロープ！　ロープ！」

神山が私の体を叩く。慎太郎の足が場外に出ていたのである。

「ちくしょう。くそ……」

勝利が逃げた落胆からか、体が急に重くなってきた。そんな私に慎太郎は突進し、背中にパンチを落とす。

「かもん！　かもん！」

膝をついた私を慎太郎が挑発する。この試合で初めて、慎太郎が精神的に優位に立った。

「ちっきしょう、おっしゃ！」

　私は気合いを入れて立ち上がった。そして、慎太郎が放ってきたパンチをガードし、右の掌打をカウンター気味に合わせる。これが慎太郎の顔面にクリーンヒットした。もんどりうって倒れる慎太郎。観客席から悲鳴が挙がる。

「立てー！」

　私は叫んだ。そうだ立ってこい。このぐらいで負けてどうするんだ。

　フラフラと立ち上がった慎太郎に痛む足でキックを放つ。だが、慎太郎は倒れないで踏ん張り、蹴られたところを手で撫でると、そんなキックは効いていないとばかりに「ふっ」と掌に息を吹きかけた。その憎たらしい態度に、私はキレた。

「このやろう！　足一本捨ててやらー！」

　慎太郎の土手っ腹に、左足で渾身のミドルキックを放つ。慎太郎の倒れざまに、背中へともう一発だ。

　次の瞬間、左足に激痛が走った。まずい。ここは一呼吸おかねばならない。すねのレガースを直すふりをして、私は場外にエスケープした。すると、ダウンしていた慎太郎が、むっと起き上がり突進してきた。

「んあーー！」

　必死に組み付くと、なんとか私を押し倒そうとする。

「おい、ロープだぞ、ロープ、ロープ、ロープ」

　私が叫んでも慎太郎は突進をやめない。

「ロープ！　ロープ！　サンボ」

神山が制止しても駄目だ。

「この野郎‼」

逆上した私は慎太郎を観客席にぶん投げる。そして、後頭部を何回も思い切り踏みつけた。

「ブレイク！　ブレイク！　ブレイク！　ブレイク！」

神山が、今度は私を制止する。離れ際、慎太郎の後頭部を、もう一発蹴っ飛ばした。ひと際大きい鈍い音が会場に響いた。

「ダウン！　1、　2、　3……」

神山が慌ててダウンをとる。場外での攻撃なので、本当ならダウンにはならないのだが、ルールがわからなくなるぐらいに神山も動揺しているようだ。

カウント8。やっと立ってきた慎太郎だが、さすがに表情は苦しそうである。

「打ってこい、おら！」

私は左頬を慎太郎に向け、挑発した。その声に応えて、慎太郎がチョップを私の顔面に放つ。次の瞬間、私は渾身の掌打でお返しした。

ばっちーーん！

「うおーー！」

浪貝が驚きの声を挙げる。

ゆっくりとスローモーションのように慎太郎が倒れた。

「ダウン！　1、2、3、4……」

「立てっ!!」

ダウンした慎太郎を、上から睨みつける。

「……7、8、9」

泣き出しそうな顔をして、慎太郎が立ち上がってきた。カウント9だ。

そうだ。それでいいんだ。立ってこい。立ち続けろ、慎太郎！

私は助走をつけて、再び掌打を万感の想いを込めて顔面に叩き込む。

ばぁちーーーーん!!

この試合、最大級の一発が入った。慎太郎が観客席まで吹っ飛ぶ。そのまま床に倒れ込むと、仰向けになってピクリとも動かない。

「ダウン！　1、2、3、4、5、6……」

慎太郎はまったく動かない。

「立てっ!!」

私の声に反応したように、慎太郎がフラフラとカウント8で立ち上がった。ふと見ると、鼻から血がしたたり落ちている。出血に気が付いた慎太郎は、さかんに鼻をすするが血は止まらない。懸命に鼻をこすったり、もんだりしているが、ただ顔面が血塗《ちまみ》れになるだけだった。ここで4ラウンド終了のゴングが鳴った。

自分のコーナーで力無く椅子に座る慎太郎に、映画撮影のカメラが寄る。

「うつさないで、うつさないで……」

カメラに血塗れの顔が写らないよう、両手で顔を覆った。呼吸をするたびに、鼻血がドクドクと流れ出ている。

さすがに胸が痛んできた。しかし、ここまできて力を抜いてしまえば、もとのもくあみだ。こんな思いをするのは覚悟の上ではないか。


障害者と健常者とは違うという現実から、目を背けてはならない。綺麗な言葉や優しい態度で、障害者との関係をごまかしてはならない。それを教えてくれたのは慎太郎だった。将来への不安の重さに耐えきれず、ボランティアセンターの暗い和室で、うずくまり震えていた慎太郎の姿が脳裏に浮かぶ。思えばあの光景に遭遇し、慎太郎の悩みから逃げないで向き合おうと心に決めたときから、こうして闘うことは決まっていたのかもしれない。そうなのだ。他の誰でもない。慎太郎だからこそ、闘うことができるのだ。

私は大きく息を吸った。赤黒い顔をした慎太郎が、訴えるような目をしてこちらを見ている。手を抜くな。叩き潰せ。自分にきつく言い聞かせた。多くの人が曖昧にし、決して踏み込むことのない領域に、私と慎太郎は近づきつつあった。障害者と真剣に付き合うということの一つの答えが、もうすぐ出る。

「ラウンド5」

最終ラウンドのゴングが鳴った。私も慎太郎も、肉体の限界に近づいている。会場は静まり返り、聞こえるのは私と慎太郎の息づかいだけだった。時折、肉が潰れるような音がすると、慎太郎がマットに倒れ込んだ。

「立てーーー！」

張り倒し蹴り倒しては、私は狂ったように咆哮《ほうこう》した。

慎太郎は条件反射のように、私の声に反応し、立ち上がる。もう試合というより、その繰り返しでしかない。だんだん頭の中が、真っ白になっていく。障害者と健常者なんて、もうどうでもいいじゃないか。そんなふうに思えてきた。

突然、聞き慣れない金属音が会場に響いた。掌打で吹っ飛んだ慎太郎が、自分のコーナーに置いてあった椅子に頭を激しくぶつけたのである。頭を押さえながら、慎太郎はもがき苦しむ。

「立てーーー!!」

「むぁ!!　ふっ！　ふっ！　ふっ！」

最後の力を振り絞るように、歯を食いしばって慎太郎が起き上がってきた。

「よし、こい！　打て！」

また、頬を突き出して挑発する。

「んあぁ！」

しかし、慎太郎は私の頬を張らず、抱きつくようにしがみついてきた。それを組み伏せると、首を取って、裸絞めを狙う。

「うりゃーーー!!」

「うんがぁあぁー!!」

私の気合いと慎太郎の悲鳴が、交錯する。慎太郎が苦し紛れに、両腕で私の左足を捻った。痛めている足だ。

「うわぁーーー!」

今度は私が悲鳴を挙げる。このままでは、まずい。首から手を離すと、慎太郎の右腕を掴んで足を引き抜いた。そして、体勢を入れかえると、両脚で慎太郎の右腕を挟み、引き伸ばした。リング中央で、腕ひしぎ逆十字固めがガッチリと極まった。これは絶対に逃げられない。

「サンボ、ギブアップ!?」

神山が大声で聞く。

「んあー……のぉー……のぉー……」

だが慎太郎はギブアップをしない。私はさらに締め上げる。慎太郎の肘関節がみりみりと音を立てているのが、私の腕にも伝わってくる。

「折れるぞ、折れるぞ、折れるぞ」

これでギブアップしないのなら、腕を折るしかない。そう思った瞬間、慎太郎の手がマットを叩いた。ギブアップの意志だ。

「ゴング!!」

神山が叫んだ。

遠くの方でゴングが鳴っている感じがした。何が何だか、もうわけがわからない。重なり合ったまま、私と慎太郎は動かないでいた。

「ただいまの試合、5ラウンド一分四〇秒でアンチテーゼ北島選手の勝ちでございます」

新垣のアナウンスと同時に、パラパラと拍手が起きる。気を取り戻した慎太郎が「ぎぶあっぷ、してない。ぎぶあっぷ、してない」と必死にアピールする。しかし、すでに後の祭りであることを理解すると、マットに大の字になって泣き始めた。

「うわぁーあ……うあぁあああ……」

慎太郎の顔面は、血と涙と汗でぐちゃぐちゃになっている。私が手を差し伸べると、ふらふらと立ち上がり、抱きついてきた。私もきつく抱き返した。胸が熱くなった。こみ上げてくる気持ちを抑えきれず、私は観客に向かって叫んだ。

「これが、その、ドッグレッグスの言いたいことというか……障害者と健常者が……」

涙があふれてきて、言葉が詰まった。

「……オレはこういうことができる……こういうことを一緒になってやってくれる慎太郎とか、仲間がいて、本当に感謝しています……これからも、こういうドッグレッグスの世界を、たくさんの人に見てもらいたいと思います……これからも応援してください」

会場が拍手に包まれる。

「みなさん、あたらしい、ぼらんてぃあの、りーだー、きたじま！　あたらしい、ぼらんてぃあの、りーだー、きたじま！」

私の手を高々と上げて、慎太郎が叫ぶ。こうして私と慎太郎の長い闘いは、幕を閉じた。

試合後の控え室に私たちはいた。

「ありがとう、ございました」

床に座り込んでいる私に、慎太郎が頭を下げた。

「いいよ、もう終わったんだから」

汗を拭いながら、ぶっきらぼうに言う。さっきの涙が、少し照れくさかった。慎太郎も私の側に座り込んだ。

「しあいに、まけたけど、なんか、いいかんじが、したのですね」

「何だよ、いい感じって」

私は苦笑いをしながら聞いた。

「たて、たて、といわれて、なんかはげまされたような、そんなきが、するのですね」

慎太郎は頭をぼりぼりと掻きながら答えた。

左足からレガースを外すと、鈍い痛みが走った。足の甲から足首にかけて、真っ赤に腫れ上がっている。

「いて……」

思わず声を漏らすと、慎太郎が目を丸くしながら心配そうに私の足に顔を近づけてきた。

障害者と健常者は違う。それを表現するために闘い抜き、最後に得た物は、障害者も健常者もないという一瞬だった。簡単に同じなんて言うことはできないが、違うと割り切ることもできない。そうして互いに悩み苦しみながら、私たちの心は繋がっている。確かに繋がっていた。

興行の翌日、病院で私は車椅子に乗せられていた。激痛でまったく歩くことができなくなった左足は、打撲と捻挫で全治二週間との診断だった。一体、何をしたのかと医者に聞かれたが、さすがに本当のことは答えられなかった。そして、私は一週間ばかり、松葉杖の生活をすることになる。

第七章　堕ちていく浪貝

「原点回帰」が終わった後、思いがけない話が飛び込んできた。漫画家の根本敬《ねもとたかし》がプロデュースするイベント「脱・特殊歌謡祭」から、つめ隊に対して出演依頼がきたのだ。試合のおまけのような形でしかライヴを行っていなかったのに、目に留めてくれる人はいるものである。しかも、会場はメジャーライヴハウスの渋谷クラブ・クアトロだというから驚いた。早速、浪貝にこの話を伝えようと電話をすると、「あーぁ、そうですかぁ。じゃ、やらせてもらいます」とそっけない答えが返ってきた。一人で興奮している私が、馬鹿みたいな言い方だ。「お前、事の重大さが全然わかってないな」と言いそうになったが、慌てて口を閉じた。何も無理にプレッシャーをかける必要はない。大舞台への出演が決まったのに、淡々としているというのは、むしろ頼もしいではないか。当日の演奏は、秋谷が所属しているカツオ&ブレーンバスターズというアマチュアバンドに依頼することにした。ステージの演出は天願監督が引き受けてくれ、私はライヴ用に新曲を二曲書き下ろした。「無敵のハンディキャップ」と「柵を越えた羊」の二曲である。

「無敵のハンディキャップ」

HA！　心を動かさなきゃ車輪も止まったまま／HA！　心が眠っていたら窓の景色も変わらない／OK！　大丈夫／意外と上手くいくもんさ／無敵のハンディキャップ／弱い者しか／無敵のハンディキャップ／できない事がある／無敵のハンディキャップ／胸を張って歩こうぜ

HA！　心を閉じたままじゃ本当の声は聞こえない／HA！　心の傷が痛むのはまともに生きてる証《あかし》だぜ／OK！　大丈夫／先頭走るぜオレたちが／無敵のハンディキャップ／強い奴には／無敵のハンディキャップ／一生解けない／無敵のハンディキャップ／大声で叫ぼうぜ

無敵のハンディキャップ／人は誰でも／無敵のハンディキャップ／障害持ってる／無敵のハンディキャップ／早く目を覚ますのさ

「柵を越えた羊」

柵を越えた羊が死んだよ／数え切れない狼に噛まれて／柵の外のブタが言ったよ／お前に外は無理だって／ブタには見えない／お前だって柵の中／小さな柵を囲む大きな枠／小さな柵を越えて羊は死んだよ

大きな枠の中で羊が死んだよ／ブタはこうして生きているのに／同じ枠の中に確かにいたけれど／羊は死んでブタは生きている／羊には見えていた／ブタのための大きな枠／飼い慣らされていることに気づかないまま／枠の中で腐ってブタは死んでいく

十一月十五日。イベントの日がやってきた。歌謡祭というだけあって、他にも何組かのバンドが出演するのだが、つめ隊は事実上のメインとして扱われていた。会場は超満員五百人以上の観客で埋まり、身動きすらとれない状態である。そこに車椅子に乗った浪貝が、医者と看護婦に扮したスタッフに付き添われて入場してきた。人の波をかき分けて、車椅子で突き進む。好奇な目で眺める観客も多かったが、「こちとら、ひとにじろじろと、みられるのは、なれてんだよぉ」とでも言い出しそうな顔つきで、まったく臆していない。改めて大したものだと思った。

浪貝は車椅子ごとステージに上がると、着ていたTシャツを破って脱ぎ捨てて上半身裸になった。それだけで、少し拍手が起きた。目の前にあるマイクを探るようにして握ると、浪貝は観客席をジロリと睨む。一瞬、会場が静まり返る。

「おめぇら、さっきから、げんきねぇぞぉー‼　おめぇらのほうがよぉ、よっぽどぉ、しょうがいしゃだよぉ‼」

浪貝はそう叫ぶと、観客席に車椅子を投げ込んで、狂ったように歌い始めた、相変わらず歌詞は、聞き取りにくい。しかし、そんなことにはおかまいなしに絶叫し続ける。最後はズボンを脱いでTバックのパンツ一丁になると、大海原のように観客席へと飛び込んでいった。ステージから下りた浪貝は、頭から水をかぶり、拳を突き上げて会場内を練り歩き始めた。

驚いた観客が浪貝を避けるように動くと、会場全体が波うつように激しくうねった。それは、激しい嵐の到来を告げる合図でもあった。

数分後には、悲鳴を挙げて逃げ回る女性客や、興奮して浪貝に触ってくる男性客で、会場はパニック状態である。観客にもみくちゃにされながらも、浪貝は会場内を一周し、再びステージに帰ってきた。そして、観客席に向かって拳を突き上げた。よく見るとパンツがずれて、局部がポロンとはみ出しているではないか。それでもかまわず拳を突き上げた。何度も何度も突き上げた。いつしか観客も、それに合わせるように拳を突き上げだした。浪貝の発するもの凄いエネルギーに、会場全体が包まれていく。ついに浪貝は、五百人の観客のハートをガッチリと鷲摑《わしづか》みにしたのである。熱狂的な歓声が鳴り止まない中、つめ隊のデビューライヴは幕を閉じた。

デビューライヴの成功で、つめ隊は一気に波に乗り、ミュージックビデオの制作まで決定した。渋谷クラブ・クアトロでのライヴの様子に加えて、天願監督が新作クリップを撮り下ろすというのだ。そのために、私もビデオ用の新曲「障害者年金ブルース」を書くことになった。

「障害者年金ブルース」

中指立てれば親父に蹴られた／なにがパンクだバカヤロウ／誰のおかげの生活だ／年金もらっているんだろう／髪の毛染めればお袋が泣いた／何がパンクよ親不孝／反抗するんじゃ

ありません／年金もらっているんだから／別に欲しくてただ金／オレはもらうわけじゃない／稼ぐ場所さえあれば／耳をそろえて叩き返す／障害者年金七万五千円／障害者年金がなくなると困る／障害者年金お前らの税金／怒りあふれてもパンクになれない死んだっていらねぇ／オレはパンクロッカーだぜ／そう叫べば本当に／明日からは生きていけない／障害者年金七万五千円／障害者年金なくなると困る／障害者年金お前らの税金／怒りあふれてもパンクになれない

出来上がったビデオは「障害者はおまえだ！」というタイトルで、一九九三年の四月に発売された。ビデオの内容は、いろいろな所で浪貝が酷《ひど》い目に遭うというものだった。ＳＭの女王様から折檻を受け、町を歩けば冷ややかな目で見られ、水風呂には頭から沈められる。それでも最後には、格好良くバラードを歌い上げるのだ。天願監督の演出は、浪貝のエンターテイナーとしての才能を存分に引き出してくれた。そして、その才能は五月十八日に開かれたビデオ発売記念ライヴで見事に花開く。

下北沢のライヴハウスには、百人以上の観客が集まっていた。しかし、観客のつめ隊への期待は、あらぬ方向へと暴走してしまう。前半に行われたカツオ＆ブレーンバスターズのライヴに対して、浪貝を待ちきれなくなった観客が野次をとばし始めたのだ。

「早くつめ隊始めろよ‼」

「つめ隊出せー‼」

「つまんねーんだよ!!」

それを控え室で聞いていた浪貝は激高した。渋谷クラブ・クアトロでのライヴ以来、カツオ&ブレーンバスターズのことを仲間だと思っていたからだ。出番がきてステージに上がるなり、浪貝は観客を怒鳴り散らした。

「てめぇらぁ！　いま、なにいったか、もういっぺん、いってみろぉ!!　いいかぁ！　かつおあんどぶれーんばすたーずのぉ、もんくいったやつは、ここからでてけぇ!!」

会場が一気に静まり返る。

「つまんねーものは、つまんねーんだよ」

数秒後、静寂を打ち破るように一人の観客が叫んだ。だが、浪貝は動揺する様子すらみせない。

「ほぉー、おまえ、いいこんじょう、しているなぁ。だがなぁ！　そういって、いられるのも、いまのうちだぁ!!」

そう浪貝が叫んだ次の瞬間、会場が一気に爆発した。

「なーみがい！」

「なーみがい！」

「なーみがい！」

「なーみがい！」

「なーみがい！」

ライヴハウスは割れるような浪貝コールである。いやはや驚いた。観客に言い返されたときには、どうなることかと思ったが、見事なまでの切り返しである。浪貝のステージでの立ち居振る舞いには、カリスマ性すら漂い始めている。

一週間後、テレビのニュース番組でも、このライヴの様子は取り上げられた。「しょうがいしゃ、なめたら、あかんぜよ」とふてぶてしく毒づく浪貝の顔が、どアップでテレビ画面に映し出される。こんな形でテレビに出た障害者が、今までいただろうか。ひょっとしたら、タレントとして芸能界に進出することも夢ではないかもしれない。そんなふうに思えるぐらいに、浪貝は向かうところ敵なしの快進撃を続けていた。ところが好事魔多しとは、よく言ったものである。調子に乗った浪貝は、絵に描いたような転落の道を歩いていく。

父親を早くに亡くした浪貝は、母親と兄の三人で暮らしている。兄は仕事で夜遅く帰宅するため、夕飯はいつも母親と差し向かいだった。

「朋幸……お母さん、親戚のおばさんとか近所の人から言われたわよ」

「なにを?」

浪貝は箸を動かしながら返事をした。

「おばさんには、一族の恥さらしだって言われたわ。あんた、小さいパンツで馬鹿みたいに歌を歌ってるんだって……」

「…………」

「近所の人には、障害者があんなみっともないことをやっていいのかって言われたのよ……」

「…………」

カチャカチャと、浪貝の箸が食器にあたる音だけが聞こえる。

「……あんなこと……バンドなんてやめなさい！」

浪貝の母親はきっぱりと言った。

「……すきでぇ、やってんだからぁ、いいだぁろう！」

吐き捨てるように浪貝は言い返した。

それからというもの、顔を合わせるたびに「バンドなんかやめろ」と母親は文句を言うようになった。浪貝にはそれが鬱陶しくてたまらなかった。また、華々しい世界を少し覗いてしまったこともあり、家で母親とおとなしくしていることも耐えられなくなっていた。

そして、浪貝は夜の街へと繰り出すようになる。

この頃、浪貝は通っていた作業所を辞め、新しい仕事に就いていた。世田谷区の福祉施設に設けられた喫茶店のウェイターである。勤務時間は九時半から五時まで。浪貝の足で立ちっぱなしの仕事は厳しいが、月給は八万円と大幅にアップした。作業所時代の一万五千円と比べれば、酒を飲むぐらいの金は稼げるようになっていたのである。しかし、障害者が一人でぶらりと入って、酒を飲ませてくれる店は少ない。遠回しに「予約が入ってますので」などと断る店がほとんどだった。中には「お客さん、うちは障害者はお断りです」と信じられないほどハッキリと断る店もあった。「どうしてなんだよ！」と聞くと「酔っぱらって怪我でもされたら困るんですよ」と迷惑そうに言われた。そこまで言われたら諦めるしかない。

それでも夜の街を歩き回って、何も言わずに飲ませてくれる行きつけの店を二軒開拓した。五時に仕事を終えると、夕飯はラーメン屋などで済ませ、家には帰らずに八時まで時間を潰す。そして、まずカラオケスナックに顔を出す。ここでビールを数本飲み、何曲か歌う。十八番は鈴木雅之の「もう涙はいらない」だ。

♬もおぉお、なみだぁは、いらなぁい。……

ライヴでは観客を熱狂させる何を歌っているのだかわからない歌声も、カラオケスナックではただの雑音でしかない。浪貝が歌い終わると、パラパラとお愛想の拍手が起こった。

十時頃になると、カラオケスナックを出て別の店へと移る。十席ほどのカウンター席しかない、小さなスナックである。この店に足しげく通うのには、酒を飲むことより大事な目的があった。初めて店に入ったときから、浪貝はここのママに一目惚れしていたのである。端正な顔立ちをしたママは自称二十歳。見つめられると吸い込まれそうになる大きな瞳が魅力的だった。浪貝がうまく動かない指先で、ピスタチオの殻と悪戦苦闘していると、ママは、そっと手を差し伸べて代わりに剝いてくれた。それだけのことでも、えらく感激した。馬鹿馬鹿しいようだが、浪貝が常に欲していたのは、そんな些細な優しさだったからだ。

「ままさぁ、おれさぁ、ばんどやってんだよぉ。ばんど」

「まー、すごいわね」

「……ばんどだよ。ばんど」

「……へー、面白そうね」

ただでさえ話題の少ない浪貝である。ママとの会話が弾むことは、ほとんどなかった。しかし、それでも良かったのだ。別に口説こうとか思っているわけではない。ママの顔を見ながらバーボンを飲むだけで、何か幸せな気持ちになれたのだ。夢見心地で午後十二時頃に家に帰れば、すでに母親は寝ている。こうして母親とすれ違いの生活を送ることで、文句を言われるのを避けていた。カラオケスナックは毎日、ママの店には週二、三回は通った。飲み代は、週に三、四万円にもなった。もちろん給料はあっという間になくなってしまうので、仕方なくカードで飲むことにした。引き落とし先は、障害者年金を貯めている銀行口座である。


意識がドロンとしてさえない。夜が待ち遠しい。浪貝の体は、アルコールを求めて声を挙げていた。しかし、店に向かう前に何人かのボランティア業界人を訪ねなければならない。土色をした乾いた肌、落ちくぼんでギョロギョロとした目。下北沢でのライヴから僅か一カ月で、浪貝は別人のように荒《すさ》んだ風貌になっていた。

カードで飲むことは出来なくなっていた。酔い潰れて店で倒れ、母親に迎えにきてもらったことがあった。そのときに障害者年金で飲んでいるのがばれ、母親にカードを没収されてしまったのだ。そこで思いついたのが、ボランティア業界人に飲み代を借りる方法だった。

ドッグレッグスのスタッフには借りられない。何に金を使うのか詮索してくるだろうし、理由を話したところで文句を言われるのがわかっていたからだ。

昔知り合ったボランティア業界人を訪ねると、浪貝は千円から三千円の僅かな額を借りた。返すあてなど考えてなかったので、踏み倒されても相手が怒らない程度の金しか借りなかったのである。そんなことを繰り返している内に、一体何人に金を借りたのかわからなくなっていた。

夜十一時頃、私の自宅に天願監督から電話があった。

「事務所に浪貝が来ているんだけれども、少し様子がおかしいんだよ」

側に浪貝がいるのだろうか。声が小さい。

「えっ？ 様子がおかしいって」

「渋谷でチーマーにからまれて、金を盗られたって言うんだよ」

「えーーっ⁉」

「だけど、警察に行こうと言うと、それはいいって言うんだよな。とにかく家まで帰るタクシー代を貸してほしいらしいんだ」

「……何か、おかしいですね」

「ただね、全身、泥だらけなんだよ。ズボンも漏らしたみたいで濡れているしね。とにかく、すごい風貌でさ」

「……はぁ」

「いやね、お金貸すのはいいんだけど、一応、北島君の耳にも入れておいた方がいいと思ってね。何か心配でさ。ちょっと会わない内に、浪貝さ、随分と荒んでしまったみたいじゃない」

浪貝が嘘をついていることは、二人ともわかっていた。しかし、なんでそこまでして酒を飲まなければならないのだろうか。それが理解できなかった。

それからすぐのことだ。ボランティア業界人に浪貝が金を借りまくっているという噂が私の耳に入ってきた。問い詰めると事実を認めたので、借りた人の名前と金額を紙にまとめさせた。それを見て驚いた。一カ月に満たない間に、千円から五千円までの金額を二十人以上から借りていたのだ。総額にすると十万円以上である。

「おい、これ全員に返す気はあるんだろうな」

私は強い口調で問い詰めた。

「いや、そうやって少しずつ金を借りては、全部踏み倒すのが浪貝の手なんだよ」

前沢が口を挟む。

「……ちゃんと、かえします」

すっかり人相が変わってしまった浪貝が、消え入るような小さな声で答えた。

「なんで、そんなに飲まなきゃいられないんだよ……」

借金した人たちの名前を書き留めた紙を手渡すと、私は呆れたように言った。

「いや、なんか、まいにちが、おもしろく、ないっていうかぁ……ぱぁーっと、はめを、はずしたいっていうかぁ……いえにいてもおもしろくないし……ばんどのことでおふくろから、もんくいわれるから、いえにいたくなかったっていうか……」

「それにしたって限度があるだろうよ……」

「……そうですね……」

小汚い格好でうなだれている浪貝は、とても小さく見えた。あの威風堂々としたステージでの姿が嘘のようである。何だか哀れに思えてきて、文句を言う気力もなくなってしまった。スターとなり脚光を浴びたことで、現実から逃避したくなった気持ちはわからないでもない。それに浪貝の気持ちをここまで盛り上げてしまったのは、他でもない私たちなのだ。責任の一端があるのは間違いない。

六月の終わり、浪貝の母親から電話があった。

「……朋幸のことでお話があるんですけど……」

「は、はい」

いきなり嫌な予感がした。

「今月のカードの請求が十万円以上あったんです。カードで障害者年金を使っているとは知っていたんですが、これほどとは思わなくて……それと朋幸から聞いたんですが、友だちからもお金を借りているそうですね。北島さんご存じでした?」

「……はい」

「カードも友だちからの借金も、全部飲み代に使ったんですね……」

「……はい」

「友だちからした借金は、私が全部払いました。それでご相談なんですけども、もうバンドをやらせないでいただきたいのですが……」

「えっ？　そ、それは……」

つめ隊と浪貝の借金に何の関係があるのか聞こうと思ったが、浪貝の母親が言葉を続けた。

「バンドをやることに関しては、私も親戚も反対なんですよ。朋幸は好きなことをやっているだけだと言ってましたけど、自分のお尻も拭けないような男が、好きなことをやる資格はないと思うんですね。それに生活が荒れ始めたのもバンドを始めてからですし……」

「………」

私は返す言葉がなかった。

「もちろん、お酒を飲むのも一切禁止にしましたから。それに夜もしばらく外出禁止にしましたので、しばらくはドッグレッグスの集まりにも顔を出せないと思いますので、よろしくお願いします」

「……すみません」

私にもバンドをやらせた責任があるので、一応は謝った。それでも、言いたいことは山ほどあった。飲み代を立て替えたからといって、なぜ、そんなにも鬼の首をとったような態度をとるのか。それこそ浪貝に障害者年金で払わせて、自分の尻を拭かせればいいではないか。結局は、息子の生活を管理するための口実でしかないように私には思えた。

これを機に酒をやめるのか。それとも飲み続けるのか。いずれにしても、浪貝が自分自身で決めるべきなのである。そうやって全て親が決めてきたから、今回の一件のように歯止めが利かなくなってしまうのだ。しかし、そんなことを言うと、また「将来、面倒を見るつもりがないのに」とか言われそうなので黙っていた。

最後に母親に代わって浪貝が電話に出た。

「……すみません……でしたぁ……」

「つめ隊もやめさせてくれって言われたよ」

「……はい……」

「で、どうすんの？」

「こうなってしまったら、やめるというかぁ、しばらく、かつどうを、やすむしか、ないとおもいます……ほんとうに、すいません……」

「……しょうがないな……当分はドッグレッグスにも出られないのか？」

「しばらくはだめですねぇ……よる、いえをでるとぉ、またぁ、さけを、のみにいくと、おもわれちゃうから……」

私は深い溜息をついて電話をきった。こうしてつめ隊の短い活動は幕を閉じることになる。

第八章　大阪興行の光と影

一九九三年七月十日、大阪府豊中市障害福祉センター。地元の障害者グループに招待され、ドッグレッグスは初の地方興行に挑もうとしていた。リング代わりに敷かれたマットの周りには、二百人以上の観客が集まった。その中には障害者が多く、健常者ばかりの東京とは会場の雰囲気がかなり違っていた。試合を待ちきれない自閉症の少年が、奇声を挙げて会場内を飛び跳ね、車椅子のおじさんやおばさんが、楽しそうに微笑みながらマットを見つめる。興味本意でやってきた健常者の観客なら、「嫌がらせ」をするというスタンスで通用する。しかし、この日は、障害者の観客が障害者の活躍する姿を純粋に楽しみにやってきたのだ。いつもなら観客を挑発することと楽しませることは、六対四ぐらいの割合だが、今回はそれを逆にするぐらいの気持ちで行った方がいいのかもしれない。自主興行とは違った緊張感を、私は覚えていた。

一方、障害者レスラーはというと呑気なものである。皆、控え室でやけにリラックスしていた。先日の酒に関するトラブルによって、獣神マグナム浪貝から欲獣マグナム浪貝にリングネームを変えることになった浪貝は、余裕の表情で煙草を吸っている。慎太郎は相変わらず、初めて会う人に気安く話しかけて、友だちになっていた。新人レスラーとしてデビューしたばかりのナイスガイは、爽やかな笑顔を作りながら、腕立て伏せを黙々と行っている。ナイスガイは慎太郎と養護学校高等部時代の同級生。脳性麻痺の障害を持ち、歩き方はひょこひょことぎこちないが、上半身は見事にビルドアップされていた。ウルフが障害者プロレスをやっていることを職業訓練校の教師からとがめられ、試合に出ることが卒業まで叶《かな》わなくなったため、ナイスガイには新戦力として期待がかかっている。唯一、神妙な面もちで会場を眺めていたのはブルースだった。その目はどこか寂しげで気になったが、私も取材の対応などで慌ただしく、声をかける暇もなかった。

試合は私の心配をよそに、激しさの中にもどこかユーモアを交えた試合運びで、障害者レスラーたちはアッという間に大阪の観客の心を掴んでしまった。

「いてまえ!!」

関西弁の野次が、会場のあちこちで起こる。ノリのいい大阪の観客の反応が、レスラーたちの闘志をさらに後押しし、好勝負が続出した。

ナイスガイ対浪貝の一戦は、ナイスガイの格闘技センスが爆発した。この日から、若干ルールを変更し、麻痺のある場所を攻めることは禁止となっている。安全面を考慮したもので、浪貝とナイスガイは、ともに互いの足を攻めることができない。慣れないルールに戸惑う浪貝に対して、ナイスガイは顔面は掌打、ボディはパンチと巧みに打ち分けて攻撃する。浪貝はまったく手も足も出ず、人間サンドバッグと化した。どうも浪貝は後輩レスラーの踏み台になってしまうようである。最後はナイスガイの頭突きを顔面に入れられ、浪貝は無惨なK

O負けを喫した。えげつない技で浪貝を葬っても、ナイスガイはニコニコと愛想のいい少年のような親しみのある微笑を観客に振りまいた。

　慎太郎とブルースのタイトルマッチは、何度も行われてきた二人の闘いの集大成のような試合になった。慎太郎は私との死闘以降、消極的なゴロゴロ戦法をとらなくなったため、ブルースは伸び伸びと重いキックと掌打を放っていく。もちろん、慎太郎も黙ってやられてはいない。巧みに蹴り足をキャッチすると、アッという間に関節技へ持ち込んでいく。障害者も鍛えれば、ここまで技を身に付けることができるのである。目まぐるしい技術の攻防に、観客席は息を飲む。実力伯仲の二人の闘いは、5ラウンドでも決着がつかずに引き分けとなった。

　そして、拍手が鳴りやまない会場の興奮は、メインイベントの障害者対健常者異者格闘技タッグマッチでピークを迎える。慎太郎とブルースのコンビと、私とスタローン神山改め、マチズモ神山のコンビが闘うのだ。

　障害者の観客は、障害者レスラーたちに力一杯声援を送る。だからといって、私たちは花を持たせるような真似はしない。私が浴びせ蹴りを始めとする各種の打撃技を放てば、神山は力任せの投げ技を極《き》める。しかし、圧倒的な力の差を前にしても、障害者コンビは怯《ひる》むことがない。障害者の観客の期待に応えようと、慎太郎とブルースは倒されても倒されても立ち上がる。それは、自分のためだけに試合をしてきた障害者レスラーたちが、初めて観客のために闘っているようでもあった。

試合は二十分を超える激闘となった。神山が最後の力を振り絞り、慎太郎の首と片脚を抱えて、自らの後方に反って投げ飛ばした。「キャプチュード」という豪快な投げ技である。誰もが、慎太郎の負けを確信した。だが、慎太郎はマットに叩きつけられた次の瞬間、信じられないような動きを見せた。ものすごい速さで下から神山の左腕を掴むと、両脚で挟んで一気に引き伸ばした。大逆転の腕ひしぎ逆十字固めである。たまらず神山がギブアップすると、会場は割れんばかりの大歓声に包まれた。拳を突き上げる車椅子の青年、感極まって会場の中を走り回る知的障害者の少年、両手に杖を持った少女は涙ぐんでいる。

全試合が終了し、浪貝とナイスガイもリングに上がった。すっかりリングアナウンサーに定着した新垣が叫ぶ。

「ドッグレッグスは悲願である〝格闘技の殿堂〟後楽園ホールを目指して疾走し続けます。これからも応援をよろしくお願いします！」

その声に応えるように「また、大阪にきてくれ！」「大阪府立体育館も目指せ！」という声があちこちで起きる。拍手はいつまでも鳴りやまない。この日、四人の障害者レスラーは、大阪の障害者たちの期待と憧れを背負ったヒーローとなった。

試合を終えた私たちは、腹一杯になるまで焼き肉を食べると、宿泊先のビジネスホテルに戻った。

私はブルースと同室で、ベッドに横になりながら、試合のことを振り返って話していた。会場の雰囲気も含めて大成功だったと浮かれて話す私とは対照的に、ブルースは何か浮かかない表情をしている。

「どうしたの、ブルース？」

「い、い、いや、ちょ、ちょ、ちょっと、き、き、き、き、北島さんに、は、は、は、話があって……」

「……えっ、何？」

「じ、じ、じ、実は、きょ、きょ、今日で、プ、プ、プ、プロレスを、や、や、や、やめたいんです」

「…………」

あまりに突然の引退宣言に、私は一瞬、言葉を失った。そして、試合前の寂しげな表情の意味も理解した。

「プ、プ、プ、プロレスは、お、お、思いっきり、あ、あ、相手を殴ると、ス、ス、スカッとするし、し、し、試合に勝つのは、す、す、す、凄く嬉しい。ぼ、ぼ、ぼ、僕は、ひ、ひ、ひ、引っ込み思案だったけど、お、お、お客さんから声援とかを、も、も、もらうことで、じ、じ、自信をつけることが、で、で、できました。ほ、ほ、ほ、ほら、ぼ、僕、こ、言葉が、う、う、うまく喋れないでしょ。だ、だ、だ、だから、ず、ずっと、だ、黙って、た、た、ただ笑っていることが、お、お、お、多かったんです。そ、それも、か、か、変わりましたし、ほ、ほ、本当に、ド、ドッグレッグスには、か、か、か、感謝しているんですよ」

「じゃ、どうして……」

「き、き、き、嫌いでやめるわけでは、な、な、ないんです。で、でも、しゅ、しゅ、就職したばかりだから、も、も、もし、怪我でもして、し、仕事を休んだりしたら……しょ、しょ、職場には迷惑をかけられないので……」

申し訳なさそうに話すブルースの左手の甲は、真っ赤になって腫れ上がっていた。今まで気が付かなかったが、きっと試合で負傷したのだろう。ブルースはこの年の四月にアパレル企業に就職し、商品管理の仕事に就いた。慎太郎や浪貝と比べると、格段にいい労働条件であるが故に、よけいに職場に気を遣ってしまうのだろう。

「怪我をしないなんて、保証はできないわけだからね……もちろん、プロレスをやめたいと言っている人をさ、無理矢理にリングに上げることはしないけど、一言だけ言わせてもらえばね、慎太郎という相手がいたからスカッとするような闘いができたわけだし、観客がいたから拍手をもらえて自信をつけることができたわけでしょ。ブルースは、決して一人で闘ってきたわけじゃないんだよ」

「………」

「仕事が大事なのもわかるし、ブルースが悩んで決めたということもわかる。でも、例えばブルースのファンだっているわけじゃない。これからもブルースの試合を見たいとか、応援したいと思っている人に対して、ブルースは自分の仕事が大事だから、プロレスをやめるって言える？」

「……そ、そ、そうですね」

「そして、何よりも、今やめたらドッグレッグスのみんなが寂しがると思うよ」

「……今?」

「ほら、興行の最後に新垣が言ってたでしょ。後楽園ホールを目指すって。お客さんが増えてきて、会場も大きくなって、地方興行もやってと、ここまできたらやっぱり、何か最終的な目標が欲しいじゃない。一日に二試合出場するのはやめたりとか、ルールをさらに改善するとかして、安全面を強化するようにするよ。それは、もちろんブルースのためだけではなく、慎太郎や浪貝のためにもなるわけだしさ。だから、後楽園ホールまで一緒に頑張ろうよ」

「……わ、わ、わかりました……も、も、もう少し考えてみます」

それから、ブルースは自分のことを喋りだした。職場のこと、車が欲しいこと、彼女を作りたいということ。気が付けば、夜が明けていた。

ほとんど一睡もすることなく、私とブルースはロビーに出ると、慎太郎と浪貝がソファーに座っていた。浪貝はうんざりした顔をしている。

「どうしたんだよ、浪貝?」

「しんたろうがさ、よなか、うなってるからさぁ、どこかぁ、ぐあいがぁ、わるくなったとおもってぇ、しんぱいしてやったらさ、あいつ、おなにーしてやがんの」

浪貝は呆れ顔で答えた。

「だいたいさぁ、おれが、となりで、ねてるのにぃ、ふつう、おなにーするかぁ？　しんぱいしてぇ、ばかみてぇだよ」

「へえー、浪貝は慎太郎のことを心配するんだな」

「そりゃぁ、ありますよぉ。でも、もうこれでぇ、やつのことは、いっしょう、しんぱいしなぁい！」

浪貝とは反対に、慎太郎は上機嫌である。

「あさごはんは、どうしますか」

ニコニコしながら私に聞いてきたが、こっちは試合の疲れと徹夜明けで、朝食どころの気分ではない。

「朝飯は抜き！　昼飯と一緒にして大阪駅で食べる！」

私がそう言うと、慎太郎は不服そうな顔をして、お腹を撫でた。

大阪駅で食事をとると、慎太郎が家族や友だちに土産を買いたいと言い出した。時間がないから手早く済ませろよと私が言うと、慎太郎は土産物売場に向かって、どたどたと走っていった。しばらく見ていると、土産袋で両手が一杯になっている。それでも、まだ買うつもりなのか、映画の撮影で同行していた天願監督に「これ、もっててください」と土産袋を持たせると、違う土産物売場に走っていった。

だが、最後に買ってきた土産は、なぜか京人形だった。

「お前、何で大阪に来て、京人形を土産に買うんだよ」

「あー、しまったー。あわてて、しまって、なんだか、わかんなくなってしまいました」

私が呆れたように言うと、慎太郎は頭を抱えた。それでも土産袋を両手に抱えると、すぐに気を取り直し、満足そうな顔をして歩き出した。

「慎太郎さ、こうやって、地方興行とかもっとできたらいいな」

楽しそうな慎太郎の横顔を見ながら、私は言った。

「そうですね。ぼくも、そうおもうのですね」

「今の仕事を辞めてさ、こうやって全国を回りながら生活するってのも、楽しいんじゃないか」

「……ぼくは、それは、あんまり、よくないのですね」

慎太郎の表情が曇った。

「どうしてだよ？」

「あくまでも、ぷろれすは、ぷろれす。しごとは、しごとです。ぼくには、ちゃんとした、しごとがあるのですから」

「それは、そうだけど……お前さ、あれだけ拍手や歓声を浴びてさ、プロレスを仕事にしたいとは思わないんだ」

「それは、なんどもいっているように、あくまでも、ぼくの、もくひょうは、まず、しごとで、みとめられることなのですね。そして、けっこんして、かていを、もつことですから」

「慎太郎は前からそう言っているもんな……気持ちはわからないでもないけど、すごい一般的な幸せのイメージに縛られすぎてないか。オレは慎太郎がそうしたいんなら、バスでも買って旅芸人みたいな暮らしをするのも悪くないと思うんだけどな……」

「……むりですよ、できませんよ、そんなこと……」

慎太郎は寂しそうに呟いた。

新幹線が東京駅に着くと、新宿へ出るために中央線に乗った。電車は空いていて、私の前の席に慎太郎と神山が、どっかりと腰を下ろした。電車の窓から見慣れた街並みを眺めていると、急に現実に引き戻された。大阪興行が遠い日の出来事のように感じられ、明日からの仕事が頭に浮かんだ。

新宿に近づくと、電車が少し混んできた。ふと気が付くと、私の隣に座っていた小さな女の子が怯えた顔をしている。不思議に思って、彼女の視線を追った。

「あっ……」

私は思わず声をもらした。

異様につり上がった眉毛。飛び出さんばかりに大きく見開かれた目。だらしなく緩んだ口元。一瞬、目を疑った。だが、女の子が見て怯えていたのは、間違いなく慎太郎の顔だったのである。

「おい、どうしたんだよ」

慎太郎の表情の異変に気付いた神山が声をかけた。

「あっ、はぁう……」

するとと今度は顔面がくしゃくしゃになり、急に泣き出しそうな顔になった。声を挙げそうになるのを、必死に我慢しているようでもある。

慎太郎はズボンのポケットから輪ゴムを取り出し、必死になって指先でこね出した。彼にとっての精神安定剤である輪ゴムが、ポロポロと座席の下に落ちる。顔面はさらに歪み、泣いているのか、笑っているのか、怒っているのか、まるでわからない表情になった。

慎太郎のこんな表情を、私は一度だけ見たことがある。ノイローゼ気味になり、自殺未遂を繰り返していたときのことだ。閉め切られた暗いボランティアセンターの和室で、慎太郎は「これからのことを、かんがえると、いきていけないのですね」と呟き、同じように顔を歪めた。

「おい、慎太郎！　しっかりしろよ、どうしたんだよ？」

再び神山が聞く。数時間前、大阪駅で嬉々として土産探しをしていたのが、嘘のような姿である。

「……あしたから、しごとに、いくのが、いやなのですね……」

「何だよ、しっかりしろよ。明日から仕事なのはみんな同じだろ」

諭すような神山の声が聞こえないかのように、慎太郎は電車の外をひどく気にしている。怖い物でも見るかのように、恐る恐る駅の名前を確認しては、もどかしそうに顔を掻きむしった。輪ゴムをこねるスピードが増す。指に挟まれた輪ゴムが、慎太郎の代わりに悲鳴を挙げているように見えた。

「……ぼくは、さんぼしんたろう、から、やのしんたろうに、もどるのが、こわいのですね……」

聞き取るのが難しいほどの小さい声で、慎太郎は呟いた。

「……………どうして、ずっと、さんぼしんたろうで、いられないのでしょう……どうして、たのしいまま、いられないのでしょう……」

「仕事だってサンボ慎太郎のように頑張ればいいじゃないか。だって、試合ではあんなに凄い闘いができるんだからさ」

神山が何とか励まそうと声をかける。

新宿駅が近づいてきた。それを告げるアナウンスが車内に流れると、慎太郎は小刻みに体を震わせ始めた。

私の顔を慎太郎が見る。その瞳は助けを求めている。

いやなのですね。

こわいのですね。

たすけてほしいのですね。

だが、私はかける言葉がみつからないでいた。

どんなに障害者プロレスでヒーローになったとしても、リングを下りれば誰からも見向きもされない、ただの障害者に戻らなければならない。

おそらく慎太郎の脳裏には、思い浮かんでいるはずだ。

蒸し暑い工場の、鼻をつく嫌な臭いが。

汗まみれになり、ゴミを延々と運ぶ自分の姿が。

人を馬鹿にしたような、同僚の笑い声が。

そんな現実から逃げ出せれば、どんなに楽なことだろう。ずっとサンボ慎太郎でいられたら、どんなに楽しいことだろう。しかし、慎太郎の思い描く幸せは、辛い日常の中でしか手に入れることができない。心がどんなに悲鳴を挙げても、逃げることはできないのだ。

電車が新宿駅に着いた。慎太郎は買い込んだ土産を大事そうに抱えると、フラフラとホームに降りた。

「おい！　慎太郎、待てよ！」

私たちが呼び止めても、返事をすることなく、人混みに隠れるようにして走っていく。私は追いかけた。

「慎太郎、待てよ！　お前、ちゃんと家に帰れるのか⁉」

「……だいじょうぶ……です。いえに、でんわして、おとうさんに……むかえに、きてもらいます……」

迎えに来た父親の車で、慎太郎は家に帰っていった。

そして、次の日から、出社拒否をするようになった。

仕事に行かなくなったと同時に、例のごとく私の家の電話が鳴り続けるようになった。今回はそれでも足りないのか、私の職場にまで電話をかけてきたのである。この頃、私は毎日新聞の学生新聞部で契約記者をしていた。さすがに編集部内で長電話はできない。一旦、電話をきると、私は公衆電話に向かった。

「……どうしたらいいのか、わかりません」

「……どうしたらいいかって……仕事に行くしかないんじゃないのか」

「それは、わかっているのですね。しごとにいかないと、だめなのはわかっているのです。でも、だめなのです。だめなのですね……こんなとき、さんぼしんたろうだったらと、おもうのですね……」

「サンボ慎太郎だったら、どうなるんだ」

「さんぼしんたろうは、どんなぴんちでも、あきらめないで、たちあがる、つよいおとこなのですね。そして、みんなに、みとめられ、あいされている、にんきものでもあるのですね……」

「…………」

「でも、やのしんたろうは、ちがうのですね。いつもみんなに、ばかにされ、なにをやっても、だめなおとこなのですね……どうして、ずっと、さんぼしんたろうのようにいられないのでしょうか……」

結局、慎太郎は二週間近く仕事を休んで、ようやく職場に復帰した。同僚たちの風当たりが、今まで以上に強くなったのは言うまでもなかった。

第九章　荒波を渡る船

一九九四年、二月最後の日曜日だった。あるミニコミ誌の取材を受けるために、私たちは世田谷ボランティアセンターにいた。待ち合わせの時間になると、取材者らしき青年がボランティアセンターに入ってきた。「すみません。きょうはよろしくお願いします」と言うと、青年はお辞儀をした。試合の様子を見せながら話をしようと思い、私はビデオのある和室に彼を案内しようとした。すると、その青年の後に続くようにして、脳性麻痺の障害者らしき男女二人と、くりくり坊主の小さな男の子が一人、ボランティアセンターに入ってきた。場所柄、さまざまな障害者が出入りしているが、三人とも見かけたことのない顔である。この青年の知り合いなのだろうかと気にしつつも、とりあえず取材を受けることにした。

私が話をしている間、先ほどの男の子はボランティアセンターの中を走り回り、男性の障害者は隣の部屋からビデオの映像を興味深そうに眺めていた。取材が一通り終わると、青年がその障害者に声をかけた。

「藤田さん、最後に何か聞いてみたいことありますか?」

やはり、知り合いだったのかと思っていると、藤田と呼ばれた障害者は私のそばまでやってきた。しっかりとした足取りである。障害の重さはブルース程度のようだ。そして、決意を秘めたような目で私を見ると、口を開いた。

「しょうがいしゃぁ、ぷぅろぉれすにはぁ、ねぇんれぇい、せぇいげぇんは、あるのぉ？」

「え？　年齢制限ですか？　特にありませんけど……」

「おれぇ、よんじゅういちぃい、なぁんだけどぉ……しょうがいしゃぁ、ぷぅろぉれすを、やぁりたいんだよぉ」

「四十一歳なんですか⁉」

私は思わず声を挙げてしまった。その男性の風貌が、三十代前半といってもおかしくないほどに若く見えたからだ。

「……だぁめですかねぇ」

「いや、駄目というわけではないんですが……それじゃ、ちょっとテストしてみますか。神山君頼むよ」

「はい！」

そばにいた神山が突然、上着を脱ぎだして上半身裸になった。そして、ボディビルで鍛えた胸の筋肉に力を入れると、「さぁ！　思い切り打ってみてください！」と叫んだ。

彼は上着を脱ぐと、「そぉれじゃ、いきまぁす！」とシャツの腕をまくった。その様子を目にした男の子が、勢いよく駆け寄ってきた。先ほどまで姿が見えなかった障害者の女性も、やれやれといった顔をしながら、こちらにやってきた。

「あの、こちらは？」

私は彼に二人のことを尋ねた。

「おれぇの、にょうぼうとぉ、むすこぉ、なんだぁ」

「あっ、そうなんですか？」

一緒にボランティアセンターに入ってきたのを見たときから、ひょっとしたら家族ではないかと思ってはいた。それでも、改めて言われると軽い驚きを覚えた。

「かぁおるぅ、といいまぁす。ほぉら、あいさぁつ、しなぁさい」

薫という奥さんが、息子の頭をつついた。

「藤田《ふじた》勇人《はやと》です。小学校一年生です」

男の子は、照れくさそうに小声で、しかし、しっかりとした口調で答えた。

ドッグレッグスのスタッフが、ざわめきだした。特に結婚して子供を作り、家庭を持つことを人生最大の夢とする慎太郎は、興味津々の目をして藤田一家を眺めている。

「それじゃ、藤田さん、きてください！　奥さんと子供の前で、いいところを見せてください！」

再び、裸の神山が叫んだ。右手に麻痺があり、手首が内側に曲がっている彼は、左手を思いきり後ろに引く。そして、反動をつけると、掌《てのひら》を神山の胸板に叩きつけた。肉と肉が弾け合う、快音がした。

「あうっ！　いいですねぇ。じゃ、もう一発！」

神山は恍惚の表情をしながら、さらにチョップを要求した。彼も、しゃにむに逆水平チョップを放っていく。神山は胸が真っ赤になると、「わかりました。いいです。とてもいいチョップです。北島さん、ぜひスパーリングに参加してもらいましょう」と満足そうな笑顔を浮かべた。藤田はスパーリングの日程を聞くと、必ず参加すると言って帰っていった。思いがけない大物新人の入団に、私たちは胸をときめかせた。

ボランティアセンターから一歩出た瞬間、薫はふくれっ面になった。その理由は、もちろん障害者プロレスに関してのことである。

「おとぉうちゃん、ほぉんきなぁのぉ？　ほぉんきでぇ、ぷろれすやるのぉ？」

薫は信じられないといった口振りで聞いた。

「やるよぉ、はぁじめかぁら、そぉのぉつもぉりでぇ、きたぁんだぁかぁら」

藤田は、どこ吹く風である。

実は藤田は、ビデオ「障害者はおまえだ！」を見て、障害者プロレスの存在を知っていたのである。ビデオの中に流れる障害者プロレスのシーンは、昔から大のプロレス好きだった藤田の心に火をつけた。そんなとき、偶然にもミニコミ誌を作っていた友人が、ドッグレッグスの取材に行くという。こんなチャンスはない。実際に代表の人に会って、入団を申し込もうと思った。

ボランティアセンターを出て駅まで続く商店街は、日曜日の夜ということもあり、ひっそりとしていた。所々にある街灯だけが、暗い道を照らしている。

「お父ちゃん、プロレスやるの⁉」

藤田と薫のやりとりを聞いていた勇人が声を挙げた。街灯の下を通ると、ワクワクとした目をする勇人の顔が照らし出された。

「おぉ、やるんだぁ！　おとぉうちゃん、ぷぅろぉれすらぁーに、なぁるんだぁ！」

藤田は勇人の頭を撫でると、得意げに答えた。

父と子の会話を聞きながら、薫は重い溜息をついた。

一九五二年七月七日、藤田《ふじた》孝之《たかゆき》は福島県いわき市に生まれた。歩いて三分もしない所に太平洋が広がり、波の音を子守歌代わりにして育った。家は祖父母と母の四人暮らし。父親は博打好きがたたって、藤田が生まれてすぐに家を追い出されていた。自分が障害者なのだと意識するようになったのは、中学校に入学するとき。小学校までは地元の普通校に通っていたが、中学からは郡山市の養護学校に行くように祖父に言われたからだ。それがショックということもなかった。そういうものなのかと、あまり考えずに自然に受け止めてしまったのである。

家を離れた寄宿舎での生活も、障害者だけしかいない教室も、初めは違和感があったが、すぐに慣れた。クラブは、小さな頃から駆けっこが好きだったので陸上部に入部。中長距離走の選手となる。顧問の教師に「走るのはすべてのスポーツに共通する基本だ。走り続ければ、どんなスポーツでもこなせるようになる」と言われ、その気になった。日曜日になると、暇そうに部屋でゴロゴロしている障害者を横目に、一人で黙々とグラウンドを走り続けた。しかし、走れば走るほど苦しくなることがあった。それは食事である。藤田は家が祖父の経営するラーメン屋だったこともあり、毎日のようにラーメンをおやつ代わりにしていた大食漢だった。それだけに一日三食と回数が決まっていて、量が少なくおかわりできない給食では、とても満足できなかった。また、お金を持ってきてはいけないという寄宿舎の規則があったため、買い食いすることも不可能だった。いつも空腹を抱えたまま、藤田は六年間の学校生活を過ごした。

卒業後の進路は地元企業に就職が決まっていた。ところが、卒業の一カ月前に、その会社が倒産してしまう。慌てた学校側が探してくれた就職先が、東京都稲城市の洗濯屋だった。上京するのは、正直言って気が進まなかった。東京には祖父に何度か連れていってもらったが、人間ばかりが多くてゴミゴミした街という嫌なイメージしかなかったからだ。しかし、小さい頃から祖父に言われてきた言葉が、藤田の背中を後押しした。

「お前は仕事に就かなければならない。自分の力でお金を稼ぐことを経験した方がいい。お前は家にいてはならない。一人で生活する力を身につけた方がいい。それで、もし駄目だったら、いつでも帰ってくればいいのだから」

祖父はことあるごとに、そう話してくれた。藤田にとって、高校を卒業したら親元を離れて自立するのは、何の疑問もない当然のことであった。

東京は思った通り、人々が足早に歩く慌ただしい街だった。自分の田舎とは、あまりに生活のペースが違う。養護学校の友人の中で、上京したのは藤田ただ一人。誰にも頼ることができない東京での生活が始まった。

住み込みで働くことになった洗濯屋の給料は、日給たったの四百円。一カ月働いても、月給一万円にしかならなかった。さらにそこから食費として六千円を引かれた。障害者年金が支給されるのは二十歳からなので、手元に残るのは四千円だけだった。だが、給料はともかくとして、洗濯屋の仕事自体は面白かった。

「技術は習うより盗め」

「職人は店を渡り歩いてハクをつけろ」

店の先輩にそう聞かされるたびに、自分も早く一人前になってやると思った。まだ職人気質が残っていた洗濯屋の世界は、一本気な性格の藤田に合っていた。遊ぶ金がなかったこともあり、黙々と仕事に打ち込み続けて、何年かが過ぎる。

二十一歳のときだった。先輩に勧められ、東京都障害者スポーツ大会に出場することになった。そこで藤田は百メートル走で十一秒台の記録を出し、見事に優勝する。この頃、障害者で十一秒台のタイムを出す選手は珍しかった。大会終了後に主催者から、障害者のオリンピックであるパラリンピックへの出場を打診された。しかし、反体制の空気が社会に溢れていた時代である。藤田もまた、「ひのぉまぁるを、せぇおって、たぁたかうのはぁ、おこぉとわりだぁ」と断った。それよりも、柔道、空手、剣道を習い始め、いつの日か国家権力と戦うための準備を始めた。もっとも、それを権力相手に使うことはなく、二十年後にプロレスで使うことになるのだが。

横浜、川崎と職場を転々としながら、藤田は洗濯屋としての腕を上げていった。特に染み抜きの技術は一級品で、給料も月給二十五万円を稼ぐようになっていた。その一方で、一生このまま人に使われて終わるのだろうかと思うようになる。せっかく技術を身につけた以上は、自分の店を持ってみたい。しかし、好立地で洗濯屋を開業するには一千万円は必要で、とても藤田一人では用意できる額ではなかった。この仕事に行き詰まり感を覚えた藤田は、クリーニング店で知り合った友人五人と、事業を始めることにする。

開業したのは、飲食店の入口などに敷かれる足踏みマットのレンタル会社だった。もちろん事業はそんなに甘くない。当初は設備投資などで借金ばかり。ご飯のおかずといえば塩だけという極貧生活が、二年以上も続いた。三年目になると、やっと事業も軌道に乗り始めた。ところが、収入が安定してくると、今度はその分配で友人同士がもめ始める。結局、皮肉にも事業の成功が原因で、友人たちの仲は空中分解。会社経営も四年で幕を閉じ、藤田は洗濯屋に戻ることになった。

ある日、仕事を終え、アパートに帰ったときのことだ。ドアの前で、部屋の鍵を探していると、周りの部屋から声が聞こえてきた。木造の古いアパートなので、廊下まで声がもれてくるのである。藤田は、思わず耳を澄ませた。それは、父親と子供が笑い合う声であり、母親が夕飯の用意が出来たと呼ぶ声だった。温かい家族団らんのざわめきから逃れるように、藤田は急いで部屋の中に入った。

しばらく灯りも点《つ》けずに、立ちつくした。静かで温もりを感じない部屋だった。窓の隙間から、冷たい風が吹き込む。遠くの方で、また家族の幸せそうな声が聞こえる。東京に出てきてから、毎日を必死になって働いてきた。生きていくためだったのだから後悔はしていない。だが、胸にはポッカリと穴が開いたようである。真っ暗で何も見えない部屋のように、自分には何もないのではないかと思えた。

結婚のことを考えなかったわけではない。しかし、仕事ばかりの毎日で女性と出会う機会はなかったし、自分から女性に声をかけることもできないシャイな性格も災いしていた。そんな藤田を見かねた友人が、ボランティアグループの主催する障害者だけの集団お見合いに参加するよう勧めた。

日曜日の午前九時。藤田が東京都港区の福祉会館に着くと、受付で番号の書いてあるバッジを手渡され、胸に付けるよう言われた。ホールの中には、百人ほどの障害者が詰めかけている。周りを見渡すと、脳性麻痺の障害者だけではなく、事故などによる中途障害者や視覚障害者など、さまざまな障害者の姿が目に付いた。そして、ホールを半分に区切って男女別に分かれると、向かい合うようにして全員が椅子に座った。

いよいよお見合いの始まりである。番号順に椅子から立ち、一人ずつ自己紹介をするのだ。話し終えると、その人に対して質問することができる。ある中途障害者の女性には、多数の男性から質問が集まった。その中で、「給料はどの程度の額が必要ですか」の問いに、その女性は「そうですね、月給三十万は欲しいですね」と答えた。藤田は思わず、怒鳴りそうになった。障害者がどうやったら月給三十万円も稼げると言うのだろう。別の女性は「私は家事は一切できないので、全部やって欲しい」と言った。家事がまるでできないほど、その女性の障害は重く見えない。話を聞いていて、だんだん馬鹿馬鹿しくなってきた。

この合同お見合いのシステムは、全員の自己紹介が終わったところで気に入った人の番号を書き、互いに一致したカップルには主催者側から後に連絡があるというものだ。しかし、この調子で最後まで自己紹介を聞いていたら、一体何時までホールにいればいいのか、わかったもんではない。こんなことならパチンコでもしてた方がましと、藤田は途中で帰ってしまった。後から友人に聞くと、お見合いが終わったのは午後七時頃だったという。「さぁいごまでぇ、いなくてぇ、よぉかったぁよぉ」と友人に言うと、「だからお前は結婚できないんだ」と呆れられた。

八四年十一月二十三日。藤田は友人と一緒に、喫茶店にいた。友人が知り合いの女性を紹介してくれるというのだ。実は集団お見合いの一件から、藤田は結婚を半ば諦めていた。だから、この話も初めは断ったのだが、「とにかく会うだけでも」と言うので、友人の顔を立てることにした。女性の名前は大竹薫《おおたけかおる》という。国立養護学校である桐が丘養護学校高等部を卒業し、父親は東京都足立区で工場を経営しているらしい。友人の話だけを聞いていると、なんだか箱入り娘のような感じがして、自分には合わないと思えた。

待っても待っても薫はこなかった。お昼の待ち合わせのはずが、時計は午後三時をまわっている。もうこないのではないか。そう思ったときだった。フラフラとバランス悪く歩く女性が、店に入ってきた。息を切らせながら、こちらに近づいてくると、微笑みながら「すみまぁせん」と顔の前で手を合わせた。柔らかな感じのする女性だった。藤田孝之三十二歳、大竹薫二十四歳の出会いである。

この日、藤田は女性を前にしても意識しないで喋ることができた。結婚に対する拘《こだわ》りがなくなっていたことと、とりあえず友人に対する義理は果したので、随分とリラックスしていたのである。一方、薫は友人から、藤田は無口な人だと聞いていたので、その饒舌ぶりに驚いていた。それから遅めの昼食をし、友人は「これからは二人で楽しんで」と帰ってしまった。

「こぉれぇからぁ、どぉしますかぁ？」

そうは聞いたものの、藤田は困っていた。こういう場合、どこに行けばいいのか、まるでわからなかったのだ。

「じゃぁ、はぁらじゅくに、いきまぁしょうかぁ」

「あぁ、はぁらじゅくねぇ、じゃぁ、そぉうしまぁしょう」

藤田はホッと胸を撫で下ろした。

原宿の交差点は人混みであふれていた。人の波に押されて、薫はバランスを崩して転びそうになった。そのときである。サッと藤田が手を取ってくれた。薫は藤田に体を預けるようにして、踏みとどまった。

「あっ……どぉうもありがぁとう……」

嬉しかった。こんなに自然な感じで、手を貸してくれる人はいままでいなかったからだ。この後二人は、薫がファンだという、歌手のさだまさしの店に行く。そこで薫は、さだまさしのマークが入った巾着袋を二つ買った。自分と母親の分である。藤田は明るい店の雰囲気が居心地悪くて、早くこの場から離れたかった。それから喫茶店で一息つき、遅くならない内に藤田は薫を家まで送った。

その後、二人は週二回ほどのペースでデートを重ねる。この頃の薫は、障害者の介助問題を考えるグループに関わり、土日はその活動でほとんど埋まっていた。実は初デートを遅刻してしまったのも、そのためだった。必然的にデートは、仕事帰りの藤田と夕食を食べることが多くなった。デートの場所は、薫が家からバスで出てこられる池袋が中心である。薫は駅など人の多い所が苦手なので、電車よりもバスをよく利用していたからだ。バスの最終は午後十時半頃と早く、デートはいつも慌ただしかった。だが、薫の心の中には、この人と一緒になるかもしれないという予感みたいなものが芽生え始めていた。

「……やっぱぁり、かえろぉかなぁ……」

八五年一月三日。薫の自宅前で、スーツを着た藤田は立ち竦《すく》んでいた。正月に田舎に帰らないなら家にくればいいと、薫に招待されたのである。

両親に自分を紹介しようという薫の意図はわかっていたが、まだ付き合い始めて二カ月も経っていない。一度は藤田も断ったのだが、薫の強力な押しに負けてしまい、ここまで来てしまった。

「……もぉう、なぁるように、なぁれだぁ……」

藤田は呼び鈴を押した。

部屋に通されると、薫の父親が上座に座っていた。

「……あけましてぇ、おめでとぉうごさぁいます……はぁじめぇましてぇ、ふじたぁと、いいまぁすぅ」

「……うむ」

父親はそれだけ言うと、難しい顔をして口を閉ざした。薫の母親が、料理を運んできた。母親とは、薫を家まで送ったときに何回か会って挨拶をしている。

「ゆっくりしていってくださいね」

そう母親は言うと、また台所に戻っていった。薫の両親は、自分のことをどう思っているのだろうか。障害者同士の結婚は、周囲から反対されることが多い。身内に障害者がもう一人増えることになるのだから、それも当然のことだろうと思う。ただ、反対なら反対と言って欲しい。その方が、自分にとってもスッキリする。その後、薫の兄弟も集まりだした。会話に入ることができないまま、藤田にとって針のむしろに座らされているような時間が過ぎていく。気が付くと、ワイシャツが冷や汗でびっしょり濡れていた。

藤田が帰った後、薫は母親と一緒に後片づけをしていた。薫が初めて家に連れてきた男性に対して、父も兄弟も何も聞いてこなかった。寂しかったが、仕方がないとも思っていた。

「別に相手が障害者だって良いんじゃないの」

母親が洗い物の手を休めることなく言った。

「……えっ」

「女として生まれたんだから、結婚して欲しいし、子供も産んで欲しいしね」

今度は薫の顔を見て、微笑みながら言った。

「……うん」

薫も笑って返事をした。

春を間近に控えていた。藤田は決意を固めていた。長く付き合っても、短く付き合っても、プロポーズするなら同じである。仕事を終えた藤田は、意気込んでデートの場所へと向かった。

だが、その決意はすっかり空回りしてしまう。ある言葉を口に出そうとすると、全身が金縛りにあったようになった。食事をしながら切り出そうと思っていたのだが、いつの間にか二人ともすっかり食べ終わっていた。何をしているんだと、藤田は自分を罵倒した。喫茶店に場所を移しても駄目だった。極度の緊張で、言葉が喉から出てこない。ただ、時間だけが過ぎていく。

「そろぉそろぉ、かえりましょうかぁ」

薫が時計を見て言った。

——いいのか、言わなくていいのか。

最終バスの時間が近づく。

——そうやって、先送りにするのか。

喫茶店が騒がしい。

——今、言わないで、一体いつ言うんだ。

「……どぉうしたのぉ？」

「…………」

「……ふぅじたぁさん？」

「おれぇはふねだぁ！　あらなぁみにも、まけずにぃ、おきにぃでぇてぇいく。そんなぁおれぇには、くつろげぇる、みなぁとがぁ、ひつよぉうなぁんだぁ！」

「…………」

しばしの沈黙の後、薫は噴き出して笑ってしまった。

演歌のワンフレーズのようだが、藤田にとっては考えに考え抜いたプロポーズの言葉である。何が面白いのかわからずに、真剣な顔をして、薫の返事をじっと待った。それがまたおかしかったのだが、薫はなんとか笑いを抑えようとした。そして、気持ちを落ち着けると

「はい」と頷いて返事をした。

藤田が頭を悩ませていたのは、薫の父親が二人の結婚を了承してくれるかどうかだった。藤田は、自分の給料と二人の障害者年金などの手当を合わせれば、月収三十万円ぐらいにはなることを紙に書き留めた。どうやって障害者同士で生活するのかと反対された場合には、この紙を見せて説得しようと考えたのだ。

そんな藤田の心配をよそに、結婚の話は簡単にまとまってしまう。薫と母親が、先に父親を説得していたのである。後はトントン拍子にことは進んだ。都営住宅を借りるために十月に入籍を済まし、翌年の二月に結婚式を行うことが決まった。それでも唯一引っかかったのが、花嫁の父による最後の抵抗だった。薫の父親が「結婚式を挙げるまでは正式な夫婦ではない」と言い張るので、新居には藤田が一人で住むことになった。仕方なく結婚式までの間、薫は通い妻を続けることになる。父親との約束で泊まりは許されなかったが、一人息子の勇人を、実はこの頃、お腹に宿していた。

八六年九月二十日。二人に男の子の赤ちゃんが生まれる。

二人が呼びやすく、はっきりと言える名前にしようと藤田が提案した。言語障害がある二人にとって、それは大事な問題である。そうして名付けられたのが「勇人」である。

勇人が生まれてから、外出するときは何処に行こうと必ず三人一緒となった。藤田と薫から惜しみない愛情を注がれて、勇人は明るく活発な子に成長した。藤田の基本信条は、子供は大いに遊べだ。物を盗んだり、人を傷つけさえしなければ、何をやってもいいと考えている。ただし、悪いことをして、言っても聞かない場合は、容赦なく拳を振り下ろす。優しさと厳しさが同居している、昔ながらの父親の姿がそこにあった。

藤田は幸せだった。たった一人で上京し、自分の力で人生を切り開き、かけがえのない家族を手に入れることができたのだ。荒波を行く船は、ついに港へとたどり着いたのである。そして、八年が経った。船が港にいる期間としては、いささか長かったのかもしれない。藤田は再び、大海原に出航しようとしている。

ボランティアセンターの二階会議室にマットを敷き詰めて、スパーリングが始まった。トレーニングウェアに着替えた藤田が、緊張した面もちで準備運動をする。

「それじゃ、藤田さん、よろしくお願いします」

スパーリングの相手は神山である。

勇人はマットのすぐそばに陣取り、父親の姿に熱い視線を注ぐ。

「じゃ、三分1ラウンドでいきましょう。はい！　スタート！」

私がストップウオッチを持って、始めの合図をした。

次の瞬間、藤田はマットを滑るように飛んだ。低い体勢から、相手の膝を狙う低空ドロップキックである。慌ててかわした神山が「やりますね」と驚くと、藤田は不敵に微笑んだ。

今度は神山の足にタックルをして、マットに這わせる。そのまま上に乗ると、柔道の袈裟固《けさ》めの要領で神山の動きを封じながら、首を逆に捻りあげた。

「おいおい、神山君、大丈夫か？」私が声をかけると「だ、大丈夫です。大丈夫ですけど……強いです」と神山が苦しそうな声を発した。もちろん、神山もやられてばかりではない。上手《うま》く体を入れ替えて袈裟固めから逃れると、藤田のバックをとった。寝技では相手の背後を取るのが常套《じょうとう》手段である。

今度は藤田が素早い動きで体を入れ替えると、逆に神山のバックを取り返した。見ている他の障害者レスラーから溜息がもれる。ある程度はやるだろうと予想はしていたが、まさかこれほどとは思わなかった。ブルースよりもスピード感にあふれ、慎太郎よりも寝技のキレがいい。四十一歳という年齢を、微塵も感じさせない動きである。マット上の動きに目を奪われている内に、三分間はアッという間に経った。

「これなら十分です。ぜひ次の興行にでてください」

私は汗を拭いている藤田に声をかけた。

「はぁい、よろしくぅ、おねがぁいしまぁす」

スパーリングを終え、安心したようだ。先ほどの硬い表情は消えている。

「それで、リングネームなんですけど……」

「あぁ、どぉんなぁんでも、いいでぇす。まかせまぁすよぉ」

「そうですか。じゃ、一家の主ということで、ゴッドファーザーというのはどうでしょうか？」

「いい！　そりゃあ、いいですねぇ！」

藤田は手を叩きながら、自分のリングネームを喜んだ。まだ、出会ったばかりだが、藤田は本当に自信に満ちあふれているように見えた。明るいようでいても、どこか影のあるドッグレッグスの障害者レスラーたちとは、雰囲気が違うのである。きっと、ボランティアを頼ることなく健常者社会を生き抜いてきた逞しさが、全身からにじみ出ているのだろう。藤田は、障害者レスラーとしてだけでなく、人生の先輩として慎太郎や浪貝にいい刺激を与えてくれるはずだ。

私と藤田が盛り上がっているのを横目に、薫は部屋の隅で頬杖をついている。

「なんか、やれやれって感じですか？」

新垣が不機嫌そうな薫に声をかけた。

「そぉねえ……」

「そんな顔しないで、薫さんもドッグレッグスに入ってくださいよ。ほら、このグループって、スタッフも含めて男所帯だから、むさ苦しくて」

「わぁたしねぇ、ぷろれすが、あんまぁり、すきじゃなぁくてぇ……」

「あっ、それなら私もプロレス嫌いだったんですよ。初めは何でこんなことやるんだろうと思ってましたから」

「ぷろれすって、こわぁいでしょ。けぇがが、しんぱぁいでぇ……だって、わたぁしも、じぶんのことぉでぇ、せぇいっぱぁいだぁかぁらぁ、けぇがをしてぇも、みてあげぇられなぁいじゃなぁい。だからぁね、もし、ぷろれすやぁるんなぁらぁ、じぶんでぇ、かぁいじょしゃを、みつけてぇからぁにしなぁさぁいっていったのよぉ」

「ははは、それで介助者を見つけたんですか？」

「さがぁそうともぉ、しなぁいのぉ……あのひとぉは、むちゅうになっちゃうとぉ、だぁめなぁのぉよ。こっちがぁ、あきらぁめるしかぁないのぉ」

そんな薫の心配をよそに、藤田は今度は蹴りの練習をし始めた。神山が両腕にはめたキックミットをめがけて蹴りを放つ。空気が破裂したような乾いた音が、会議室に響きわたる。

「いいぞぉ、いいぞぉ、ごっどふぁーざー！」

慎太郎はなぜか嬉しそうにはしゃいでいる。

「なんだよ、いいのか？　そんなに喜んでいて。強力なライバル登場じゃないのか？」

私は慎太郎を茶化すように言った。

「らいばるじゃないですよ。ごっどふぁーざーは、もくひょうですよ」

「目標？」

「だって、けっこんして、こどもと、おくさんが、いるんですよ。うらやましいですよ。もくひょうですよ」

キックミットから聞こえる音が、段々と大きくなっていく。リングの周りにいた障害者レスラーたちが、蹴るほどに切れが良くなるキックに驚きの声を挙げる。

「もぉう、すっかぁり、いちいんに、なっちゃったみたぁいで……」

薫が苦笑いをする。

「こちらこそ、藤田さんにドッグレッグスを気に入ってもらえたら嬉しいですよ。もちろんプロレスも大事ですけど、ドッグレッグスの基本は人間関係ですから。ちょっと濃密過ぎる人間関係ですけどね」

新垣も苦笑いで返した。

藤田は険しい表情で、休むことなくキックミットを蹴った。汗が目に入り、呼吸が苦しくなったが、自分の力を確かめるように蹴り続ける。それを眺める勇人の目は、漫画の主人公を見るように生き生きと輝いていた。

「お父ちゃん、かっこいい！」

勇人は、薫の方を振り返って叫んだ。

薫の顔が、この日、初めて綻《ほころ》んだ。

スパーリングを行った日から、藤田一家は、晴れてドッグレッグスの一員となった。そして、藤田はお父ちゃん、薫はお母ちゃんと、みんなから呼ばれるようになる。

第十章　こんなに強い男なのに

ずっと会場としてきた光明養護学校の体育館が使えなくなった。障害者プロレスのことが話題になるにつれ、「障害者を見世物にするようなイベントを養護学校でやるなんて怪《け》しからん」という声が、ＰＴＡの間から挙がったためだ。ことを荒立てても仕方ないので、私たちは別の会場を探すことにした。とは言っても、これまでの興行は赤字続きで、私や数人のスタッフが運営費を持ち出して続けてきたのが現状である。少ない予算の中、会場探しは難航した。

　結局、見つかったのは下北沢にある東演パラータという小劇場である。下北沢といっても、小田急線の駅から徒歩で三十分以上もかかり、賑やかな中心街を遠く離れた住宅街の中にあった。使用料は七万円で、収容人数は百人ほど。試合は、舞台の上で行うことになる。ところどころガタがきているような古い劇場だが、ここを借りることで私の心は完全に吹っ切れた。さらに一つ上のステージに昇る覚悟ができたのだ。これまで以上に、障害者とは無縁な一般の観客を集め、障害者プロレスを広げるためには、ボランティアの枠から完全に飛び出さなければならない。考えてみれば、養護学校の体育館を無料で借りることは、枠の中で甘えているのと同じだった。

会場使用料がかかるようになった以上、入場料もしっかりと徴収しなければならない。そうなれば、観客の反応も今までと違ってくるのは間違いないだろう。さらに厳しい観客の眼にさらされる中で、障害者プロレスがどこまで通用するのか試してみたいのだ。これからのライバルは、他のボランティアグループの活動ぶりではなく、同規模で行われている演劇やライヴになるだろう。

そんな空気を感じたようだった。創立から関わっていた障害者やボランティアが、ドッグレッグスから次々と離れていったのである。

面と向かって文句を言うわけでもなく、自然消滅のように顔を出さなくなったので、詳しい理由はわからない。人づてに入ってきた話によると、去っていった障害者たちは「もっと勉強会を開いたり、どこかに遊びに行きたい」と不満を洩らしていたという。元々はそういうグループだったのだから、「ドッグレッグスは変わってしまった」と嘆く気持ちはわかる。高校生のボランティアは「他に楽しいことができたから」と、大学生や社会人のボランティアは「規模が大きくなって、これ以上関わるのが怖くなった」と話していたらしい。

高校生のボランティアを除けば、去っていった人たちには「なぜ、普通のボランティアグループでは駄目なのか」という思いがあったのではないか。だが、私や残った障害者レスラーやスタッフは、閉じられたボランティアの世界で楽しんでいるだけでは、満足できなくなってしまったのだ。それで離れていくのなら仕方がない。人手が足りなくなると興行の準備も大変になるが、誰もやったことがないことを自分たちの力だけで切り開いていくのだ。中途半端な気持ちで関わり続ければ、互いに嫌な思いをする。この時点で、ドッグレッグスは既成のボランティア活動と完全に決別した。

一九九四年五月十四日、東演パラータを使うようになって一年が過ぎた。この日に行われる、第十三回の興行「超障害者イデオロギーボディ」がゴッドファーザーのデビュー戦となった。試合は、障害者対健常者異者格闘技六人タッグマッチ。ゴッドファーザーが慎太郎とブルースと三人でタッグを組み、私と神山と新人健常者レスラーである福祉パワーと闘うのだ。観客席は身動きも出来ないほどの超満員。席のない観客は舞台上にあげて、リングの周りで座って見てもらうことにした。

試合は五分5ラウンド。私と慎太郎の先発で始まった。私のミドルキックを腹に受けても、慎太郎は巧みに寝技に引き込み、しつこく足関節技を狙おうとする。慎太郎の格闘技術は確実に進歩しているようだ。神山が替わってリングに入ると、障害者チームはゴッドファーザーが出てきた。

「さぁ、四十一歳の新人レスラーの登場です」

新垣が実況すると、会場がドッと沸いた。

ゴッドファーザーは軽快なステップから、キレのいいミドルキックを放つ。それが神山の脇腹にヒットすると、小気味よい音が会場に響く。障害者らしからぬ動きに、観客から驚きの声が挙がった。調子に乗ったゴッドファーザーは、さらにキックを連発する。神山はそのキックをかいくぐると、タックルを極《き》めることに成功した。寝技の攻防に移ると、二人は目まぐるしく動きまわり、互いの関節を取り合った。そのテクニックの攻防に、会場は拍手と歓声に包まれる。

「お父ちゃん！」

リングサイドで観戦する勇人も声を張り上げる。ゴッドファーザーはデビュー戦だというのに、緊張することなく本来の力を見事に発揮した。今までのドッグレッグスにはいなかったタイプのレスラーの登場に、観客は早くも好勝負の予感を感じていた。

ところが、試合はまったく予期しなかった方向に向かっていく。

2ラウンドは、私とブルースの顔合わせで始まった。ともに攻撃技を得意とするので、じりじりと間合いを詰め合う。先に私が仕掛ける。前方に大きく一回転。浴びせ蹴りだ。反動のついた右足の踵《かかと》が、ブルースの側頭部にクリーンヒットした。骨と骨がぶつかるような音がしたかと思うと、ブルースが背中を丸めるようにして、不自然な格好で前のめりに倒れた。会場がざわめく中、すかさずレフェリーがカウントを数える。

「ダウン！　1、2……」

すぐにレフェリーはブルースの異変に気付いた。だが、どうしたらいいのかわからずに、オロオロとしている。通常なら私か神山がレフェリーを務めるのだが、二人とも試合に出ているため、未経験のスタッフが裁いていた。レフェリーの動揺が、そのまま不自然な形で試合を中断させた。仕方なく私はブルースを抱えて、障害者のコーナーまで運んだ。ブルースは目をつぶり、口をパクパクと動かしている。本来なら、レフェリーがカウント10を数えるなり、レフェリーストップをかけるなりして、試合終了となってから介抱したかった。しかし、レフェリーがパニック状態ではどうしようもない。

急いでスタッフが、ブルースの頭を氷で冷やした。観客は押し黙り、一分、二分と重苦しい時間が過ぎる。

ブルースは脳震とうを起こしているようだ。私はとりあえず試合終了として、その視線は舞台の隅で寝転がっているブルースに注がれている。観客には帰ってもらおうと思った。それを観客に告げようと、放送席にあるマイクを探した。だが、机の上にあるはずのマイクが見あたらない。前を見ると、慎太郎が先にマイクを握っていた。

「にたい、さんでいい！　きたじまさん、しあい、やりましょう！　やらせてください！」

慎太郎の言葉に会場の反応は二つに分かれた。拍手をして「よし、やれ！」と叫ぶ人たちと、「もうこれ以上、やる必要ない」と辛そうな顔をする人たちである。

「やれるのか、本当にできるのか！」

神山が慎太郎に詰め寄る。

「できるよ！　やるよ!!」

慎太郎はキッパリと言い返した。

「では、2ラウンド途中から、試合を再開します！」

レフェリーが叫ぶと、すっかり静まり返った会場に、ゴングが鳴り響いた。

「あああああ！」

奇声を挙げながらタックルにきた慎太郎を、神山はガッチリと受け止めると高々と抱え上げる。

「いやぁ！」

気合いもろとも、自分の膝に慎太郎の背中を叩きつけた。腰を押さえながら立ち上がった慎太郎を、またも神山は持ち上げると、今度は自分の体重を乗せるようにして、抱えたままの状態で前方に押し潰した。「バックブリーカー」から「アバランシュホールド」への連続攻撃である。

「ダウン！　1、2……」

レフェリーがダウンカウントを数える。

凍り付いたような会場が一転して熱気にあふれ出した。観客は一つになってサンボコールを送る。

「サンボ！　サンボ！　サンボ！　サンボ！」

何とか立ち上がった慎太郎は、転がるようにしてゴッドファーザーにタッチ。勢いよく飛び出したゴッドファーザーは、神山の足を目がけて、得意の低空ドロップキックを放つ。神山が慌ててかわすと、すぐに体勢を立て直してストレートパンチのような掌打を打った。掌《てのひら》で打ってはいるが、拳で殴られたような衝撃が、神山の顔面をとらえた。グラッときた神山は私にタッチ。リングに入った私がゴッドファーザーと睨み合うと、会場に緊張感が走った。ここで、2ラウンド終了のゴングが鳴った。観客から安堵の溜息がもれた。

ラウンド間のインターバル中も、ブルースはリングの脇で倒れている。その様子を神山が覗こうとすると、慎太郎が両手を広げて立ちふさがった。

「くるな！　こっちにくるな‼」

大声で叫びながら神山を近づけさせない。渋々と神山が健常者コーナーに戻ると、3ラウンドのゴングが鳴った。

今度は私と慎太郎の対決である。観客席は再び静まり返る。私は渾身の力で、慎太郎の足にローキックを打つ。ガクンとバランスを崩す慎太郎。

「慎太郎！　負けるな！」

観客席から声援が飛ぶ。しかし、今の一発が効いたのか、腰が引けてしまって前に出られない。

「どうした！　ブルースの敵《かたき》を討つんじゃねーのか‼」

私が挑発すると、慎太郎は「うぁああ！」と叫んで突進してきた。

「馬鹿野郎！　そんなんでオレが倒れるか！」

今度は顔面に掌打だ。もつれるようにして倒れると、私はすかさず馬乗りになって、顔面に掌打を連発する。会場から悲鳴が挙がる。自分でも狂っているのではないかと思えてきた。だが、とことんまで障害者と向き合うと決めたのだ。なにが起ころうとも、容赦はしない。手を抜くことなんてできないのだ。

「北島！　ブレイク！　ブレイク！」

レフェリーが無理矢理私を慎太郎から引き離す。倒れていた慎太郎は「うごっ！」と声を挙げると、口から大量の血を吐いた。観客席が凍り付く。だが、慎太郎は立ち上がると、「こえをだせ！　こえをだせ！　おまえたち、こえをだせ！」と観客に向かって叫んだ。そして、観客席の方を向くと、両手を頭の後ろで組み、腰をクネクネと回転させ始めた。得意のパフォーマンスである腰くねダンスだ。

「いいぞー！　サンボ‼」

「絶対に負けるなー！　サンボ！」

会場がまた熱気を帯びてくる。真夏と真冬が凄い早さで交互にやってくるような、とんでもない会場の雰囲気である。

試合が長引くにつれ、ゴッドファーザーのスタミナがなくなり、慎太郎が一人で闘うシーンが多くなってきた。それでも慎太郎が関節を極められ、絶体絶命のピンチになると、ゴッドファーザーは頭から飛び込んでいって救出した。ついに試合は最終ラウンドまでもつれ込む。

慎太郎に対して、私はまたも馬乗りになった。それに対して慎太郎は、私の体にしがみつくように密着すると、上から殴られないようにした。そして、下になった体勢から左腕の関節を極めにかかった。隙を突かれた私の腕は、慎太郎によって引き伸ばされた。

「うぁあぁ！」

肘にはしった激痛に思わず声を挙げる。私は慌ててマットの端を探した。場外に手を出せば、ロープブレイクになる。しかし、目に入ったマットの端までの距離は、ゆうに一メートル以上はあった。まずい。このままではやられる。

「北島さん！」

私の危機を見かねたのか、福祉パワーがコーナーから飛び出した。慎太郎を蹴散らし、私を救出するつもりだ。だが、次の瞬間、私は信じられないものを見た。

今まさに慎太郎に襲いかかろうとしていた福祉パワーに、意識を取り戻したブルースが飛びかかっていったのだ。

「わああああ！」

会場にもの凄い歓声が挙がる。

ブルースは福祉パワーを裸絞めでとらえ、釘付けにする。ならばと、神山が私の救出に行こうとした。すると、今度はゴッドファーザーが飛びかかり、神山を押さえつける。

「うんあぁ！」

味方の援護を受けた慎太郎が、最後の力を振り絞って私の腕を引き伸ばす。私はついにマットを叩いた。

カン、カン、カン、カン、カン。

障害者チームの勝利を告げるゴングが鳴り響き、慎太郎とブルースとゴッドファーザーは抱き合った。

「慎太郎!!」

「ブルース!!」

「ゴッドファーザー‼」

観客たちは、皆、選手たちの名前を連呼した。結果だけを見れば、いかにもプロレス的なドラマチックな幕切れである。だが、私たちが死に物狂いで闘ったことは、紛れもない事実である。だからこそ、叫ばなければならなかった。私はぎゅっとマイクを握った。

「ブルース！　ブルース、本当にすまない。ここまでやる必要はないって思うかもしれないけど、ここまでやらないと、わかってもらえないことがあるんだ！　だから、やめる気はない！　オレは……もっとやる‼」

私がそう言うと、ブルースが握手を求めてきた。私はその手を固く握りしめた。

控え室に戻る途中で、ゴッドファーザーと会った。

「お疲れさまでした、お父ちゃん」

「ひぃさしぃぶりぃに、いいあせぇ、かいたぁよ。でぇも、ばぁてぇた。たぁばぁこぉ、やあめなぁくっちゃ」

「ははは……」

私が少し浮かない顔をしているのに、ゴッドファーザーは気付いたようだ。

「きたぁじまぁさん、しぃあいなんだぁからぁ、ぶるーすのぉ、ことはぁ、きぃにしちゃだあめだぁよ」

「……そうですね」

「しかぁし、しんたぁろうがぁ、さんたぁいにでぇ、やぁるっていったぁときは、どぉうしようかぁと、おもぉったぁよぉ。すこぉしは、おれぇにも、そうだぁん、しろってぇのぉ。でぇもね、おもぉしろぉかったよ。からぁだぁがぁ、つづくぅ、かぁぎり、おれぇは、やぁるよぉ」

「……ありがとう、お父ちゃん……そう言ってもらえると、嬉しいですよ……」

控え室の中では、ブルースが氷で頭を冷やしていた。顔色も元に戻り、いつものようにニコニコと微笑んでいる。

「ブルース、大丈夫？」

と私は声をかけた。

「も、も、もう、だ、大丈夫です。で、で、でも、ぜ、ぜ、全然、な、何があったのか、お、お、お、お、覚えてないんです。き、き、気がついたら、つ、つ、冷たいなと思って……」

大阪興行のとき、ホテルでブルースと話したことを思い出した。試合である以上、ゴッドファーザーの言うように必ずアクシデントは付きまとう。それは仕方がないことなのだろう。しかし、ブルースが怪我を恐れていたことを知っていただけに胸が痛んだ。

「とりあえず明日は病院に検査に行こう。一応、念のためにね」

「は、は、はい。わ、わ、わ、わかりました。で、で、でも、ぼ、ぼ、ぼくは、プ、プロレスは、や、や、やめませんよ。す、す、す、好きでやっていることなんですから」

その言葉で、私は救われた気がした。しかし、友だちを傷つけてまで、観客に伝えなければならないものなんてあるのだろうか。そんな疑問も頭をもたげていた。

数日後、私の自宅に手紙が送られてきた。中に入っていたのは、興行で行っているアンケート用紙だった。この間の興行を見に来た観客が、家に持ち帰ってアンケートを書き、郵送してきたものだった。アンケートの欄だけでは足りずに、裏まで使って書き込まれた感想を読んで、私の心は少し軽くなった。

〈仕事そっちのけで、親が倒れても後回し、そうして今回までの興行を観て、自分は何を感じたのだろう。真剣に考えて、考えて、改めて悩んじゃうわけです。

「実感」として「何か」を理解していない。上辺だけで、それらしいことは言えるのですが、言葉に実がない。オレは馬鹿なんじゃないかなと、落ち込んじゃう訳です。

それもそのはず、興行以外で障害者と会うことは皆無です。だから、障害者に対してリアリティがないんですね。

NHKのボランティア番組を見て、放送大学のボランティア番組を聞いて、そんなものでわかろうとするから、上っ面の考え方しかできないのでしょう。

生の障害者の声が聞きたい。障害者の考え方を知りたい。彼らを取り巻く人達の意見も聞きたい。「それを知ってどうするんだ」と言われても困るけど、本当に困るんだけど、彼らに対して、彼らの世界に対して、無知ではいたくない。我よければ万事よしとはしたくない。だから、何かがわかるまで、何度でも観に行きます。受け売りじゃなくて、自分の意見がキッパリと言えるようになるまで、観戦し続けます。業務上過失責任で捕まる可能性もある確信犯の北島さんがやっていることを、まったく理解できないままじゃ、本当の馬鹿になってしまいます。

くれぐれも怪我の……と思いましたが、そりゃ無理ですね。では、心より応援しています。〉

私たちのやっていることは、決して無駄ではない。少なくとも、障害者のことを考えるきっかけにはなっているのだ。もちろん、他のアンケートの中には、「プロレスとして面白いのだから、障害者云々なんてメッセージはない方がいい」とか「北島は自分のやりたいことのために障害者を利用している」との批判的な感想もあった。目の前で行われていることだけしか見なければ、私たちがやろうとしていることは伝わらない。だが、こういった感想も含めて、まだまだ障害者プロレスをやめるわけにはいかないと決意を新たにした。障害者レスラーたちの姿を見て、いろいろと思いを巡らせてもらいたい。健常者レスラーの闘いぶりを見て、障害者との付き合い方を考えて欲しい。今の世の中を、いきなり障害者にとって生きやすく変えることは難しいだろう。しかし、障害者プロレスを通して、人の気持ちを変えることはできるはずだ。仲間に怪我をさせてしまう不安は消えないが、きっと何かが変わることを信じて、それでも前に進む道を選んだ。

ブルースの失神を教訓にして、障害者対健常者の試合における新ルールを考案した。異者格闘技禁じ手ルールである。障害者は試合前に、健常者の技を三つまで使用禁止にすることができるというものだ。

これまでの異者格闘技戦では、障害者と健常者が同じ条件で闘ってきた。それは肉体的にハンディがある障害者にとって、明らかに不利な闘いだった。しかし、私たちは慎太郎や浪貝を通して、努力だけでは乗り越えることのできない壁を見てきた。障害者が効率優先の健常者社会で生きるのは、実際に不利なのは事実である。そんな社会の現状を表現し、その中でともに生きていくための模索を、闘いを通じて見せたかったのだ。一方で、なぜ障害者は努力しなければならないのかという根本的な問題もある。健常者がさして疑問を持つこともなく手に入れるものを、障害者は人一倍努力して手に入れなければならない。

多数者である健常者が変わらない限り、障害者が抱える問題は解決しない。そこで、同じ条件で闘うだけではなく、さらに一歩進んだものを観客に提示する必要がある。禁じ手ルールは、障害者が健常者のルールに合わせるだけでなく、健常者が障害者のルールに合わせることも必要ではないかという問題提起になるはずだ。この実験的ルールは、八月二十一日に行われる十五回目の興行「ボランティア敗戦記念日２」のゴッドファーザー対神山と慎太郎対私の試合で、さっそく採用することにした。

慎太郎と私のシングルマッチは、半年ぶり四度目の対決である。一対一の対決では、私はまだ慎太郎に負けたことがない。前回の対決では、私の激しい攻めに慎太郎は完敗。浴びせ蹴りで耳がちぎれかかり、後ろ回し蹴り《ローリングソバット》で鎖骨を亀裂骨折した。その雪辱を果たすべく、本来なら練習に打ち込んでいなければならない慎太郎だが、またも夏恒例の出社拒否と、それに伴う私への電話攻勢に陥っていた。ついには電話だけでは飽きたらず、直接、私の職場に現れた。

受付から「矢野様がいらしてます」という連絡を受けて、慌ててロビーに向かうと、輪ゴムをいじりながら不安そうに猫背で立つ慎太郎がいた。仕方がないので社内を見学させ、その後、一緒に豚カツ屋に入り、昼飯を食べた。大好物である海老フライをおごってあげたのだが、あまり食欲がないようで三本のうち一本を残している。

「しごとに、いかなければ、いけない、とは、おもっているのですね。だけど、そうおもうと、よけいに、いけなくなってしまうのですね」

「だけどさ、これだけ休みがちでもクビにならないのは、障害者を積極的に雇用している会社だからだろ。その意味では、理解があって恵まれているとも言えないか。オレがそんなふうに休んだら、クビになるよ。お前が通っているのは作業所じゃないんだからさ、自分の都合だけで勝手に休んだりするのは、やっぱりまずいだろ」

「それは、しゃちょうにも、よく、いわれます。やのは、さぎょうしょ、きぶんだって……」

「まぁ、そうなのかもな」

実は私は人づてに、社長の慎太郎評を聞いていた。口だけは達者でプライドが高く、そのくせ仕事はまるでしない。慎太郎に対する社長の目は厳しい。ただ、確かに言い当てているところもある。

「でも、ちがうよ‼　おれは、さぎょうしょ、きぶんなんかじゃないよ‼　いっしょうけんめい、やっているよ‼　しゃちょうは、なにも、わかってないよ‼」

「なに、いきなり大声だしてんだよ。一生懸命やっているって、お前が決めることじゃないだろ。社長がそう思わなければ、一生懸命やっていることにはならないんだよ」

「どうして！　どうしてですか‼」

「どうしてって、社長がお前を雇って、給料を払っているからだよ」

「いっしょうけんめい、やれば、いつか、しゃちょうも、わかってくれるはずです！」

「いや、その考えがすでにおかしいんだよ。お前は本当にボランティア的な考えに毒されているな。職場はさ、養護学校でもなければ、作業所でもないんだぞ。自分のことを理解してもらう所じゃなくて、働く所なんだから。極論しちゃうと、社長がお前のことを理解する必要なんて、これっぽっちもないんだよ。ぼくのことをわかってくれないなんて言うから、作業所気分だって言われるんだよ」

「……じゃ、ぼくは、どうしたら、いいのですか」

「作業所じゃなくて、健常者と一緒に働きたいって望んだのはお前だろ。だったら頑張るしかないじゃないか。もっとも、仕事を辞めるという道もあるが……」

「しごとは、やめません。やります。つづけます」

ずっと箸で弄んでいた最後の海老フライを、慎太郎はいきなり口に放り込んだ。

豚カツ屋を出ると、「じゃ、すみませんでした。これでかえります」と慎太郎はヨタヨタと歩き出した。あの様子では、明日も仕事にはいけないであろう。慎太郎は、一生こうやって生きていくのだろうか。小さくなる寂しげな背中を見ながら、ふとそんなことを思った。


試合当日になった。日曜日の午後らしく、東演パラータの周りの住宅街にはのどかな空気が流れている。会場内は、お盆ということもあり、観客は八十人とやや寂しい入りだった。しばらく続いていた満員記録が途切れてしまったが、だからと言って手を抜く選手たちではない。試合は好勝負が繰り返され、残るは禁じ手ルールの二試合となった。

リング上ではゴッドファーザーと神山が睨み合う。

「それではゴッドファーザー選手より禁じ手の発表があります」

新垣がそう言うと、レフェリーがゴッドファーザーにマイクを渡した。

「きぃんじてぇが、あるのは、かぁくとぉうぎじゃ、なぁい！　きぃんじてぇは、ひつよう、ありまぁせぇん！」

禁じ手が必要ないことをゴッドファーザーが告げると、途端に会場から拍手が起こった。いきなり新しいルールを否定するような行動である。だが、健常者社会の中で、たった一人で人生を切り開いてきたゴッドファーザーにとって、それは当然のことなのかもしれない。

1ラウンド開始早々、ゴッドファーザーがストレート掌打を放つ。それを側頭部に受けた神山はダウン。しかし、すぐに起き上がると、ゴッドファーザーの片脚にタックル。二人が得意とする寝技の攻防に移った。激しくマット上を回転しながら、休むことなく関節を極め合う闘いに、観客席からは溜息がもれた。

ゴッドファーザーはもちろん、全体的に障害者レスラーの実力は確実にレベルアップしている。これには、空手の有名選手だった牧野《まきの》壮樹《まさき》がスタッフに加わり、コーチをしてくれるようになったことが大きい。その牧野コーチはゴッドファーザーのセコンドにつき、的確な指示を大声で与えている。まったく五分五分の試合展開で、三分がアッという間に過ぎた。

2ラウンド。神山が両脚タックルを仕掛ける。そして、ゴッドファーザーの太股を持つと、そのまま担ぎ上げた。

「いやぁ！」

かけ声とともに、前方に一回転。その反動を利用して相手をマットに叩きつける、逆水車落としという技である。ゴッドファーザーは後頭部からマットに落ちると、会場に鈍い音が響いた。

「ダウン！」

レフェリーがカウントを数える。

「1、2、3、4、5、6、7、8……」

ゴッドファーザーは何とか立ち上がろうと、上半身を起こしたが、すぐにまたマットに崩れ落ちた。本部席にいた薫と勇人の顔が青ざめる。

「……9、10！」

ゴングが打ち鳴らされると、神山と牧野コーチがゴッドファーザーの元に駆け寄った。

「脳震とうですね。そっと運びましょう」と牧野コーチが言うと、神山は半分意識のないゴッドファーザーを抱えて、控え室まで運んだ。また、アクシデントから怪我人が出てしまった。

「お父ちゃん、大丈夫ですか」

控え室でグッタリして頭を冷やしているゴッドファーザーに、私は声をかけた。

「やっぱぁ、としかなぁ、うけみぃがぁ、とぉれなかったよぉ。なぁにが、あったのかぁ、ぜぇんぜぇん、おぼえてぇないやぁ」

だから、禁じ手ルールを使えば良かったのに。私はそう言おうと思ったがやめた。

「とにかく、頭を動かさないで休んでいてください。オレは試合に行きますから……」

「……きたじまさぁん……」

「えっ……」

ゴッドファーザーに呼び止められて、私は振り返った。

「……きたじまさぁん、そぉれでぇも、おれたぁちは、てぇかぁげんは、してぇほしくなぁいんだぁよ……」

「……はい」

その言葉を胸に、私は慎太郎の待つリングに向かった。

いよいよメインイベントである。結局、慎太郎は仕事に行けないままこの日を迎えた。マイクを握った慎太郎は「あびせげり、うらけん、ろーりんぐそばっと」と三つの禁じ手を告げた。どれもこれまでの闘いで、苦しめられてきた技である。ゴッドファーザーと違い、慎太郎は名より実を取りに来た。どうしても、私に勝ちたいという気合いが伝わってきた。

「ラウンド1！」

新垣の声が響くと同時に、慎太郎は私の胴にしがみつくようにタックルしてきた。そのまぐいぐいと押し込んでくるのを振り払うと、私はバックステップしてミドルキックを放つ。鈍い音が腹から響いたが、慎太郎は怯《ひる》むことなく蹴り足を摑むと、寝技に引き込んだ。私の足首を片腕でしっかり抱え、アキレス腱固めを狙う。すかさず、私はロープに逃げる。

「いいぞー！　慎太郎！」

観客から声援が飛ぶ。今度は私が慎太郎を寝技に引きずり込む。慎太郎の右手首を右手で摑み、下から回すようにして左手で自分の右手を摑む。肘と肩を極める腕固め《ダブルリストロック》だ。慎太郎の左手が、慌ててロープに逃げた。静かながらも、火の出るような関節技の攻防で1ラウンドが終わった。

2ラウンド。得意技を三つ封じられている以上、慎太郎の知らない技で攻めたてるしかない。私は右足を高々と真上に振り上げると、そのまま踵《かかと》を慎太郎の頭めがけて落とした。空手の踵落としである。この新兵器も慎太郎はキャッチすると、寝技に持ち込んだ。そして、再びアキレス腱固め。私も体を反転して、慎太郎の足首を極め返す。互いに関節技を掛け合っているうちに、足が複雑な形にもつれた。そのときである。慎太郎の右膝が割り箸を折るような音を立てた。慎太郎が足から手を離したので私は立ち上がり、すぐに体勢を整えた。慎太郎は右膝を抱えたまま起き上がってこない。

「大丈夫か、慎太郎⁉」

レフェリーの神山が声をかける。痛みを堪《こら》えるようにして、慎太郎は立ち上がったが、右足を引きずっている。顔色からは血の気が失せ始め、ただ事ではない様子だ。

「……やるよ、やる。やらせてください。おねがいします」

心配して試合を再開しない神山に、慎太郎は必死に頼む。牧野コーチがリングサイドから「慎太郎、大丈夫か？　痛いか？　靭帯やっちゃったかもしれないぞ……どうする、やめるか？」と聞く。慎太郎は「だいじょうぶ、だいじょうぶです……」と答えた。

何と言うことだ。一日の興行で二回目のアクシデントである。しかし、慎太郎がやると言っている以上、闘うしかない。手加減をするな、手加減をするな、手加減をするな。必死に心の中で呟き、消えそうになる闘志の炎を、むりやりに焚きつけた。

「試合続行します！　ファイト！」

神山が叫ぶと同時に、私は慎太郎の痛めた右膝をローキックで蹴り飛ばす。

「きゃあぁあ！」

観客席の女性から悲鳴が挙がる。さらに頭を吹き飛ばすように、アッパーカット気味の掌打。慎太郎はスローモーションのように倒れた。

「ダウン！　1、2、3、4、5、6、7、8」

慎太郎はフラフラと立ち上がる。今度はミドルキック。慎太郎は待ってましたとばかりに私の足をキャッチすると、寝技に持ち込んでアキレス腱固めだ。

「よし！」

観客が声を挙げる。逆転のチャンスだったが、ここで2ラウンド終了のゴングが鳴った。

慎太郎は這うようにして、自分のコーナーに戻った。

一分間のインターバル中、牧野コーチが慎太郎の右膝を必死に冷やす。

「慎太郎、やれるか？」

神山が確認する。

「だいじょうぶ！　だいじょうぶ！　さいごまでやるよ！」

慎太郎は叫ぶと、牧野コーチの首にかかっていたタオルを奪って、リングのはじに放り投げた。試合中に何があっても、タオルを投入しないでくれという意志の表れのようだ。

そして、3ラウンド。再び私の踵落としを慎太郎はキャッチすると、今度は膝十字固めを狙いに来る。この技は腕ひしぎ逆十字固めの足版である。私の膝を、お返しとばかりに狙って来たのだ。すかさず、私はロープに逃げる。

「ブレイク！」

神山が私たちを分けた。しかし、私が立ち上がっても、慎太郎は倒れたままだ。右膝を押さえてもがき苦しんでいる。技に入ったとき、またも膝を捻ってしまったようだ。

「どうした⁉　慎太郎！　立ってこい‼」

私は仁王立ちしたまま叫ぶ。

慎太郎は私を見上げると、何とか起き上がろうとする。だが、痛みのために思うように体を動かすことができない。

「もういい、もういいよ。慎太郎」

立とうとする慎太郎を、神山が制止する。その声を無視するように神山の肩に手をかけ、慎太郎は立ち上がった。だが、肩から手を離した瞬間、またマットに崩れ落ちた。

「あー……」

観客席から溜息がもれる。

「やらせて、やらせてください。やらせて、やらせてください」

マットに大の字になった慎太郎が、泣きながら絶叫する。

「よくやったよ。この足じゃ仕方ないだろ」

神山がなだめるように言う。

「やります、できます、おねがいします。さいごまで、さいごまでやらせてください」

慎太郎の顔が涙でグチャグチャになっている。

「まったく知らない障害者と闘えますか？」

新聞の取材で、そんなことを聞かれたことがあった。

「うーん、どうしても遠慮してしまうと思いますね。やっぱり、人間関係ができてないと殴れないから、たぶん対戦しない。慎太郎とは知り合って十年以上だし、普段から一緒に練習したり酒を飲んだりと、付き合いが深いからとことん闘えるんだと思う」

「それでも葛藤はないんですか」

「ありますよ。ないわけないじゃないですか。でも、そんな葛藤はリングでは心の中に押し込めるんですよ。真剣に立ち向かってくる相手に、手加減しちゃ失礼じゃないですか」

あのときはそう答えた。そうだ。手加減するなら誰にでもできる。

「うわぁぁ……きたじまさぁん、やらせてぇ……さいごまでぇ……」

慎太郎の声が小さくなる。

私は決意した。

「よし、慎太郎こい！　立てないなら、座って勝負だ！」

私はマットに膝立ちになると、慎太郎に向かって叫んだ。虚《うつ》ろな目をした慎太郎が、私を見つめ返す。

「どうした、慎太郎！　こいっ!!」

「……やらせて、やらせて……」

無遊病者のように慎太郎は起き上がると、膝立ちになって私に向かってきた。

観客席が、「そこまでして、まだやるのか」とざわめく。そうだ、まだやるのだ。健常者は障害者に歩み寄らなければならないのだ。障害者は最後まで健常者と互角に闘う夢を捨ててはならないのだ。

「本当にやるのか⁉　大丈夫なのか⁉」

神山が慎太郎の顔を覗き込む。

「あーーっ！　うるせぇーー！」

私は神山を突き飛ばすと、慎太郎に組み付いた。

「負けるな！　慎太郎‼」

泣き声のような声援が観客席から挙がる。しかし、慎太郎に力はほとんど残っていなかった。私は簡単に押し倒すと、腕固めの体勢に入った。グイッと慎太郎の右腕を逆に捻る。慎太郎は必死に耐え、ギブアップをしない。ならばと、さらに捻る。

「ううあぁぁ……」

苦痛に顔を歪めながら、それでも慎太郎はギブアップをしない。私はこれで最後だとばかりに渾身の力を腕に込めた。

「しんたぁろおぉーー‼」

慎太郎の名前を叫びながら、右腕を折れんばかりに捻りあげた。ついに慎太郎は左手でマットを叩いた。

異常な緊張で静まり返った会場に、ゴングの音色が響く。妙に空々しい澄み切った音だった。

「大丈夫か、慎太郎！」

神山の声に反応するように、慎太郎がフラフラと立ち上がろうとした。慌てて私が肩を貸そうとすると、手を左右に振って、必要ないという仕草をする。そして、足を引きずりながら、一人で花道を歩き出した。会場から拍手がわき起こる。私もその後ろ姿を見て、つられるようにして拍手を送っていた。同時に、やりきれない思いが、胸の奥からこみ上げてきた。真剣に向かい合ってくれる相手と、周囲の応援があれば、こんなにも信じられないような力を出すことができる。それなのになぜ、健常者社会は世知辛く、慎太郎は悩み苦しんで生きなければならないのだろうか。私はマイクを握り、観客席を向いた。

「……こんなに強い男なのに、あいつはいつも苦しんでんだよ！　こんなに強い男なのに！」

悔しくて、悲しくて、私はマイクを叩きつけた。

東演パラータは控え室に行くのに、一度、会場から外に出なければならなかった。その途中で力尽きた慎太郎は、住宅街の路上で倒れた。観客の目が届かない所まで来て、気が抜けたこともあるのだろう。途端に右膝を激痛が襲った。痛みに耐えきれず、慎太郎は膝を抱えながら、路上で奇声を挙げた。

慎太郎の後を追い、私も会場から外に出た。住宅街は夕暮れに包まれ、寂しげだった。慎太郎の姿を探すと、不気味な嗚咽《おえつ》がどこからか聞こえる。その声の方向に足を進めると、不自然な物体が目に飛び込んだ。誰も歩いていない薄暗い路上に、ゴロリと横たわる肉の塊。それが慎太郎だった。涙と鼻水と涎《よだれ》で顔をグシャグシャにし、懸命に足を自分でさすっている。それは、あまりに異様な光景だった。平和そうな住宅街の片隅で、暗黒の別世界がポッカリと口を開けているようだった。私は思わず、その場に立ち竦んだ。

「うわぁぁああ！　いたい！　いたい！　いたい！」

突然、慎太郎が叫び声を挙げ、私は我に返った。慌てて慎太郎の元へ駆け寄ると、抱き起こした。

「立てるか？　慎太郎」

「ぼくは、びょういんには、いかない。あしたは、しごとにいく。うわぁぁあ、しごとにいく、しごとにいく、うわぁぁあ」

すでに慎太郎は、どんなピンチにも諦めないサンボ慎太郎から、明日の仕事のことでクヨクヨと悩む矢野慎太郎に戻っていた。

「わかったよ、大丈夫だ、明日は仕事に行けるさ！」

「うわぁぁあ、いたい、いたい……」

私が肩を貸すと、慎太郎は何とか立ち上がった。

父親と小さな娘が、手を繋いでこちらに歩いてきた。二人とも私たちを気味悪そうな目で見ると、黙って通り過ぎて行った。

結局、慎太郎は私たちの忠告を聞かず、試合後に病院へ行こうとしなかった。翌朝になると、膝は腫れて倍以上に膨れ上がっていた。慎太郎は包帯で膝をぐるぐる巻きにすると、久しぶりの仕事に向かった。

第十一章

禁断の愛に揺れて

赤字続きだったドッグレッグスの興行も、観客増加に伴い収益が上がるようになった。そうなると、もっと広い会場で興行を行いたいという欲が生まれてくる。そこで一日の利用料が七万円の東演パラータから、四十万円もする赤坂の小劇場シアターVアカサカに会場を移すことになった。収容人数は二百五十人で、ほぼ倍のキャパシティである。もっと安い会場もあるにはあったが、一年先まで予約がいっぱいで諦めざるを得なかった。

小綺麗なミニシアターと障害者プロレスはアンバランスな感もあったが、一九九五年は、ここで「弱者の祭典」「ボランティア敗戦記念日3」「アンビバレンツ」「素敵なハンディキャップ」と計四回の興行を行うことになる。興行ごとに二百五十人以上の観客がコンスタントに集まり、障害者の姿も会場に多く見られるようになってきた。また、スポットライトを多用した派手な照明演出も使われるようになり、イベントとしての完成度も増していった。

そんな中、念願の公式リングドクターも見つかった。精神科医であり、執筆活動やコメンテーターとしても活躍している、香山《かやま》リカが引き受けてくれることになった。もちろん専門は精神科なのだが、学生時代には外科も内科も学んでいるので、一通りの知識は持っている。

「それでも、骨折や打撲の手当などは忘れているから、もう一度、外科の教科書を勉強し直しますね」

多忙な身である彼女が、そこまで言って関わってくれるのは嬉しかった。

色眼鏡で見られ続けてきた障害者プロレスだが、広く一般層にまで認められ始めていた。今までの苦労を振り返れば、それは喜ばしいことではあった。しかし、何をやっても声援が飛び交う会場の雰囲気は、障害者レスラーの心に安心感を芽生えさせた。凄惨な闘いに明け暮れた東演パラータ時代にあった、観客とのピリピリした緊張感は影を潜め、試合にはマンネリ感さえ漂い始めた。

このままでは障害者プロレスも、通常の障害者イベントと変わらなくなってしまう。障害者レスラーの気持ちとは対照的に、私の心には危機感と焦りが募った。もちろん、慎太郎や浪貝たちの日常生活に劇的な変化があったわけではない。相変わらず悩み多き毎日を送っている。だが、他者に認められることで、心の中が満たされつつあることは確かであった。

九六年一月五日。第二十一回の興行「新年明けまして障害者」を下北沢の北沢タウンホールで行う。シアターVアカサカよりもさらに広く、今まで使用した会場の中では最大のキャパシティを持った会場だ。問題を抱えている状況で、会場を大きくしていくことには不安があったが、打開策を模索しながら興行を続けるしかなかった。

北沢タウンホールは小さなプロレス団体も利用しているが、満員になることはあまりない会場である。興行的には苦戦するだろうと思ったが、蓋を開けてみると観客は三百人以上集まり、難なく超満員となった。やはり会場のノリは明るく、慎太郎が入場すると黄色い声援が起きた。入場料を払って見に来ている以上、楽しもうとするのは観客として当然の権利だ。しかし、私が観客に見せたい障害者プロレスとは、楽しさだけでは語り尽くせないものであった。会場から一歩出たら、全てを忘れてしまうような一過性の楽しさでは終わらないものであった。

麻痺のある体を限界まで酷使し、自分の内面までをさらけだすことで、観客の心にまとわりついて離れない何かを残す。それこそが障害者プロレスの神髄だったはずである。だが、そんな闘いを続けるのは肉体的にも精神的にも大変だということを、ブルースとゴッドファーザーの失神、慎太郎の膝の負傷が証明してしまった。楽をしても観客に受けるのだから、障害者レスラーが現状に満足しても仕方がないとも思えた。

この日、私は新人の障害者レスラーである黒沢ラヴと対戦した。以前に「かきね」に参加していたことがあり、何か面白い活動はないかとボランティアセンターにいたところをスカウトしたのである。一見、好青年風の容姿とは裏腹に、とにかく女性への興味が異常に強い。ドッグレッグスの女性スタッフは何人いるのか、女性の観客は多いのか、そんなことしか聞いてこないので「ラヴ」というリングネームにした。障害は軽く、左手に麻痺がある程度。照れくさそうにニヤニヤと笑いながら闘う黒沢ラヴを、私は顔面絞め《フェースロック》で一蹴した。そして、マイクを掴むと観客席に向かって叫んだ。

「ドッグレッグスにはあまり時間はありません。おれはいつでも、どこでも、どんな障害者の挑戦もうける！」

一区切りつけるときがきたと思った。ボランティア業界には「長く続けることに意味がある」という格言がある。しかし、続けることが目的化したボランティアグループの活動は、未練たらしくて惨めなものにしか思えなかった。障害者レスラーたちの心が満たされ、観客にも受け入れられるようになったのなら、障害者プロレスは役割を終えるときがきたのだろう。当初の予定通り、格闘技の殿堂である後楽園ホールで興行を行い、華々しく活動を終了しよう。その後、ドッグレッグスがどうするかは、また考えればいい。

ところが、世の中は何があるかわからないものだ。私が活動終了までのシナリオを考え出した頃、ドッグレッグスを取り巻く事態は突如として急変する。なるほど続けていればこんなこともあるのかと、私は思うことになった。

興行の翌日、私の自宅にＦＡＸが届いていた。何気なく見ると、マジックで走り書きしてある。女性が書いた文字のようだった。

ドッグレッグス代表　北島行徳様

昨日はお疲れ様でした。

実は昨晩、ドッグレッグスの試合を見て帰宅し、障害者の彼である（昨年五月十日より同棲中）大賀《おおが》宏二《こうじ》（三十四歳）と酒を飲んで話していると、

「プロレスやるから」

「えっ、なにそれ」

「わかってよ、体が動くうちにやりたいんだ」

「だってこないだまでは、あと十年若かったら、二十代だったらやってたなーって言ってたじゃないよー。なんで急にやるなんて言うのよ。やだーやだやだ」（半泣き状態）

こんなことになるんだったら、ドッグレッグスなんて見に行くんじゃなかった。

やるなんて言い出すと思っていなかったから。

確かに大賀さんはプロレス好きだから、不思議ではないんだけど。でも自分でやりたいなんて本気で思っちゃうなんて……ショック……。

これが昨晩の出来事です。

昨日は酔っていたから、あんなこと言ったのかなと期待しながら、

「昨日ね、変な夢みちゃった」

「どんな夢？」

「あのね、大賀さんが『プロレスやる!!』なんて言い出しちゃうの……ハハハ……」

「ハハハ……それ夢じゃないよ」

「あっ……そう……」

「北島さんに電話しておいてね。入団テストってあるのかなー」

もう人の心配をよそに本人はなにか楽しそうで……。

私も彼の体が心配で、障害が重くなったら……寝たきりになっちゃったら……考えただけでも涙が出て来るんです（私泣き虫なんです）。

でも大賀さんは言い出したら聞かない人なんです。やるって言ったらやるんです。本気みたいなんです。

そんなの止められないし、私に止める権利もないし、彼がやりたいっていうことをやらせてあげたい。手伝いたいって気もするし……。

なんかまとまっていない変な文章ですみません。とにかく、どうすればいいかしらと思い、北島さんにご相談と思いまして……。

ではまた連絡させて頂きます。

磯瑞穂《いそみずほ》・大賀宏二

私はFAXを読み終えると、すぐに二人に電話をした。

電話には女性が出た。

「どうもはじめまして。FAX読ませていただきました」

「あぁ、いえ。ははは。どうもはじめまして。磯と言います」

FAXの内容を思い出して恥ずかしくなったのか、照れ笑いをしている。

「あのですね。入団テストは特にないんですよ。とりあえず、練習とかミーティングに参加してみてくださいよ。レスラーになるかどうかは、それから考えてもいいんじゃないですか」

「あぁ、そうですね。そうさせてもらいます」

「ただ、試合で私が叫んだ言葉通り、障害者プロレス自体にはあまり時間がないので、決めるなら早い方がいいですよ」

「あれは障害者プロレスをやめちゃうっていう意味なんですか？」

「……まぁ、そうですね」

「えーっ、どうしてなんですか」

「……私が見ていて、面白くなくなったからですよ」

「……そうなんですか……私も何回か障害者プロレスを見ているんですけど、実はこの間の試合はあまり面白くなくて……何か北島さんとか神山さんには凄くやる気が見えたんですよ。でも、障害者レスラーからは、あんまりやる気が感じられなくて……初めて見たときは、アームボム藤原が出てきただけで、どうしようと思っちゃうぐらいに刺激的で面白かったんですよ……だから、何か見慣れてしまったのかなと、大賀さんに話したんです。そうしたら、大賀さんがオレが出たら刺激的だろとか言い出して……後はFAXの通りです」

「は、はぁ……なるほど……」

「大賀さんもやりたいと言い出したのは、障害者プロレスに対する不満からみたいなんです。見た目には障害者の方がインパクトが強いのに、北島さんより影が薄くなってどうするって思っているみたいで……」

ハングリー精神を失いつつある障害者レスラーが、大賀には歯痒《はがゆ》く映ったようだ。私はドッグレッグスが抱えている今の問題を説明し、本当に観客に見せたいこと、伝えたいことを話した。それを聞くと、磯は次のミーティングに必ず顔を出すことを約束した。

「あっ、最後に大賀さんが電話に出るって言っていますので……」

磯がそう言うと、しばらく間が空いた。

「……よぉろぉしぃくぅ！　おねがぁいしぃまぁすぅ!!」

いきなりものすごい叫び声が聞こえてきた。大賀の声なのだろうが、何を喋ったのか、まるでわからなかった。

「あっ、よろしくお願いしますだそうです」

再び電話に磯が出てきて、大賀の言葉を訳した。

「はは、こちらこそ。よろしくお願いします」

私は二人に会うのを楽しみにして、受話器を置いた。

ウィーーーン。

電気モーターの音が聞こえて私が振り返ると、電動車椅子に乗った子猿のような障害者が、世田谷ボランティアセンターに入ってきた。その後ろには、眼鏡をかけた大柄で逞《たくま》しい女性が立っている。

「あっ、大賀さんと磯さんですか？」

「は、はい。どうもはじめまして」

少女のような可愛《かわい》らしい笑顔で、磯は答えた。

「……どぉうもぉ、はぁじめまぁしてぇ!!」

ワンテンポ遅れて、大賀も声を振り絞った。

「それじゃ、みんなに紹介しますので……」

私がそう言うと、大賀は車椅子の足を置くステップに取りつけてあるスティックを、左足の指で握った。くいっと器用に足の指でスティックを前に傾けると、車椅子はスイーッと滑るような軽快さで動き出し、ボランティアセンターの奥に入っていった。

「両手に麻痺があって動かないから、足で操作するんですか。うまいもんですね……」

私は感心したように呟いた。

「ははは、何でもああやって足でやるんですよ」

磯は嬉しそうに話した。

知らない人が見たら、二人のことはボランティアをする側とされる側にしか見えないだろう。しかし、周囲がどんな目で見ようと二人は同棲中の恋人同士なのである。この日から毎週、大賀と磯の二人はドッグレッグスのミーティングに顔を出すようになり、私たちは二人がどうやって愛を育んできたのかを知ることになる。

大賀と磯が、ドッグレッグスのミーティングに顔を出す二年半前。九三年七月一日のことだ。東京都八王子市にある障害者のケアつき個室住宅、いわゆる自立ホームに二十七歳の磯はいた。この日から、自立ホームの職員として働くのである。二年半勤めたOL生活に疑問を感じての転職だった。会社のためではなく、自分や誰かのために働いているという実感を求め、中学時代からの夢であった福祉職に就くことを選んだ。

「午前中は作業の時間なので、みんな作業室に行っています」

先輩の職員が居住区の案内をしてくれた。一人の部屋は十二畳ぐらいの広さで、台所とトイレが付いている。入居者がここで一人暮らしをするために、日常生活の手助けをするのが職員の仕事である。

「じゃ、次へ行きましょう」

先輩の歩き出した後についていこうとした瞬間、前の部屋の方でドアが開く音がしたかと思うと、ゴロリと転がるようにして障害者が廊下に出てきた。両手の肘から上が変な角度で曲がり、何か踊っているような格好である。その障害者は、膝立ちでぺたんぺたんと歩きながら、磯の側までやってきた。シャツは食べ物の染みだらけで、ズボンのお尻は破れてパンツが見えている。

「お、おばけだ……」

磯は心の中で呟いたという。

「大賀さん、新しい職員なの。よろしくね」

先輩が言った。

「ぬぁまえ！　ぬあんてぇの！」

「は？」

大賀という障害者が何を話したのか、磯にはまったくわからなかった。

「名前は何て言うのですかって」

困っていると、先輩が通訳してくれた。

「あっ、磯と言います」

ペコンとお辞儀をした。

すると大賀は何も言わずに、その場を去っていった。磯も先に行こうとして、大賀が出てきた部屋の前を通り過ぎようとした。だが、思わず足が止まってしまった。あまりの悪臭に嘔吐《おうと》がこみ上げてきたからである。臭いの原因は大賀の部屋からだった。気を失いそうになるのを堪《こら》え、恐る恐る部屋の中を覗くと、床には酒や食べ物や汚物がこぼれ、台所では生ゴミが腐っている。

「あの人、一体何なの⁉」

とても考えられない滅茶苦茶な生活ぶりに、磯は恐怖すら覚えていた。

「あぁーーっ！」

「うぅーーっ！」

入居している障害者たちの叫びが、食堂に響きわたる。磯の目は、障害者たちの口からダラダラと流れる涎《よだれ》に釘付けになっていた。障害者と接するのは初めての磯にとって、昼食の様子はもの凄い光景に映った。さっそく食事介助を任されたが、食べ物を口に入れるだけでひと苦労だった。その後も掃除だの介助だので、勤務初日はアッという間に過ぎた。一日が終わり、なによりも印象に残っていたのは、廊下で会った大賀である。なんと言っても、一番汚くて臭い入居者だったからだ。

数週間もすると職場にも慣れ、千野《ちの》恵子《けいこ》と有賀《ありが》信朗《のぶろう》という仲のいい入居者もできた。千野は入居者の中で、最も介助が必要な人だった。体のほとんどが動かないほどの重い障害を抱えていながら、表情はニコニコと微笑みを絶やさない。しかし、逆にその笑顔に、磯は何か悲しいものを感じていた。いつも汚れて曇った眼鏡をかけている有賀は、入居者の中で唯一の大卒者である。大酒飲みのヘビースモーカーで、職員の間では大賀と並んで自立ホーム内での問題児と呼ばれていた。仲が良いとは言っても、磯は二人と気軽に話もできない状況だった。自立ホームには、職員と入居者は必要以上に接してはならないという、暗黙の規則があったからだ。

自立ホームにおける職員と入居者の理想的な関係とは、障害者が言ったことを職員が黙ってやることなのである。設立した所長自身が障害者の運動家なので、健常者を手足のように使うことに何の違和感もないのだろうが、これでは介助ロボットである。人間と人間が接しているのだ。する側される側と、簡単に割り切れるものではない。どうしても納得できなかったので、磯は所長に暗黙の規則の必要性を問い質《ただ》した。

所長から返ってきた言葉は、職員と入居者が仲良くなりすぎると、今とは反対の関係になるからだというものだった。職員が言ったことを入居者が黙ってやるようになってしまい、自立生活を送るための場所が、障害者施設のようになってしまうということなのだろう。施設のように管理されずに生活できるようにと、障害者のための自立ホームが生まれた。その経緯を考えれば、所長の理屈はわからないでもないが、何か思想が先行しているようでしっくりとはこなかった。また、職員が入居者の問題を抱え込み過ぎると、長続きしないで辞めてしまうからだとも言われた。

そのとき、一人の入居者の顔が浮かんだ。新しく入ってくる職員のことを、次々と好きになってしまう入居者の男性である。当然のごとく磯も、悩みを相談したいから自宅の電話番号を教えてくれと迫られていた。もちろん、教えることは暗黙の規則に引っかかる。少し迷ったが、磯は教えることにした。悩みがあるなら聞いてあげたかったし、障害者が何を考えているのか知りたかったのだ。確かに抱えきれなくなることもあるだろう。周りをみても、クールに仕事をこなしている職員がほとんどである。しかし、その人が抱える問題の背景も知らなければ、本当の援助はできないと磯は思うのだった。

食堂の隅に敷かれている六畳の畳が、大賀の昼食時の指定席であった。他の入居者は車椅子のままテーブルで食事をするが、大賀は足でスプーンを使うので、畳の上に座ってご飯を食べるのである。スプーンで上手《うま》くご飯を山のように集めると、大賀は食器に顔を近づけてガツガツと食べた。最後の数口になると、自分では上手く食べられないので、職員に介助してもらう。食事介助はローテーション制で、この日の大賀の担当は磯だった。スプーンで残ったご飯をまとめて口に入れ、食器を片づけようとした磯を大賀は呼び止めた。

「おまぇぇ‼」

「えっ？」

いきなりお前と呼ばれて、磯は少しカチンときた。大賀と面と向かって話したのは、これが初めてだった。

「あいつぅに、でぇんわぁ、ばぁんぐお！　おしえたぁだぁろう！」

「えっ、なんで電話番号教えたの知っているの？」

「あぁいつはぁ、やぁさぁしくぅ、するぅぅとぉ、かぁんちがいするぅ！　やぁさぁしくぅ、するぅなぁ！」

「えー、べつに優しくなんてしてないよ。普通にしているだけだよ」

「あぁいつは！　おぉんなじぃ、こぉとを、くぅりかぁえしてぇ、いるぅんだぁ！」

「……やっぱり、悪いことしたのかな？」

「そぉうだぁ！　おまぁえがぁ、わぁるぅい‼」

もう少し言い方があるのではないかと、磯は心の中で呟いた。はっきりと言い切られて、まるで立場がなかった。その一方で、悩みを相談したがる障害者ばかりじゃなく、芯のある人もいるんだなと思った。初めのだらしない格好とのギャップが大きかったせいもあり、面白そうな人だと磯は大賀に対して興味を持ち出した。

「そういえば、大賀さんって曲を作るんですって？」

大賀の作曲のことは同僚から聞いて知っていた。

「……まぁねぇ！」

「聴きたいな。聴かせてくださいよ」

「いいよぉ！　ゆうはんのぉ、とぉきにぃ、もおってぇ、くぅるよぉ！」

この人はどんな曲を作るんだろう。磯は興味津々だった。


カセットデッキから流れる曲は、どこか懐かしい感じがした。昔のフォークソングのように、優しくて温かかった。歌は職員や障害者が歌っていたが、とにかく美しいメロディに心惹かれた。こんな繊細できれいな曲を作る人が、何で荒れた生活を送っているんだろう。大賀に対して磯の興味は、さらに膨らんでいった。

あまりにも曲が気に入ったので、自宅の台所で流しながら食器の後片づけをした。すると母親が「気持ち悪いからやめてちょうだい」と嫌な顔をして言った。障害者の歌声が気に障ったようだ。心の中で「なんで、この曲の良さがわからないんだろ」と思いながら、少し音を絞った。

母親には仕事の話もあまりできなかった。いつだったか夕食のときに「職場での食事は、みんな『わぁーー』とか『うぅーー』とか大騒ぎで凄いんだよ」と話したら「やめて！　食欲がなくなる！」と怒られた。もっとも、嫌がられると余計に面白く、物まねをやめることはしなかったという。

自立ホームでのイベントで、大賀の新曲を磯が歌うことになった。詞は、磯が千野に頼んで書いてもらった。このイベントを機に、磯は大賀と急速に親しくなっていく。入居者の部屋に用事もなく入り浸ることは、暗黙の規則に違反するのだが、今回はイベントの打ち合わせという立派な名目があった。長い時間一緒にいてわかったのは、大賀が凄い酒飲みだということだった。夕食を終えると、電動車椅子に乗ってコンビニエンスストアに酒を買いに行く。そして、介助者がいてもいなくてもお構いなしに朝方まで飲んでいるのだ。一人で器用に酒を飲む姿は、実に堂に入ったものだった。

冷蔵庫から缶ビールを足で摑んで出す。左足ではさみを持ち、缶ビールは冷蔵庫に押し当てて固定する。はさみでプルトップをプシュと音がするまで起こす。後は足の親指と人差し指でプルトップをはさみ、完全に起こしきる。最後は足で缶を持ち、コップに注いでストローで飲む。それはまったく無駄がなく、美しささえ感じる動きだった。大賀の両足を見ると、指の周りが石のようにガチガチに硬くなっている。きっと、今まで大変な努力をしてきたのだろう。この人と、もっと話がしたい。この人は、どんな人生を歩んできたのかを知りたい。そうして次々と湧き上がってくる感情が何であるのか。磯は、まだ自分自身でも気付いていなかった。

イベントが終わると、大賀の部屋に用もなく行くことはできなくなった。だから、磯にとって大賀と話ができる機会は、一日で一番の楽しみになった。あるとき、廊下で出会った大賀の服装が乱れていたので直してあげた。磯は大賀と接していると、自然と笑顔になってしまう。楽しそうに鼻歌混じりに服を直し終わると、大賀が予期せぬことを呟いた。

「おまぁえ！　おれぇのことぉ、すきだぁろぉ‼」

心臓が大きく鼓動した。アッという間に、顔が真っ赤になっていくのが、磯は自分でもわかった。

「えっ……えっ？　な、なんでそんなことがわかるのよ……」

「なぁんとなぁく！」

「な、なんとなくって言ったたって……」

「かぁおをみればぁ、わかるぅ！」

「……もぉ、変なこと言わないでよ」

磯は咄嗟《とっさ》にごまかしたが、心の中では「うん、確かに好きかもしれない……」と呟いていた。

それからというもの、磯は大賀のことを意識せずにはいられなくなった。大賀が他の職員や入居者と話してたり、じゃれあっている姿を見て、嫉妬している自分を発見した。それは自分のことながら驚きだったという。大賀に興味を持ってはいたが、まさか恋愛感情にまで発展するとは思ってもいなかったからである。

惹かれていく一方で、これ以上好きになってはいけないと、心にブレーキをかけるようにした。好きになったところで、付き合うとか結婚とかは考えられない。あまりにも先が見えない恋だからだった。それに仕事も三年は続けたかった。三年勤めると介護福祉士の資格試験を受けられるようになる。この道のエキスパートになり、仕事で生きていこうと決意したばかりなのだ。

男はいらない。今は必要ない。これまでに何人かの男性と付き合い、プロポーズされたこともあったが、このまま結婚していいのかという疑問を振り払うことができずに断ってきた。いつかは結婚するだろう。しかし、それは障害者ではない。目を閉じて、結婚式の様子を頭に思い浮かべる。自分の隣にいるのは、どう考えても健常者だ。好きになっちゃいけない。好きになったら駄目なんだ。

そう思えば思うほど、磯は大賀に心奪われている自分と向き合うことになった。

「きみぃは、なぜぇ、このしょくをぉ、えらぁんでぇ、てんしょくぅ、してぇきたのかねぇ？」

煙草を吸いながら、有賀がチクチクと聞いてくる。他の職員は有賀に何を聞かれても気にしなかったようだが、そんな問いに対して磯は、馬鹿正直に考えて答えていった。それが有賀にも嬉しかったのだろう。磯にどんどん自分が考えていることを話した。

「ここのぉしょくいんにはぁ、こころぉがない。しょくぅいんを、やぁめることは、でぇきても、おれぇたちは、しょうがいしゃを、やぁめることは、でぇきないんだよ。しぬまでぇ、しょうがいしゃなぁんだよぉ。このぉ、いみぃがぁ、わぁかるかぁね」

障害者の世界で戸惑う磯に、有賀の言葉は考えるきっかけを与えてくれた。

磯も有賀に仕事のことをよく相談した。介助中に千野が不安な表情を見せることが気になると話したら、「かぁのじょは、なぁにをするにぃしてぇも、ひぃとぉのてを、かぁりなぁくてぇは、なぁらないんだよぉ。そのぉくつうぅやぁ、はぁがゆさぁがぁ、なぁんでぇもぉ、じぶんでぇできるぅ、きみぃにぃわぁかぁるかぁ？　かぁのじょの、きもぉちを、かぁんがぁえてみながぁら、えんじょしてぇみたぁまえ」と答えてくれた。

有賀の助言もあり、磯は千野ともっと親しくなろうとする。暗黙の規則に違反することになるが、外の喫茶店でお茶を飲もうと誘った。千野は喜んで首を縦に振った。話題となったのは、女性同士の会話としてはありがちな、好きな人についてだ。前にいた施設に彼を残してきてしまったことを、千野はゆっくりとした口調で話した。

「いーちぃーどぉー、いーそぉーさぁーんーとぉー、じっーくぅーりぃーとぉー、はぁーなぁーしぃーてぇー、みぃーたぁーかっーたぁーのぉー。かぁーれぇーのぉー、こぉーとぉーもぉーきぃーいーてぇーほぉーしぃーかっーたぁーし……とぉーこぉーろぉーでぇー、いーそぉーさぁーんーはぁー、どぉーなぁーのぉー、すぅーきぃーなぁー、ひぃーとぉーはぁーいーなぁーいーのぉー？」

「わ、私？」

千野の話を聞いたのだから、自分も話さなければいけないのだろうか。でも、考えようによっては、大賀のことを同じ障害者の千野はどう思うのか聞いてみるチャンスかもしれない。

「……実は最近ね、気になっている人が自立ホームにいるの……誰だと思う？」

磯が聞くと、千野は男性職員の中から、何人かの名前を挙げた。

違うと言うと、「しょーくぅーいーんーじゃー、なぁーいーのぉー？」と少し驚いた顔をした。それから有賀を含め、何人かの入居者の名前を挙げたが、磯は首を振り続けた。

「……もぉーしぃーかぁーしぃーてぇー、おーおーがぁーさぁーん？」

千野はしばらく考え込んでから恐る恐る聞いた。

「……そう……なの……」

磯が恥ずかしそうに言うと、千野の目がまさしく点になっていた。人間の目が本当に点になるところを、磯は生まれて初めて見たという。

大賀への思いをどうしたらいいのか。磯は自分でもわからなくなっていた。そこで、今の気持ちを正直に手紙に書いて、大賀に渡した。それから数日後のことである。

「こぉんどのぉ！　にちぃようびぃ、ひまぁかぁ!!」

「えっ、今度の日曜日に何があるの？」

「おれぇの！　しんゆうのぉ、おんなぁにぃ、あわぁせるからぁ、つぅいてぇこい!!」

「……べつにいいけど」

次の日曜日、埼玉県川本町にある作業所まで一緒に行くことになった。暗黙の規則違反であることは言うまでもない。一応、行く前に千野に相談してみた。いつもの笑みは消え、険しい表情で「やぁーめぇーとぉーけ。ふぅーかぁーいーりぃーすぅーるぅーなー」と言われた。笑顔を見慣れているだけに、千野の真剣な顔は怖いぐらいだ。

「……うん……やっぱりやめた方がいいのかな……」

「…………」

「…………」

「……やっぱり、行ってくる」

悩みながらも磯は決めた。

「じゃー、かっーてぇーにぃー、すぅーれぇーばぁー。わぁーたぁーしぃーはぁー、どぉーなっーてぇーもぉー、しぃーらぁーなぁーいーよぉ」

千野は呆れた顔をしていた。

朝八時、西八王子の駅で待ち合わせた。大賀が手動車椅子で一人でやってくるのが見えた。手動でも大賀は足で車椅子を動かす。足でチョンチョンと地面を蹴りながら前に進み、磯のそばまでくると「じゃぁ、いこうかぁ！」と言った。

二人は東京駅まで出ると、上越新幹線に乗った。磯は、複雑な心境だった。親友といっても、女性らしい。やっぱり昔の彼女なのだろうか。だいたい、なんで急に会わせるなんて思ったのだろうか。あんな手紙を送ったせいだろうか。さまざまな不安が、磯の心の中を駆けた。

熊谷駅からはタクシーに乗った。車椅子は折りたたんで、タクシーのトランクに積んでもらった。少し行くと、のんびりとした田園風景が広がってきた。秩父の山が綺麗で、気持ちよかった。二人で旅行しているような気分になり、磯は何だか楽しくなってきた。

十五分ぐらいすると、施設に着いた。お目当ての親友という女性は、玄関を入ったところの廊下で車椅子の掃除をしていた。

「おぉー！　げぇんきぃかぁ!!」

「ふぅるぅ！　ふぅるぅ！　ふぅるぅふぅるぅ!!」

なんだかもの凄い早口で、磯には彼女が何を喋っているのかまったくわからなかった。

「すこしぃは、ゆっくりぃ、しゃべれぇ!!」

大賀は楽しそうに笑った。

その後、二人の楽しそうなやりとりを見ていて、磯は何か間に入っていけないものを感じた。やはり、障害者同士の方がわかりあえるのだろうか。自立ホームで見ているのと違う大賀の姿は、磯を少し寂しくさせた。

彼女が昼食に行くというので、その間に彼女との関係を大賀に問い質した。すると養護学校高等部時代に付き合っていたことを白状した。昔の彼女を私に紹介して、どうするつもりなのだろう。大賀が何を考えているのか、磯にはまるでわからなかった。

東京に帰ってきたのは、三時頃だった。すると大賀は「おれのぉ！　ぼこぉうを、みせぇてぇやる！」と言い出した。ここまできたらどこにでも付き合おうと、磯は足立区の城北養護学校まで黙ってついていくことにした。

養護学校のある駅に着くと、突然、大賀が、「うんこぉ！　しぃたぁい！」と叫んだ。仕方がないので、側にあった区民センターに入った。磯は、初めて男性のトイレ介助をすることになった。ズボンを下ろすと「みぃるぅなぁよ！」と大賀は言った。「見ないわよ」と磯は言い返したが、お尻は見えてしまった。筋肉質でプリンとしまったお尻だった。しばらくそとで待つと「おわぁった！」と大賀の声が聞こえた。磯はお尻を拭き、トイレを流した。トイレからでると大賀は「いそげぇ！　はしれぇ!!」と言った。何でも今日は学校で、お祭りをやっているらしい。お祭りは五時に終わるというので、磯は車椅子を全力で押して走った。しかし、息を切らして学校に着くと、校舎や校庭の所々が工事中で、辺りは静まり返っていた。どうやら工事のため、お祭りは変更になったようである。仕方なく、二人は黙って校庭を歩き、校舎を眺めた。夕陽が校舎の窓に反射している。綺麗だけど、心が寂しくなる風景だった。磯は心の中で、大賀に問いかけた。

どうして、こんなところを見せるの？

私とは住む世界が違うって言いたいの？

これは私の手紙に対する付き合えないっていう返事なの？

でも、口に出しては怖くて聞けなかった。磯はいつまでも夕陽を見つめているしかなかった。

それからも気持ちが揺れながら、磯は大賀のことを思い続けた。仕事が終わると、周囲の目を盗んで大賀の部屋に入り、話をしてから家に帰った。磯にとって、大賀の部屋は自分の家のような感じがした。なぜだかわからないが、不思議と落ち着ける空間だった。

大賀が自分の気持ちに応えてくれているような気もしていた。昔の彼女に会わせたのも、母校を見に行ったのも、きっと自分のことを知ってもらいたかったのだろう。しばらく時間が経つと、そう思えるようになった。この頃が、磯にとって一番楽しい日々だった。

九四年二月十七日の夜のことである。あらたまって話があると、大賀が磯を部屋に呼んだ。

「こんな関係は終わりにしよう」

そう言われるものだと、磯は思っていた。それならそれで仕方がない。そう覚悟を決めた。

ところが大賀の口から出た言葉は、まるで反対のものだった。

「おれぇのこぉとぉ！　ほぉんき、なぁのかぁ!?」

「……う、うん……」

「おまぁえがぁ！　ほぉんきなぁらぁ、おれぇは、ここをでぇるぅ!!」

大賀は、左足を伸ばした。そして、磯の手をしっかりと足で握った。

「そぉしてぇ！　いっしょにぃ、くぅらぁそぉう!!」

大賀は足できつく磯の手を握り、激しく上下に振っている。磯の頭の中は、真っ白になった。

家への帰り道、放心状態の磯は、夜空を見上げた。すると、空に父親、母親、弟、友人たちの顔が浮かんできた。あまりにも意外な展開だった。磯は大賀のプロポーズに「そんなこと急に決められないから、とりあえずは正式にお付き合いするということで……」とお茶を濁して返事をした。自分の気持ちが相手に届いたのだ。嬉しくないわけではない。しかし、一緒に暮らすなんてできない。磯の母親は、マイケル・ジャクソンの歌を聞いているだけで、「黒人なんかと付き合って家に連れてきたら、親子の縁切るからね」とまで言う人だった。猛反対されるのは目に見えている。頭の中に描いていた理想の結婚式が、ガラガラと音を立てて崩れていき、先ほどの会話がリフレインした。

「ちょっと待ってよ。急にそんなこと言われても困るよ。すぐに一緒に住むなんてできないよ。それに自信がない。やっていけるか自信がないもの」

「おれぇを！　しんじぃろぉ!!」

「……信じられないよ」

「じゃあ！　じぶぅんのことを、しんじぃろぉ!!」

「自分なんて、もっと信じられないよ……」

自分のこれからの人生のイメージが、まるで湧かなくなってしまった。考えれば考えるほど怖くなった。踏み込んではいけないところに踏み込んでしまったような気がした。逃げてしまいたいと心の底から思った。遂には悩みすぎて胃炎になり、磯は二日間寝込んでしまった。

ファミリーレストランで、磯は千野と話をしていた。暗黙の規則に違反しているが、他の入居者や職員に聞かれてはならない話なので仕方がない。

「絶対に私は耐えられない。私は差別なんか受けたことがないでしょ。大賀さんは慣れているかもしれないけど、私も一緒になって差別を受けたら、きっと耐えられないわ。それに友だちに、大賀さんのことをちゃんと紹介できる自信だってないのよ。無理よ、絶対に無理よ」

磯は興奮した口調で一気に喋った。

「だぁーかぁーらぁー、いっーたぁーんーだ。ちゅーうーとぉーはぁーんーぱぁーに、しょーうーがぁーいーしゃーと、つぅーきぃーあーうーなぁーって」

千野の顔は険しい。

「だって……どうしよう……」

磯は泣き出した。

「なぁーくぅーなぁー。わぁーたぁーしぃーがぁー、なぁーんーかぁーしぃーてぇーいーるぅーかぁーとぉー、おーもぉーわぁーれぇーるぅーだぁーろぉー。なぁーくぅーなぁー」

磯は涙をハンカチで拭き、鼻をかんだ。

「はぁーなぁーれぇーるぅーかぁー、くぅーつぅーくぅーかぁー、どっーちぃーかぁーにー、すぅーるぅーしぃーかぁーなぁーい。さぁーいーごぉーはぁー、じぃーぶぅーんーでぇー、きぃーめぇーろ」

「……うん」

親にも友だちにも相談できない悩みだった。だから、千野に話を聞いてもらって気分は少しすっきりした。いくら悩んだところで、磯が大賀を好きなことは変わらない。とりあえず、今できることから始めてみることにした。

まず、所長に大賀とのことを打ち明けた。自立ホームを辞めろと言われたら、そうするつもりだった。ところが所長は、公私を分けていれば付き合っていいと、あっさりしたものだった。暗黙の規則から大きく逸脱してしまっているのに、意外な言葉だった。もっとも、職員が足りないので辞められては困るというのが本音だろうと思った。そして、家を出て一人暮らしを始めてみることにした。炊事に洗濯と、今の生活は母親に見てもらっているのと同じだ。自らの身の周りのことすら一人で出来ないのなら、人の面倒だって見られない。一人暮らしをしてみれば、大賀と暮らすことにも自信がつくかもしれない。両親はもちろん反対したが、自立ホームの入居者たちは一人で生活しているのだから、職員が家族に甘えて生活していたら対等な関係にはなれない、と言って説得した。

借りたのは、自立ホームまで自転車で通えるワンルームマンションである。仕事が終わると、大賀と一緒にスーパーで買い物をして部屋へ帰った。何か新婚の夫婦みたいで、幸せだった。大賀は磯の部屋で酒を飲み、深夜になると一人で自立ホームに帰った。土日はそのまま泊まっていったので、ほとんど通い夫のようでもあった。他の自立ホームの入居者にしてみれば、二人の関係は目障りだっただろう。嫉妬の目で見られるのは辛かったが、黙って耐えるしかなかった。唯一心強かったのは、有賀の「はぁやくぅ、おまぁえたちぃ、いっしょにぃなぁれ！」という言葉だった。

「何言ってんのよ！　この子は‼」

電話の向こうで磯の母親が怒鳴っている。大賀という障害者と付き合っていることを話したのだ。怒るだろうとは思っていたが、想像以上の興奮ぶりだった。

「どうしたんだ、瑞穂！」

父親が電話を代わった。

「お母さんがお前と縁を切るって騒いでるぞ。一体何を言ったんだ！」

「えっ……今、付き合っている人がいて、その人は障害者なんですって言ったんだけど……」

「お前は人の気持ちもわからんのか！　突然そんなこと……電話でする話じゃないだろ。ちゃんと家にきてお父さんにもわかるように説明してみろ。たった一人の娘なんだから、縁を切ると言ってスパッと切れるもんじゃない。お前の言い分も聞いて、その上で考えようじゃないか……」

そう言って父親は電話をきった。

週末、磯は実家に行くことになる。今では磯も笑い話のように振り返ることができるが、そのときの居間には言いようのない緊張が走っていた。

「だいたいその大賀という男は、一体何ができるんだ⁉　聞けばただの飲んだくれのようじゃないか」

父親が厳しく言う。

「えっ、曲とか作るし……」

「曲なら小学生でも作る‼」

「………」

「せめて大江光ぐらいの曲を作るのなら……」

憮然とした顔で、父親は溜息をついた。

どうして障害者だと特別な才能を持っていないといけないのか。何かを持っていないと好きになってはいけないのか。磯には父親の考え方が理解できなかった。

「……どんな学校でも、どんな会社でも、デブでもチビでもいいわ！　付き合うならお願いだから健常者にしてちょうだい‼」

母親は電話のときと同じように興奮している。

「障害者でも人間的に魅力のある人はいます」

磯はきっぱりと反論した。

「瑞穂、今、あんたは狂ってるのよ！　わかったわ、お母さんが大賀っていう男を刺し殺して、あんたを正気に戻してあげる‼」

ついに母親は半狂乱となった。

話し合いは朝方まで続いたが、何も実りがないまま平行線に終わった。磯は、その日は実家に泊まった。翌朝、起きると母親がいない。咄嗟に昨日の話を思い出し、大賀に電話をした。

「もしもし！　もしもし！　大賀さん⁉」

「……どぉうしぃたぁ⁉」

「……よかった、無事だったのね」

「んぁ？」

「今からお母さんが、包丁持ってそっちに行くかもしれないから！　鍵閉めて部屋から出ないようにして‼」

「……わぁかぁった！　はぁやぁくぅ、かぁえってぇ、こぉい‼」

そんな話をしていたら、母親が買い物袋をぶら下げて帰ってきた。磯は慌てて受話器を置いた。

恋人として付き合い始めた二人だが、途端に喧嘩が多くなった。

自立ホームの入居者としての基本的な規則を、大賀は守っていなかった。ミーティングにはあまり顔を出さない、作業にも出ないで部屋で寝ている、食事の時間にはしょっちゅう遅刻するという無軌道ぶりである。今まではそれでも良かったのだが、磯と付き合っていることが公認されると、いろいろと陰口を叩かれるようになった。

「職員と付き合っているのに大賀の生活は乱れている」

「磯さんがもっとしっかり面倒を見るべきだ」

職員や入居者にそんなふうに言われて、磯は立場がなかった。

「私と付き合っているんだから、ミーティングとかにもちゃんと出てよ！」と言ってみても、

「おれぇはなぁ！　おんなぁじゃ、かぁわぁらぁん!!」と聞き入れてもらえない。

酒ばかり飲んでいるのも、心配の種だった。一緒に暮らそうと思っているのなら、これからのことも考えて、少しは体を大事にして欲しい。しかし、大賀は磯の気持ちを無視するように、マイペースで自堕落な生活を送り続けた。その態度に磯は苛立ち、何度となく別れ話を切り出すことになった。

「私たち、別れた方がいいんじゃないのかな。大賀さん、何も変わらないんだもん。このままじゃ、お互いのためによくないし……」

「いいよぉ、わぁかれぇてぇも」

「………」

「………」

「……それでいいの？　それで大賀さんは、ずっと自立ホームにいて。酒を飲んで死んでいくんだ……」

「……そぉうだぁろうねぇ……」

「……やだ……そんなのやだ……」

喧嘩は、いつも磯が泣いて終わったのだった。

磯に別れる踏ん切りがつかないでいるうちに、大賀はアルコール性肝障害で入院することになってしまった。磯は仕事の合間をぬって、毎日朝昼晩と見舞いに行った。食事やトイレ介助、洗濯、着替えと、磯は献身的に尽くした。結局、大賀は三週間入院したが、退院してきても、すぐに酒を飲み始めた。

それを見て、磯はもう駄目だと感じた。

――この人は変わらない。私の気持ちを考えてくれないし、私のことも必要としてないんだ。きっと、早く死んでしまいたいのだろう。

何となくそんなふうに思えたのだという。

このまま付き合っていたら、自分も駄目になる。精神的に疲れ切った磯は、思い切って所長に辞表を提出した。

仕事を辞めると言ったら、母親は大喜びだった。父親も、マンションを引き払って家に帰ってこいと言った。家に帰るつもりはなかったが、仕事を辞めると同時に、大賀とは別れるつもりでいた。

十一月二十四日。自立ホームを今年いっぱいで辞めることを、入居者たちに告げた。突然のことで、有賀は「おまぇが、やぁめたぁらぁ、おれぇは、どぉすればぁ、いいんだぁ!!」と驚き、千野は声を出さずに泣いていた。大賀は「なぁんでぇ、おれぇにぃ、ひぃとこともぉ、そぉうだぁん、しぃなぁいんだぁ!!」と怒っていたが、返事をしなかった。もう大賀と話をする気はなかった。

ガン、ガン、ガン、ガン。

夜七時、部屋でテレビを見てくつろいでいた磯は、突然のもの凄い音に驚いた。誰かがドアを思いっきり叩いているのだ。こんな時間に来る人といったら、もちろん一人しかいない。ガン、ガン、ガン、ガン。

このままドアを叩かせていたら、近所迷惑である。磯は慌ててドアを開けた。ドアの前にいたのは、やはり大賀だった。廊下に座り込み、足でノックしていたのである。

「ど、どうしたのよ、だいたいどうやってここまできたの……」

磯の部屋は一階だが、マンションの入口に段差があって電動車椅子では入ってこられない。今までは磯が前輪を持ち上げて、段差を越していたのである。

ふと大賀の足を見ると、ズボンが泥だらけだった。途中まで電動車椅子できて、後は膝立ちで歩いてきたようだ。マンションの入口から磯の部屋までは、数十メートルはある。磯が呆然としていると、大賀は「ずぅぼん!　ぬがせろぉ!」と言った。磯は言われるままにズボンを脱がせると、下からもう一枚ズボンが出てきた。大賀はズボンを二枚重ねてはいていたのだ。汚れることがわかっていたので、気を遣ったのだろう。

「びぃーる!!」

部屋に上がるなり、大賀は偉そうな態度で磯にビールを要求した。

仕方がないなと、磯は溜息をついた。しかし、それは決して嫌な溜息ではなかった。大賀は、いつもへらへらして、気持ちを表すような行動は絶対にしない人だった。だから、こんなことされたら嬉しいに決まっている。

嫌いで別れようと思ったわけではない。大賀の具合が悪くなっていくのを、見ているのが辛かったのだ。自分のことが必要じゃないと思えて、寂しかったのだ。だから、逃げ出そうとした。でも、大賀は、今ここにいる。離れかけた心を摑まえに来てくれた。それだけで満足だった。できることなら、このまま摑んで離さないで欲しいと、磯は思った。

そして、二人は障害者用の都営住宅の抽選に申し込んだ。都営は籍が一緒でないと入れない。それは抽選に当たったら結婚しようという意味でもあった。

九五年二月二十六日、有賀が亡くなった。それまで大量に飲んでいた緊張緩和剤、精神安定剤、睡眠剤などの量を減らすために入院していたのだが、病院でひいた風邪をこじらせ呆《あっ》気《け》なく死んでしまった。肺が血と膿でいっぱいになり、ウィルスが脳にまでまわっていたという。磯は、自立ホームを辞める最後の日に、有賀と交わした言葉を思い出した。

「おれぇ、くぅすり、へぇらぁそうとぉ、おもっているんだぁ。もぉいちどぉ、だぁいがぁくにいってぇ、こぉんどぉは、ほぉうりつを、べっんきょう、したぁいとぉ、おもってぇいるぅ。そぉれでぇ、しょうがいしゃのぉ、やぁくぅに、たぁちぃたぁいんだ。じりぃつほーむもでぇて、ひぃとぉりぐぅらぁしを、しようとぉも、おもぉう。そのとぉきは、ためぇしつくぅりぃに、こぉいよぉ！」

そういって有賀は笑った。

「なんで、私があんたのご飯作りにいかなきゃならないのよ。大賀さんのことで精一杯なんだから。でも、気が向いたら行ってあげてもいいよ」

磯も微笑み返した。

有賀の夢が実現するのか、途中で挫折してしまうのか。それは、わからなかった。しかし、皮肉屋で理屈っぽく破滅型だと思っていた有賀が、最後に前向きなところを見せてくれたのが嬉しかった。職員と入居者という関係ではなくなっても、ずっと友だちでいたかった。そう思うと涙が止まらなくなった。

葬儀の日。大賀が「あぁいつ、にまぁんえん、もってぇ、いきぃやぁがぁって……」と呟いた。有賀は酒や煙草やパチンコですぐに金を使ってしまい、いつも大賀から借りては、利子としてワインを持ってきたり手持ちのCDを置いていったりしていた。

「……にまぁんえん、じぃごぉくに、もってぇ、いきぃやぁがぁったなぁ……おれぇも、どぉうせぇ、じぃごぉくいきだぁ……ぜったぁい、とぉりたぁてぇてぇやぁるかぁらな……」

大賀の目から涙がぼろぼろとこぼれた。

「絶対、大賀さんと幸せになるからね。絶対に幸せになるから!」

磯は霊前に手を合わせ、心の中で有賀に誓った。

もっと、有賀に何かしてあげられたのではないか。そんな後悔だけはいつまでも消えなかった。そして、このまま自立ホームにいたら、大賀も同じことになるかもしれない。そんな不安が磯を襲った。こんな悲しみは二度と味わいたくない。そう思うと我慢できなくなった。

有賀の葬儀の翌日、磯は大賀と一緒に暮らせるアパートを探しに行った。都営に当選し、入居が一年後に決まっていたのだが、もう待てなかった。

三月十二日は、朝から雨が降っていた。磯は、新宿の京王プラザホテルのロビーにいる父親と母親を見つけた。

「久しぶりです」と言うと「あちらさんはきているのか」と父親が聞いた。一緒に暮らすことになり、互いの身内が集まって親族会議が開かれることになった。大賀は、磯の父親が「会いたくも、話したくもない。もっとも話にもならんだろうが……」と言ったために欠席となった。三人の間の空気がピーンと張り詰めている。そこに大賀の兄と義姉が現れた。大賀は両親を早くに亡くしているので、身内は兄だけである。

「このたびはどうも……」

大賀の兄が、まず頭を下げた。

小学生ぐらいの子を連れた義姉は、ムッとした表情で「……下の子は預けてきたのよ」と迷惑そうな顔をしている。とりあえず、ロビーの喫茶店に入った。

ここにいる人はみんな敵だ。でも、絶対に負けられない。戦争にでも行くような気持ちで、磯は席に着いた。

「このたびは足下の悪い中、ご足労いただき……」

磯の父親が型どおりの挨拶をしようとすると、「宏二が、うちの弟が、申し訳ありません!」と大賀の兄が口を挟んだ。それを無視するように磯の父親は話を続ける。

「……今日、集まってもらったのはほかでもない。うちの娘とお宅の弟さんのことです。まず、大賀さんのお兄さんに聞いていただきたいことがあります」

「……はい」

大賀の兄は、コーヒーにも手をつけずに恐縮している。

「二人が一緒に住むことについては、絶対に賛成できません。そこで勘当することにしました。だから金銭的にも精神的にも二人に援助はしません。しかし、冷たいとは思わないで欲しい。援助しないのは娘がかわいいからです。娘がこんなことになるなんて、親として絶対に認めたくない。援助をしたら二人のことを認めたことになってしまう。そこのところをご理解ください」

「……はい。わかりました」

消え入るような声で、大賀の兄は答えた。

「……瑞穂さん、気持ちは変わらないのね」

思い立ったように、大賀の義姉が口を開いた。

「変わらないって……でも男と女のことだから、将来は何があるかはわかりませんけど……」

「それじゃ、困るのよ！」

皮肉たっぷりの口調で、声を荒らげた。

「でも、それは気持ちの問題だから……男と女に絶対はないし……」

「もしあなたと宏二君が別れたらどうなるのよ。宏二君はどうなるのよ。また、施設に入るとなると順番待ちになるでしょ。ウチは団地の五階だし、子供は二人いるし……」

「いえ、ご迷惑はかけませんから……」

強い口調で磯は言った。

「もうすでにこうやって集まっていること自体が迷惑なのよ！」

とうとう義姉は怒鳴り出した。

最後は磯が「これからは、誰にも迷惑かけませんから！」と言い放って親族会議はお開きとなった。大賀の義姉は「宏二君の彼女が、こんなにしっかりした人だなんて、びっくりしたわ」とまた皮肉っぽく言うと、そそくさと席を立った。

ホテルを出ると、雨はまだ強く降り続いていて、数メートル先の風景も滲《にじ》んで見えなかった。磯は気合を入れて傘をさすと、足早に歩き出した。

――祝福してくれる人なんか一人もいない。私には大賀さんしかいないし、大賀さんには私しかいない。これからは二人で頑張って行くしかないのだ。誰の世話にもなるもんか。二人で乗り切ってやる。障害者が健常者と同じだなんて簡単に思えない。本当に同じだったら、大賀さんとの付き合いに苦労はなかっただろう。健常者として生まれてきた私と、障害者として生まれた彼とでは、育ち方も違えば生き方も違った。私に麻痺はないし、車椅子の生活も知らない。養護学校に通ったこともなければ、施設に入ったこともない。仕事をしないで年金や手当が入ってきて、それで生活していくことの虚《むな》しさもわからない。でも、そんな大賀さんのことが好きで、一緒にいたいという気持ちだけはハッキリしている。この気持ちさえあれば十分ではないか。一体、他に何が必要だというのだろう……。

磯の心の中を、さまざまな思いが駆けめぐった。パシャパシャと水たまりが撥《は》ねる。足元を見ると、泥水でスカートの裾が汚れていた。しかし、これから二人の生活が始まると思うと、磯は憂鬱な気持ちになどならなかった。

もっとも、さらなる困難が待ち受けていることを、このときの磯は知る由もなかったのである。

第十二章　洋子ちゃん

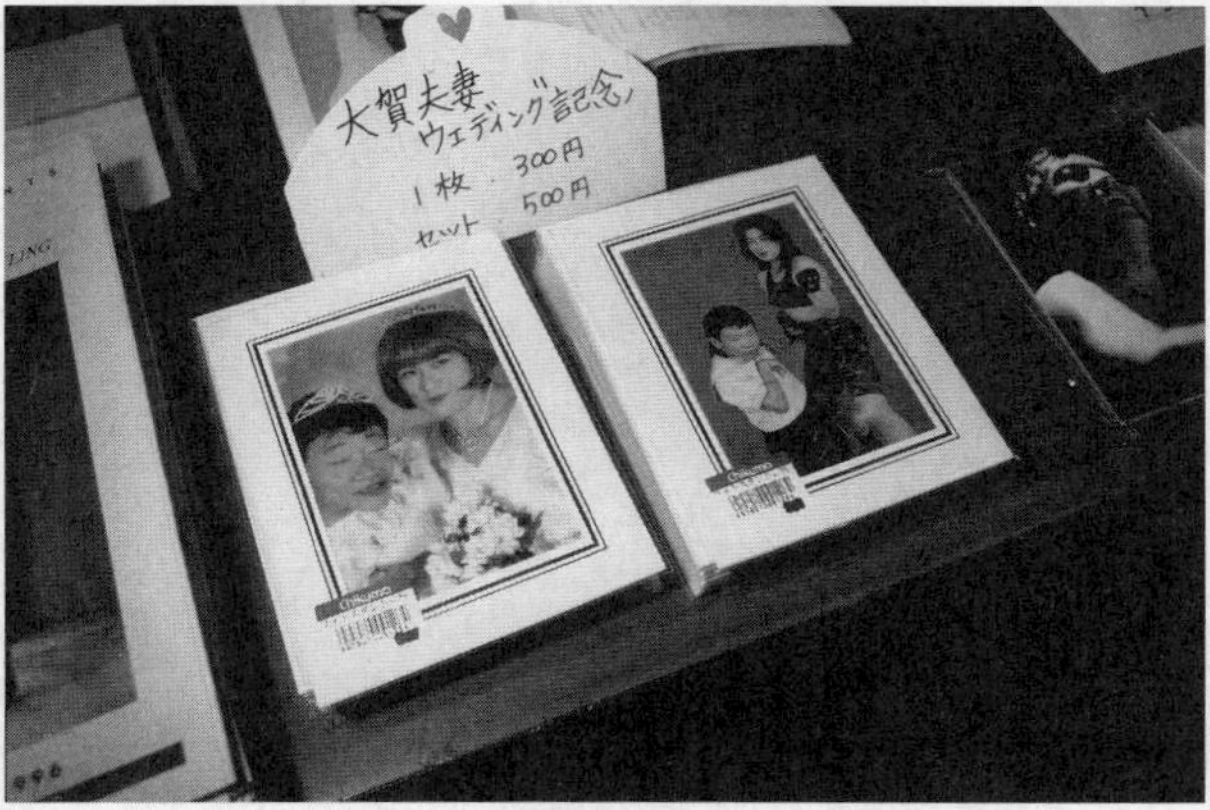

大賀がもらっている年金などに、磯に支給される介助費を合わせれば、なんとか二人が暮らせるだけの生活費にはなった。新居は木造の平屋で、家賃は月五万三千円。台風が来たら飛ばされてしまいそうな建物だが、さまざまなしがらみを逃れてたどり着いた記念すべきスタート地点である。大賀は一九九五年の四月いっぱいで自立ホームを退居し、五月一日に引っ越してくることになった。ところが、退居を目前にして、またしても病院に入院してしまう。医者が言うには、すい臓、肝臓、胆のうに炎症がみられるとのこと。肝細胞の異常を表すガンマGTPの数値は四〇〇あった。健康な人は、だいたい四〇程度の数値である。病院のベッドで大賀は、胃痛と吐き気とアルコールの禁断症状に苦しむことになった。

磯は大賀の付き添いをする一方で、新居で荷物の整理を進めていた。退院と同時に、大賀がやってこられるようにするためである。段ボール箱を次々に開け、中の荷物を出していると、ふと磯の手が止まった。大賀の荷物の中に、変な段ボール箱が一個あったのだ。厳重にガムテープで封がされ、箱の周りには赤マジックで字が書かれている。

「本人の許可なく開けないように」

段ボール箱に書かれた文字は、大賀の文字ではない。自立ホームの職員に頼んで書いてもらったようだ。

誰でも隠しておきたいものはある。自立ホーム時代には、女子高生のパンチラ雑誌などが部屋の中に散らかっていたのを覚えている。だから、箱の中身はいやらしいものというより、きっと日記とか手紙などの類であろうと、磯は思った。とりあえず、大賀が退院するまで、その段ボール箱は開けないでそのままにしておいた。

五月十日。大賀が退院し、新居にやってきた。ここまでの道のりが平坦ではなかった分、これからは楽しい日々が訪れるであろうと思えた。

「……ねぇ、あの段ボール箱どうするの？　片づかないから、開けるなら開けてよ」

磯は大賀に言った。言葉とは裏腹に、磯の心の中は箱の中身についての好奇心に満ちていた。大賀のことをもっと知りたいと思っていたので、文集などが出てきたら、ぜひ読ませて欲しかったのだ。

「……あけてもぉ、いいよぉ」

磯の問いに、少し躊躇《ちゅうちょ》したような感じもしたが、大賀は了承した。

大賀が足で思い切りガムテープを剝がした。紙の裂けるような音がする。ワクワクしながら磯は段ボール箱を開くと、中を覗いた。

まず目に入ったのは、まるめてくしゃくしゃになった紺色の洋服のようである。とりあえず手にとって、広げてみた。

「……!?」

次の瞬間、磯は絶句した。

それはセーラー服だった。慌てて、さらに箱の中に手を入れると、今度は小さな女の子が着るようなフリルが付いた洋服が出てきたのである。磯の頭の中は、激しく混乱した。

「……なに?……これ」

「……すぅてぇて、いいよ……」

「……いや、捨てていいとか、悪いとかじゃなくて……えっ、なんなのこれ?」

「よぉふくぅだよ」

「そんなの見ればわかるわよ……こんなのどうやって集めたの?」

「……ぶぅるせらぁしょっぷぅ、とぉかぁ、でぇぱーとぉ、とぉかぁ、すぅーぱぁーでぇ、かぁったぁ」

大賀は、ばつが悪そうに笑っている。しかし、女の子の洋服を、一体何に使うのか。匂いでも嗅ぐのだろうか。それとも誰かに着せるのだろうか。なんとか目の前にある物の意味を理解しようと、磯は洋服を手にとって考えた。よく見ると、洋服のあちこちにゴワゴワと硬く乾いた白っぽい染みが付いている。

「……これ、何に使うの?」

「……じぃぶんでぇ、きぃるんだぁよぉ……」

「自分で着るの!?」

なぜ、どうして女の子の洋服を着なければならないのか。……わからない。まったくわからなかった。それでも磯は、大賀が女の子の洋服を着なければならない理由を、必死になって考えた。

もしかしたら、今まで女の子と付き合っても、障害者であるということで、なかなか性的な関係に発展しなかったのではないか。それは大賀に限らず、男性障害者にとって共通の悩みのはずである。きっと障害者はそれぞれに、人の手を借りないで性的処理をする方法を編み出しているのだ。

大賀の場合は、自分で女の子役を演じて、性的処理をしていたのだろう。それなら今の大賀は、独身ではないのだから、女の子の服は必要ないはずである。いい知れない不安が湧き上がるのを、無理矢理に押さえ込むようにして、磯は必死に自分に言い聞かせた。そして、なんとか平静を保とうとした。

「……でも、よく集めたね……せっかくこんなに集めたんだから、捨てるのもったいないよ。とりあえず、洗っておこうか？」

そう言うと、ぎこちない笑顔を作った。

「……じゃあ、くぅりぃーにんぐぅに、だぁせぇば！」

「……いくらなんでも、こんなに汚れてたらクリーニングには出せないわよ。だいたい誰が出しに行くの？　私やだよ、恥ずかしい。家で洗うから、いいわよ……」

洗濯機で洗っても硬く乾いた染みはとれなかった。仕方なく磯は、靴ブラシでゴシゴシとこすり洗いをした。さすがに外に干すのは近所の目が気になるので、洗い終わったら家の中で乾かした。狭い家の中が、制服や可愛《かわい》い洋服でいっぱいになった。なんか家の中がブルセラショップになったようである。それを眺めているうちに、磯の中に悪戯《いたずら》心が芽生えてきた。今にして思えば、これが失敗だった。大賀は捨てろと言ったのだから、おとなしく捨てておけば良かったのだ。

「……せっかく洗ったんだから、着てみれば？」

磯は悪戯っぽく笑って言った。いつも男らしい大賀が、女の子の格好をするのを見てみたいという好奇心があったのだ。

「……いぃいぃよぉ」

大賀は照れながら言った。

「なに言ってんのよ。ねぇ、どれがいいの」と磯が迫ると「……じゃあ、こぉれ……」と大賀は足でワンピースを指さした。そして、磯は大賀にワンピースを着せ始めた。ワンピースのサイズはすこしきつかった。

「こんなの、どうやって着てたの？」

「まぁえは！　ねっこぉろぉがってぇ、じぶんでぇ、きぃれたぁんだぁよなぁ！　きっついなぁ！　ふとったぁのかなぁ‼」

「それじゃ、自立ホームにいた頃は、一人で着たり脱いだりしていたんだ……」

「そぉだよ！」

「じゃ、なんで私が気がつかなかったんだろう？　最近はしてた？」

「おまぁえが！　じぃりつほぉーむに、ちょうどぉ、きたころぉ、ゆかぁしただぁんぼうの、こぉうじが、あっただろぉ!!」

「床下暖房の工事ね。あった、あった」

「そのとぉきに！　にぃもつの、せぇいりを、しなければぁならなくてぇ!!　だぁんぼーるばぁこに、しまってぇ、ふうを、してぇいらい、あけてなぁい!!」

「……そうなんだ」

磯は最後のボタンをはめると、「はい、できた！」と満足げに大賀を眺めた。

「…………」

大賀は普段は見せたことのないような、うっとりした表情になっている。

どうして、洋服を着たぐらいで興奮するんだろう。磯は不思議で仕方がなかった。このとき、大賀が心の奥に封印していた女装癖という名のパンドラの箱が、実は音もなく開いたのである。

女物の洋服を発見してから、しばらくの間は何事もなく過ぎた。ある日、外で一緒に酒を飲んで帰ると、大賀に「わぁんぴーすを、きせぇて!!」とねだられた。仕方なく着せてあげると、またも顔がうっとりとしだした。目が細くなり、口許はだらしなく緩んでいる。磯は大賀のことを、クールで男らしい人と思っていただけに、この変貌ぶりが気持ち悪かった。

「……ねぇ、女の子の服を着ると、何が面白いの？」

「きぃると！　おぉんなのこの、きぃぶんになるのぉ！」

気がつくと、大賀は口調まで女の子になっている。

「……ふーん。可愛い女の子ね。名前はなんていうの？」

「よぉうこぉ！　とぉしは、じゅうにさぁいよぉ!!　うふっ!!」

「……洋子ちゃんっていうんだ……可愛いね、洋子ちゃん」

磯も大賀に付き合って男の真似をしてみた。

「うふっ！　よぉうこぉ、はぁずかしい!!」

すると洋子ちゃんは、可愛く恥じらってみせた。

調子に乗った磯は男っぽい声を作って「洋子……」といって大賀を抱きしめた。洋子ちゃんも「みぃずほぉさぁーん！」と嬉しそうな声を挙げた。

「うふふ、みずほさぁん、おおがさぁんのふく、ばっかりじゃなぁくてぇ、よぉうこのふくも、ほしいわぁ！　たぁくさぁん、おしゃれしてぇ、そぉとをあるきたぁいわぁ！　いちどぉでいいのぉ！　いちどぉでいいからぁ、かぁわいいかっこしてぇ、そぉとをあるきたぁいのぉ!!」

何度もせがまれて、磯は一緒に洋子ちゃんの洋服を買いに行くことを約束させられた。

翌日、スーパーの子供服売り場で女の子の服を買った。磯は買い物に付き合うことに、決して乗り気ではなかった。だが、変に逆らうよりも、言うとおりにした方が丸く収まるような気がしていた。家に帰ると、磯は仕方なく洋子ちゃんに買った洋服を着せてあげた。自分の趣味が磯に認められたと思ったのか、洋子ちゃんはとても喜んだ。

　それから大賀は、洋子ちゃんになったまま戻らなかった。どこかで演技しているのかと思っていたが、どうもそんな感じではない。このまま大賀が元に戻らなかったら、洋子ちゃんと一緒に暮らすことになるのだろうか。そう考えると、磯は激しい目眩《めまい》を覚えた。しかし、洋子ちゃんの言動はさらにエスカレートする。

「あそこぉを、とってしまってぇ、おんなになぁりたぁいわぁ！　でぇも、だぁめね、あそこぉは、みずほさぁんがぁ、つかぁうものねぇ……そうだぁ！　こぉどもぉが、できたぁらぁ、もう、あそこぉは、ひつよぉう、なぁいものねぇ！　うん！　とっちゃいましょう!!　そぉなるとぉ、おおがさぁんは、なぁんていうかぁしら……やっぱぁり、おこぉるかぁしら。こぉれぇは、おおがさぁんのかぁらだぁでぇすものねぇ」

　あんまりの言われように、磯は大きなショックを受けた。大賀には洋服さえあれば、私はいらないのではないか。洋服を着せてと言われたら着せて、汚れたら洗ってあげればいいのか。悲しくて悔しくて、怒りが湧いてきた。

「何よ！　洋子ちゃんなんか、可愛くないわよ!!」

　とうとう磯は洋子ちゃんに対して怒鳴った。

「うふふ、みぃずほぉさんは、やぁきもちを、やぁいているのよぉ。おおがさぁんは、わぁたしのものよぉ」

相手は十二歳の少女である。なんともレベルの低い言い争いになってしまい、口論にもならなかった。

障害者と一緒に暮らすことだけでも、磯の中ではさまざまな葛藤があった。それなのに、今度はその彼が女の子になってしまう。このまま二人が一緒にいても幸せになれないのではないか。けれども、両親たちには大見得をきって家を出てきてしまったし、自立ホームを退居した大賀にはもう帰る場所がない。いくら考えても答えは出なかった。どうすることもできなくて、磯はウイスキーの瓶を手にした。

その日は大賀の誕生日だった。夕方、外出していた洋子ちゃんが家に帰ると、部屋の中に灯りがついていない。今日は二人で誕生日を祝うことになっていたので、変だなと思った。

「お・か・え・り」

家に上がると、ウイスキーの瓶を片手にベロンベロンに酔っ払った磯が出迎えた。

「……いったぁい！　どぉしたのぉよ!!」

「うふふふふ。お酒美味しいよー」

慌てた洋子ちゃんが、足で磯からウイスキーの瓶を取り上げようとする。

「やだー、飲むの！　もっと飲むんだもん!!」

「どぉしたのぉ!?　みぃずほぉさぁん！」

「もうやだ！　こんなの！　大賀さんの誕生日なんか祝いたくない!!　顔も見たくない！　どうして帰ってきたのよ!!」

「みぃずほぉさぁん、おちつぅいてぇ！」

「うるさぁい！　いいのよ、ほっといてよ！　もう、ほっといてよ、私のことは!!」

「やぁめてぇ！」

洋子ちゃんが止めても、磯は泣きながら酒を飲み続けた。仕方なく、洋子ちゃんは黙ってそれを眺めていた。

どのくらい時間が経ったのだろうか。目をさました磯は、自分が台所でゲロまみれで倒れていることに気付いた。窓からは薄明るい陽がもれている。もう明け方になっていた。

「……さぁいてぇのぉ、たぁんじょうびぃ、だったぁなぁ。おまぁえは、なぁにを、やぁるのかぁ、わぁかぁらないかぁらぁ、こぉわぁいよぉ」

大賀の呟く声が聞こえた。それは洋子ちゃんではなく、紛れもない大賀の声だった。

「……それは、お互い様でしょ」

磯も笑って言い返した。

その日は、二日酔いで頭が割れるようだった。午後になって酒が抜けると、悩みも消えていた。お酒を飲んで暴れたらなんかすっきりしてしまったのだ。洋子ちゃんになっても、大賀は大賀なのである。そう考えるようにすると、たまに洋子ちゃんになるぐらいなら、そんなに悪いことではないのではないか。自分がつくづく単純な人間でよかったと、磯は思った。

一月十三日、大賀と磯はドッグレッグスのミーティングに初めて参加した。

私が二人の関係をスタッフに紹介すると、全員が驚きの声を挙げた。

「えーっ、そんなに驚きます？　やっぱり、障害者と健常者って不釣り合いに見られるのかしら。大賀さん、こんなに可愛いのに」

磯がそう言うと、さらにみんなは呆然とした。

私は慎太郎や浪貝が、どういう反応をするか興味があった。

「浪貝、どう驚いた？」

「いやぁ、おどろくってゆうかぁ、なんかぁ、しぜんなぁ、かんじがぁ、しててぇ、いいなぁと、おもってぇ」

「自然な感じ？」

「なんかぁ、おれぇさぁ、おんなのぉ、ことになるとぉ、ちからぁ、はいっちゃうじゃない」

「さいきんの、なみがいさんは、でんごんだいやるだの、てれくらだの、ぜんぜん、おんなのことのであいが、しぜんじゃないのですね」

「しんたぁろう！　うるせぇんだよぉ、おめえは!!」

また、余計なところで慎太郎が口を挟んで、浪貝に殴られた。

「そういう慎太郎はどうなんだよ。やっぱり、健常者の彼女とか羨ましいか」

私が聞くと、慎太郎は熟考に入った。

「……うん、うん。そうです。うらやましいと、おもうこともあります。でも、ぼくは、むかし、くるまいすの、おんなのこが、すきだったことも、あるのですね。だから、やっぱり、さいごは、しょうがいしゃも、けんじょうしゃも、かんけいなくて、さいごは、さいごは……」

「最後は？」

「あいが、たいせつなのですね。あいが、あればいいのですね」

「なぁにぃ、いってんだよぉ！　おまえは、ばかかぁ！」

今度は浪貝がお返しとばかりに口を挟むと、慎太郎は不服そうな顔をして口を膨らませた。

慎太郎と浪貝は、意外と冷静に受け止めているようだが、やはり健常者と障害者の夫婦は珍しい。障害者が運動家だったり、何か特別な才能があったりし、健常者がそれをサポートする形での結婚なら、少なからずある。しかし、ごく当たり前の恋人のように、お互いが自然に惹かれ合って一緒になったというのは聞いたことがない。

障害者と健常者の関係はどうあるべきなのか。私たちが障害者プロレスを通して探し求めている答えの一つが、二人の間にあると思えた。だからこそ、磯と大賀がドッグレッグスに参加してくれることに、私は大きな意味を感じていた。

そうやって話が盛り上がった頃、突然、磯が「そうだ、大賀さんは、セーラー服を着るのが好きなんですよ。写真もあるんですけど、見ますか？」とバッグから小さなアルバムを出した。

「おぉい、やぁめろよ！　なぁんでぇ、そぉんなぁもぉん、もちぃあるいてぇんだぁ！」

声を出して、大賀が暴れた。

アルバムには女装をして喜んでいる大賀の姿があった。スタッフは先ほどよりも大きい驚きの声を挙げると、すぐに爆笑した。

「素晴らしいじゃないですか！」

笑いながら、私は興奮を抑えきれなかった。

「えっ、素晴らしいですか？……だって女装ですよ。私、初めはこの人、変態じゃないかと思っちゃって……」

「変態なもんですか！　よし、これでいきましょう!!」

「な、なにがこれでいくのですか……」

「女装レスラー、愛人《ラ・マン》というリングネームでいきましょう。セーラー服で入場してきて、それを脱ぐとリングコスチュームはスクール水着!!　うん、こりゃいいや!!」

頭の中で、どんどんイメージが湧いてきて止まらなくなった。

「えー!?　ちょっと待ってくださいよ。女装趣味があることをウリモノにしちゃうんですか！」

「そりゃ、そうですよ。他人にないものを持っているのに、もったいないじゃないですか！」

「おぉおぉおぉ！」

大賀が喜んで両足をパチパチと合わせて拍手している。

「もー、なに喜んでいるのよ……」

やれやれという表情をしながら、磯は苦笑いをした。

「誰か、セーラー服とかスクール水着持ってない？」と私が聞くと、女性スタッフの一人が

「中学時代に使っていたのがあるので、今度持ってきます」と答えた。

「それじゃ、来週は試着ですね」と私は大賀に言った。

「すごい楽しかった。また、来週もいこうね」

「あぁあ！」

家に帰っても、磯と大賀は興奮が冷めやらなかった。初めて会う人たちの中に、すぐに溶け込むのは難しいと思っていた。しかし、二人ともドッグレッグスの雰囲気に、何の違和感もなく馴染むことができた。

「私があんなに悩んだ女装を、素晴らしいと言って笑って受け入れるんだから、面白い人たちよね」

「そぉうだねぇ！」

自立ホームでの障害者と職員という関係は、磯にとって歯痒《はがゆ》いものだった。社会における立場はどうあれ、人として付き合うときに障害者も健常者もないはずだ。ドッグレッグスは、互いに遠慮しないでぶつかり合える場所のような気がした。それから二人は、毎週かかさず

にミーティングに顔を出すようになった。そして磯は、一緒にプロレスを見に行っていた森《もり》下憲《したけん》もドッグレッグスに参加するように誘った。自分が面白いと思ったことには、人も誘いたくなる性分であった。森下は大賀の友人だが、首が固定できずに極端に上か下にしか曲がらず、正面を向くときには両手で支えるという脳性麻痺の障害者である。医者にも「プロレスをするなんて、とんでもない！」と言われるほど障害が重いのだが、大賀に「おれぇが、やぁるんだぁからぁ、おまぁえも、やぁれ！」と言われて、渋々レスラーになることを決意した。

三月十日、東京都府中青年の家に招かれた興行が、愛人《ラ・マン》こと大賀のデビュー戦となった。女性のパンティを被った覆面レスラーであるザ・弱者と組んで、同じくデビュー戦のパトス森下とアームボム藤原のコンビを相手にタッグマッチを闘うのである。青年の家の体育館に特設されたリングまで続く花道を、セーラー服を着た異様な出で立ちの大賀が入場する。身を捻りながら、膝立ちでひょこひょこ歩くその姿に、観客は圧倒され声を失う。リングまでくると、セコンドについた磯がセーラー服を脱がした。下に着込んだスクール水着を見て、観客席から笑いと悲鳴が起こった。

試合の見所は、やはり新人レスラー二人の闘いぶりだった。愛人《ラ・マン》は寝ころんだ状態から、多彩な足技を繰り出した。左足を高々と振り上げては踵《かかと》落とし、鞭のようにしならせてはタイ式キックボクシング風の蹴りを次々と打ち込んでいく。相手が怯《ひる》んで背中を向けると、肛門を足の親指で突く反則攻撃までやってのけた。日常生活でも大抵のことを足でこなす大賀ならではの攻撃に、観客席から感嘆の声がもれた。また、ドッグレッグスのレスラーの中で最も障害の重い選手となった森下も、まさに命懸けのファイトを演じた。森下のあらぬ方向を向いている頭に対して、ザ・弱者に扮した浪貝は、容赦なく顔面パンチを見舞っていく。森下にしてみれば、顔面を殴られるなんて生まれて初めての体験だったであろう。しかし、鼻血を流しながらも、森下は決して最後まで勝負を諦めなかった。何度ダウンを取られても、必ずカウント9ぎりぎりで立ち上がったのである。結局、試合は時間内に決着がつかなかったが、ザ・弱者と愛人《ラ・マン》のコンビが僅差の判定で勝利した。

六月一日、北沢タウンホール。二十四回目の興行「弱者の祭典2」には四百人という同所における最大の観客が詰めかけた。この興行では、磯もワルキューレ瑞穂としてレスラーデビューし、障害者対健常者十人タッグマッチに出場した。学生時代には空手とボディビルをやっていただけに、女性ながらも怯むことなく、慎太郎の関節技やゴッドファーザーの打撃技に真っ向から挑んでいった。また、磯がさらにスカウトしてきた障害者たちが、続々とデビューした。ノーシンパシーは浪貝、にゃんにゃんフェラクレスはナイスガイと、二人の新人レスラーは、それぞれ先輩レスラーの胸を借りた。ドッグレッグスのリングは、半年前とはまるで別の光景になっていた。新人レスラーは新しい刺激を観客に運び、そしてベテランレスラーに奮起を促した。観客席は、興奮、戸惑い、笑いといったさまざまな感情で包まれている。

私にとって、それは久しぶりに満足のいく興行であった。心の中にあった、障害者プロレスをやめるという気持ちは、もうどこかにいっていた。

大賀と磯の二人が、ドッグレッグスを変えたのである。

涼しげな夏の早朝。私をはじめとするドッグレッグスのスタッフたちが、トラックに乗って大賀たちの家に押しかけた。二人が都営住宅に引っ越す日がきたのである。テキパキと荷物を運んでいくスタッフたちを見て、磯は少し感動していた。この家に来たとき、周りは敵ばかりで、これからは誰にも頼ることなく生きていこうと気負っていた。都営住宅への引っ越しも、二人だけで行う予定だった。

今、目の前では何本もの手が、家の中の荷物を次々に片づけていく。その夢のような光景は、何か重い荷を抱えていたような心の中を軽くしてくれた。そして、引っ越しを終えた二人は、練馬区役所に婚姻届を提出しに行った。

八月一日、磯瑞穂は大賀瑞穂となった。

この年の暮れ、忘年会を兼ねた二人の結婚記念パーティーを、世田谷ボランティアセンターで行うことにした。みんなが拍手をする中、ウェディングドレスを来た大賀が部屋に入ってきた。本来それを着るはずの新婦である瑞穂は、普通の格好である。ウェディングドレスは薫が結婚式で着たものを借りたのだが、瑞穂にはサイズが合わなかったため、大賀が着ることになった。

二人でウェディングケーキにカットを入れる。さらに大きな拍手が、一斉に起こった。みんなが笑っている。大賀も笑っている。瑞穂は幸せだった。大好きな人と一緒にいられて、生き甲斐とも思えることを一緒にやれる仲間も見つかった。

瑞穂は以前、父親に言われたことを思い出した。

「結局、二人が一緒になることは、大賀という男が得をするだけではないのか。大賀という男は、お前のことを利用しようと思っているのではないか」

そのときは、そうかもしれないという不安もないわけではなかった。だから、父親に言葉を返すことができなかった。しかし、今ならハッキリと言える。大賀といることで、私は幸せになれるのだと。

「おまぇは、おれぇとぉ、いっしょに、なぁれてぇ、よぉかったぁなあ、しあわぁせぇだろぉ」

「うん。大賀さんより私の方が、幸せかもしれないね」

みんながむさぼるようにケーキを食べている。甘い物は苦手な大賀の口の周りが、クリームだらけになっている。くだらないことを言い合いながら過ぎていく時間が、瑞穂にはたまらなくいとおしく感じられた。結婚記念パーティーは、深夜になっても、いつまでもいつまでも続いた。

第十三章　それいけ！　菓子パンマン

小田急線の線路沿いにあるMOCCOというピザハウス。毎週土曜日の夜十時過ぎになると、ミーティングを終えた私たちは、ビールを飲みに訪れる。

「どぉもー！　こんばんわー」

木目調で統一された落ち着きのある店内に私たちが入ると、初老のマスターが「よっ、いらっしゃい」と明るく答えた。

私たちが席に着くと、マスターは「おやっ」という顔をした。いつもの顔ぶれの中に、見慣れないのっぽの少年の姿が目に入ったからだろう。

短く刈られた髪の毛に、繋がりそうな濃い眉毛。目はどこを見ているわけでもなく、口はボケーッと半開きで下唇が突き出ている。マスターでなくても、一目でただ者ではないとわかる風貌である。

「どうですかね、北島さん？　こいつは、ドッグレッグスでやっていけますかね？」

心配そうな顔をした神山が聞いてきた。

「いいよー！　いいキャラクターしているよ！　凄くドッグレッグス向きなんじゃない」

向かいの席に座っている新人レスラー候補を見ると、誰のことを話しているのだろうと、きょとんとした顔をしている。

「そうですか……だけど、とにかく、こいつは本当にどうしようもないやつなんですよ。それでも大丈夫ですか。試合に出てみんなに迷惑かけないですかね」

「どうしようもないって、どんなふうにどうしようもないんだよ」

「小遣いやると、全額いっぺんに菓子パンを買うようなやつなんです」

神山がそう言うと、みんな一斉に笑った。

「よし決まりだ！　お前のリングネームは菓子パンマンだ‼」

私が笑いながらリングネームを決めると、みんなはさらに爆笑した。

「はい、ビールおまちどうさん！」

マスターが注文の品を持ってやってきた。みんなの前に生ビールのジョッキを置き、最後にクリームソーダを置いて「はい、これは菓子パンマンね。これから頑張れよ」と言った。

「おい、おまえ、もう名前を覚えてもらったみたいだぞ。よかったな。頑張らないとな」

嬉しそうに神山は菓子パンマンの背中を叩いた。だが、菓子パンマンの目は、青いソーダ水にたっぷりと浮かんだアイスクリームに釘付けになっていた。

「……こいつ、いつもこうなんですよ。人の話なんか聞いちゃいない」

神山は苦笑いしながら言った。

深夜までMOCCOで酒を飲んだが、菓子パンマンは話しかけられてもニヤッと笑ったり、頷いたりするだけで、口をきかなかった。ついに言葉を発したのは午前一時頃。いきなり

「おれ、なんか、ちゅうもんする」と声を挙げた。そして、時間外れのトーストを注文すると、黙ってむしゃむしゃと食べた。一九九七年二月。菓子パンマンとドッグレッグスの出会いであった。

ドッグレッグス創立からのスタッフである神山は、九四年四月から、神奈川県にある養護施設で指導員として働いている。それまでは叔父の経営するタクシー会社に勤めていた。叔父は仕事が全てという生き方で、会社を横浜市で業績二位にまで成長させた人物だった。それだけに、ドッグレッグスに関わっている神山に対して、常に批判的であった。「ボランティアだのプロレスだの言ってないで早く大人になれ。そんなことをしていると出世に響くぞ」と毎日のように言われるのが、神山には苦痛で仕方がなかった。叔父とのあまりの価値観の違いと、机に向かうよりも人を相手にする仕事がしたかったことで、神山は転職を決意する。養護施設を選んだのは、小学生の頃に読んだ漫画『タイガーマスク』の影響だった。

『タイガーマスク』のストーリーはこうだ。

主人公の伊達直人は孤児《みなしご》である。しかし、育った孤児院は、借金のために閉鎖。孤児たちは別の施設へと、バラバラに引き取られることになる。最後の思い出にと、孤児院のみんなで動物園に出かけるが、虎の檻《おり》の前で直人は行方をくらましてしまう。十年後、その孤児院はちびっこハウスとして再建される。直人はというと、悪役レスラー養成機関「虎の穴」にスカウトされ、タイガーマスクに生まれ変わっていた。残虐な反則技で「黄色い悪魔」とプロレスファンに恐れられるレスラーになったが、ちびっこハウスが経営難に陥っていることを知り、虎の穴への上納金に手をつけてしまう。自分がタイガーマスクだという素性を隠し、金持ちのキザ兄ちゃんと子供たちに罵《のの》られながらも、直人はちびっこハウスへの援助を続ける。その結果、虎の穴はタイガーマスクを裏切り者とし、命を狙い出す。虎の穴を敵に回した直人は、もはや反則にこだわる必要もなくなり、孤児院の子供たちの手本となるべく、正統派レスラーに転向。そして、虎の穴から送りこまれる刺客とタイガーマスクとの死闘が、リング上で繰り広げられるのだった。

こうして大まかな筋立てだけを追うと、何とも無茶な物語である。しかし、少年時代の神山の中では、我が身を顧みずに弱きを助けるタイガーマスクの姿は、間違いなくヒーローだったのだ。

ギャンブルで身を持ち崩していたり、アルコールや覚醒剤の中毒者だったりと、生活能力をまるで持っていない親が、子供に対して暴力を振るったり、学校に行かせなかったり、食事をさせなかったりという行為を繰り返す。養護施設にいる子供たちの入所理由の大半は、そんな児童虐待によるものである。『タイガーマスク』の影響もあり、神山にとって養護施設と言えば、両親と死別した子供たちのための孤児院というイメージが強かった。それだけに現実への驚きは大きかったが、親からの虐待を逃れてきた子供たちの良い話し相手になり、傷ついた心を癒してあげようという意気込みも芽生えた。

養護施設には、小学校一年生から高校三年生までの子供が八十人いた。神山はそのうちの五人を担当する。前任の指導員から子供たちを紹介されると、その中の一人に、のっぽで目の焦点が定まらない中学二年生の少年がいた。変わった子供だなと思いながらそばによると、生ゴミが腐ったような酸っぱい臭いが鼻をついた。

「お前、なんか臭いな。ちゃんと風呂入っているのか？」

「…………はいってない」

だいぶ間が空いてから、彼はボソリと答えた。

「なんだよ、いつから入ってないんだよ」

「…………だいぶ、はいってない」

何とも要領を得ない返事である。この子供の担当になるのは嫌だなと、神山は思った。子供たちが挨拶を済ませて、その場を離れると、前任の指導員が「彼は少し知的な遅れがありますから。あと盗癖もあるので、注意してください」と神山に耳打ちした。その日以来、毎日少しずつ神山の財布から小銭が盗まれるようになった。

彼が養護施設に来たのは小学五年生のとき。両親が学校に行かせずに、殴る、蹴る、食事をさせないという虐待を繰り返していた。毎日のように子供の悲鳴が聞こえると、近所の住人が警察に通報し、それがきっかけで彼は児童相談所に保護された。両親はそれ以来、消息を絶っている。兄弟は姉が一人と妹が一人で、皆それぞれ父親が違う。他にも血の繋がった兄弟がいるらしいが、行方はわからないという。

「ほら、今月の小遣いだ」

神山は彼にお金を手渡した。月の小遣いは、小学生は千五百円、中学生は二千五百円、高校生は四千円と決まっている。彼は神山からもらった千円札を大事そうに財布にしまうと、そのまま外に出ていった。小一時間ほどすると、彼は大きな袋を抱えてニコニコしながら帰ってきた。

「なんだ、嬉しそうに何をいっぱい買ってきたんだ？」

神山が袋の中を覗くと、菓子パンばかりが十数個も入っていた。

「ま、まさか、さっきの小遣いを全部、菓子パンに使っちゃったのか？」

神山の問いに対して、彼はニコニコ笑いながら頷いた。

「それじゃ、お金がもう無くなっちゃっただろ！　今月は小遣いなしで、どうするんだ！　だいたい、その菓子パンを全部食べきれるのか！」

「……ははは」

矢継ぎ早に質問した神山の様子がおかしかったのか、彼は声を出して笑った。

「ははは、って、笑い事じゃないだろう」

呆れる神山をよそに、彼はむしゃむしゃと、菓子パンを食べ始めた。もちろん全部は食べきれず、他の子供にあげることになった。

彼と出会ってから、数カ月経った夏のある日。神山は、彼の髪の毛が茶色に染まっていることに気付いた。

「おい、なんだよその頭は！」

「……えっ」

「えっ、じゃないだろ。茶髪は学校でも禁止されているじゃないか！　どういうつもりなんだよ！」

神山は怒ると、彼の髪の毛をハサミで刈り始めた。床にバサバサと茶色い固まりが落ちる。だが、刈っていくうちに、冷静に考えてみると彼が自分で茶髪にするわけがないと思い始めた。

「ひょっとして、学校のプールの塩素で色が変わったのか？」

「……」

「お前、水泳部だもんな……」

「……」

彼はコクンと首を縦に振った。

これは失敗したと思ったが、いまさら取り返しはつかない。

「ははは、まぁ、理髪店に行く手間が省けてよかったな！」

豪快に笑い飛ばして、彼を無理矢理に納得させた。その分なんとか上手《うま》く刈ってあげようとしたが、どうしてもデコボコになってしまう。四苦八苦しているうちに、ついに彼の頭は丸坊主になっていた。

「……」

鏡を見ながら、彼はあまりの仕打ちに押し黙っている。

「……まぁ、夏だし、涼しくていいじゃないか」

神山は刈り上がった彼の頭を撫でた。ふと見ると、何本もの五センチほどの線が目に入った。刈っているときは夢中で気がつかなかったのだが、よく見ると傷跡のようである。

「……この傷は、なんだ？」

「……えっ……」

「だから、この頭の傷跡だよ」

「……まえに、なぐられたり、いろいろぶつけられたり、したから」

「……そ、そうか」

まずいことを聞いてしまったと思い、それ以上は詮索しなかった。すると、二人のやりとりを側で見ていた小学生たちが、突然集まってきた。

「先生、先生！　じゃ、これはなにかわかる⁉」

「えっ？」

子供がシャツの袖を捲《めく》ると、小さなしみが幾つかあった。

「……火傷の跡かな？」

「これは、お父さんに煙草の火を付けられたんだよ！」

小学生は楽しそうに言った。

「ぼくのも見てよ、先生！」

「先生、私のこの傷見て！」

「…………」

子供たちが嬉々として虐待の跡を見せるのは、悪い冗談のようにしか思えなくて、神山は苦笑いするしかなかった。彼も神山に合わせるように楽しそうに笑っていた。

追いまくられるように毎日が過ぎていく中で、少しずつ養護施設の子供たちのことが神山にもわかってきた。親から虐待を受けた心の傷を背負いながらも、明るく前向きに生きる子供もいれば、問題行動を起こす子供もいる。そして、子供たちと接するということは、自分にできることの限界を知ることでもあった。

養護施設の生活は、物質的には恵まれているように思えた。『タイガーマスク』に出てくる孤児のように、つぎはぎの服を着ている子供など、どこを探してもいない。月の小遣い以外にも、洋服を買うお金をもらっているので、子供たちは着るものをあふれるぐらいに持っていた。また、製菓会社からお菓子をもらったりするのは年中のことで、夏にはプロ野球やサーカスのチケットをただでもらったり、冬にはホテルに招待されてスキーを楽しんだりと、随分と贅沢な暮らしのように感じた。そのためか、与えられるのが当たり前という態度の子供も多い。

例えば食事の時間だ。「ここの飯はまじぃーんだよ！」「くそばばぁ、もっとなんとかしろよ！」といった文句が、大声で飛び交う。朝食は、食パンとクリームシチューと牛乳などが出て、一人暮らしの神山は大いに満足したのだが、子供たちはろくに食べないで、すぐに捨ててしまう。とにかく、わがまま放題で手が付けられない。心に傷を抱えた子供たちだからと、いちいち深読みして容認していたらキリがなくなってしまう。不本意ではあるが、怒鳴ったり殴ったりして、その場を収めていくしかなかった。

問題行動を起こす中学生や高校生には「虐待を受けたからなんなんだ、親がいないからなんなんだ」という開き直りみたいなものがあった。その一方で、警察沙汰になるような問題を起こせば、「オレがこうなったのは親と施設が悪いんだ」とすべて責任は他人まかせ。そんな子供たちを指導するといっても、本当のところ、どうすればいいのかわからなかった。幼い頃から地獄を見て育った子供たちに、綺麗事の言葉など通じはしない。殴ったところで、肉体的な痛みは所詮その場限りで、心にまで届きはしない。これまで生きてきた環境で身に付いたものは重く、簡単に変えることなどできはしなかった。ドッグレッグスに顔を出せなくなるほどに、子供たちのために奔走しても、根本的な解決になることなどなかったのである。何をしても無駄ではないかと感じながら、一年が過ぎた。

同じ養護施設内の小学生たちと、彼は川沿いを歩いていた。一人の小学生が首からぶら下げた虫かごには、大きなカマキリが一匹入っている。川縁の草むらで捕らえた獲物に、子供たちの足どりは満足気に施設に向いていた。ところが、蓋をしっかりと閉めてなかったために、カマキリが虫かごから飛び出してしまった。呆然とする子供たちをよそに、カマキリはバタバタッと羽ばたき、川の中へ飛んでいった。

「……どうしよう……せっかくとったのに……」

小学生の一人が心細い声を挙げる。

川の中央あたりに、カマキリが浮かんでいるのが見えた。彼は今まで見せたことのないような真剣な顔をした。

「……まってろ」

そう言うと、彼はおもむろに服を脱ぎだした。そして、素っ裸になると、何の躊躇《ちゅうちょ》もなく川に飛び込んだ。ゴミが浮き、水が濁ったどぶ川を、彼は平泳ぎですいすいと泳いでいく。

小学生たちは、黙ってその姿を見つめていた。

神山が帰ってきた子供たちを迎えると、彼の髪の毛が濡れていることに気付いた。

「どうしたんだ？ お前」

神山が聞くと、彼よりも先に小学生たちが口を開いた。

「つかまえたカマキリが、かわにとんでにげちゃって……はだかになって、かわをおよいでつかまえにいってくれたんだよ……」

小学生の首にかかった虫かごには何も入っていない。

「なんだ、お前、あの川に入ったのか？ あそこは、よく事故が起きてるんだぞ。なんて危ないことを……」

「せんせい、かまきり、にげられちゃったよ……」

神山の言葉を遮るように、彼は悔しそうに呟いた。

素っ裸で汚い川を狂ったように泳ぐ彼の姿が、神山の脳裏に浮かんだ。それは、馬鹿馬鹿しいほどにおかしくて、涙がこぼれそうになるぐらいに悲しい光景だった。

「……早く、風呂に入ってこい」

神山は、彼の背中を押した。胸の奥から、彼に対する不思議ないとおしさがこみ上げてくるのを感じた。


「せんせい、おれも、こうこう、いきたいよ。べんきょう、したいよ」

「いいから、お前は掃除とか洗濯とか、身の周りのことを一人でできるようになれ」

神山にそう言われると、彼はふてくされた顔をした。中学三年生の夏休み、周りが受験勉強に打ち込み始めたので、それを真似したかったのだろう。しかし、今後のことを考えると、勉強よりも生活能力を少しでも身につける方が大切だと思ったのだ。何と言っても、彼の学校の通知票はオール1。とても公立高校に合格するのは無理である。私立高校は学費が高いため、基本的に親類の援助がないと養護施設から通わせることはできない。現行の制度では、就学していない子供は一人で生活できるとみなされ、養護施設にいられなくなってしまう。つまり、彼は中学卒業と同時に養護施設を出なければならないのだ。本当なら担当の指導員は頭を悩ますところだが、彼の場合は幸いなことに、姉が卒園後の面倒を見ると言っていたのである。彼の姉は他の養護施設を卒園後、飲食店で働いている。よく彼を訪ねては「早くお姉ちゃんとこにきなさい」と話していた。

ある日、彼の姉が養護施設を訪ねてきた。いい機会だと、神山は彼の卒園後のことを改めてお願いすることにした。ところが、彼女が悪びれることなく言った言葉に、神山は耳を疑った。

「実は結婚することになって、弟を引き取れなくなったんです」

「えっ？ 引き取れないって……それはどういう意味ですか⁉」

「申し訳ないんですけど、もう弟とは関わりたくないし、経済的にも援助できませんので……」

「それは随分と自分勝手な話じゃないですか。もとはと言えば、あなたが引き取らせてほしいと頼んできたんですよ」

あまりの自分勝手さに神山は語気を荒らげた。だが、神山が怒っていることに気付いた彼女は、逆に開き直った。

「私がそう言っているのではないんです。彼が障害を持っているような弟なんか連れてきたら別れるって言っているんですから、仕方ないじゃないですか」

自分の幸せを優先するのが、なぜいけないんだと言いたげな口調である。

……だったら初めから面倒を見るなんて言うな！ そう怒鳴りそうになったが、神山は必死になって言葉を飲み込んだ。

姉の心変わりで、彼は卒園した後に、行く場所がなくなってしまった。残された道は寮付きの就職先を見つけることしかない。悩みながら神山は中庭に出ると、子供たちがバスケットボールをして遊んでいた。彼も小学生に混じって、楽しそうに走り回っている。

「……あいつは今が一番幸せなのかもしれないいな」

その姿を眺めながら、神山は呟いた。日が落ち始め、バスケットのボールも見えなくなると、彼が息を切らしながら神山の元に走ってきた。

「おねえさんは、こんど、いつ、あいに、くるの」

「…………」

「いつ、くるの？」

「……もうお姉さんはここには来ないし、もう会えないんだ」

冷たい言葉だが、期待を持たせれば、後でもっと辛い思いをする。

彼はその言葉の意味をしばらく考えると「……わかりました」と小さな声で答えてうなだれた。神山は寂しそうな彼の顔を見ながら、「これからのことは、オレがなんとかしてやるから……」と心の中で呟いた。

休日になると、神山は彼を自分のアパートに呼ぶようになった。風呂に入れてやったり、一緒に食事をしたりした。アパートに泊めると次の日には、決まって財布の中の小銭が幾らか減っていた。彼を問い詰めると盗んだことを認め、ゲームセンターでの遊び代と菓子パン代に使ったことを白状した。神山は一発、鉄拳制裁を加えた。それでも彼は、神山のことを恐れることなく、小銭を盗み続けた。おかしなもので、そんなことをされても神山は彼のことを嫌いにならなかった。頭にくればくるほど惹かれていくのは、慎太郎や浪貝以来のことである。もしも、寮付きの就職先が見つからなかったら、このアパートに一緒に住めばいいとも思った。

秋、中学卒業予定者の就職が解禁となった。神山と彼は職業安定所を訪ねた。しかし、求人リストに書かれている業種のほとんどが、飲食店や理髪店で、彼が勤めるのは難しいと思われた。

「知的に少し遅れがあるので、障害者向けの仕事を紹介してほしい」と神山が頼むと、窓口から返ってきたのは「愛の手帳を持っていないと紹介できません」との言葉だった。愛の手帳とは知的障害者のための障害者手帳のことだ。試験を受け、知能指数八〇以下と認められた人に発行され、障害者年金をはじめとしたさまざまなサービスが受けられるようになる。神山が担当になる前、彼も発行申請のため児童相談所に行き、知能テストを受けたことがあったという。だが、二回受けたテストの結果は、七五と八一。どちらか一方が八〇を超えてしまったため、発行は見送られている。仕方なく、彼は一般企業を相手に就職活動をすることになった。神山も付き添って面接試験に挑んだが、試験官の質問に対して黙ったままの彼は、試験に落ち続けた。

「とりあえず、『はい』と『いいえ』はハッキリ言うんだ。わからないことだったら、『わかりません』と言うんだからな」

今度こそはの願いを込めて、神山は面接の前に強く念を押した。最後に「大丈夫だな」と聞くと、「はい」と彼は答えた。しかし、神山は面接でのやりとりを聞くなり、頭を抱えることになる。

「……趣味はバスケットボールですか。バスケが好きなんですか？」

「はい」

「まぁ、いくらバスケが好きでも、今からNBAに入れるわけはないからね」

「……それは、わかりません」

「えっ？　じゃ何？　NBAに入ってバスケのプロになるつもりなの？」

「それは、わかりません」

試験官の軽い冗談にも対応できないようでは、いくら試験を受けても意味がない。そこで神山は、面接試験の練習を行うことにした。

「違う！　もっと大きな声でしっかり返事をするんだ！」

神山の声が彼の部屋に響きわたる。返事の仕方、質問の答え方を何時間も繰り返し練習させた。一方で、毎朝、早起きをさせて朝食の用意や部屋の掃除をさせるなど、生活習慣の改善も徹底させた。寮付きの就職が決まれば、自分のことは自分でしなければならないのだ。その厳しさに彼は泣くこともあったが、神山は遠慮なくビシビシとしごいた。面接の練習には、すでに就職の決まった高校生たちも協力した。問題行動の多かった高校生たちが「自分たちも就職が決まるまで苦労したから」と、なかなか上達しない彼に腹を立てることなく付き合う光景には胸が熱くなった。

養護施設の子供を採用するとき、企業の中ではハンディを抱えた子をとるべきかという議論が必ず起こるという。いまだに養護施設に対して、少年院か教護院のようなイメージを持っている人は多い。施設にいる子供たちは、自分で悪いことをして入所したわけではない。むしろ責任は、生活能力のない親にあるのだ。大声で返事の練習をする彼と、それに付き合う高校生たちを見て、一体何がハンディなのかと神山は思った。そうして数週間続いた練習が実り、彼は見違えるようにハキハキと返事ができるようになった。そのかいがあって、ついに左官業に就職が決まった。

九六年の春。彼は卒園していった。手のかかった子供が卒園したことで、神山は肩の荷が降りたような安堵感と、何か心にぽっかり穴が空いたような寂しさを感じていた。だが、これで一安心というわけではない。仕事を辞めてしまう可能性は、かなり高い。そうなった場合のアフターケアが、これからの問題となるだろう。

しばらくすると、彼が職場の友だちを連れ、養護施設に遊びに来た。その少年は彼と同室で、同じように中学を卒業して就職したのだという。本当は喜ぶべきことなのだろうが、彼の社会性のなさを誰よりも知っているだけに、どうしても心の底から湧いてくる悪い予感を振り払うことができなかった。そして、神山の不安は的中してしまう。

半年後、彼から神山のアパートに電話があった。

「……せんせい、あいたい」

そう言うので、神山は近くのファミリーレストランで彼と待ち合わせた。「せんせい」と呼ぶ声で神山が振り返ると、何日も着ているような汚いTシャツを着た彼が立っていた。

「なんだよ、お前。その汚いシャツは？　洗濯してないのか！」

神山が聞くと、彼は俯《うつむ》きながら、ニヤニヤと照れくさそうに微笑んだ。この笑いも、なんだか懐かしい気がした。しかし、向かい合って座っていると、以前にも嗅いだことのある変な酸っぱい臭いがしてくる。施設にいれば生活習慣まで指導してくれるが、今はそんな人はいないのだから仕方ないと思いながら、神山は彼の手に視線を移した。すると、手の色が変にドス黒い。外での仕事が多いから日焼けでもしたのだろうか。とりあえず、おしぼりで手を拭かせた。彼がゴシゴシと手をこすると、白いおしぼりがみるみるうちに真っ黒になった。

「おい、なんだよ！　この手は？」

それは日焼けではなく、あまりの汚れで黒く変色していたのだ。神山は、自分のおしぼりでも手を拭かせたが、おしぼりの色が変わるだけで、手は黒いままである。まるで、汚れが肌に染み込んでいるようだった。

どうしたら手がそこまで汚くなるのか、神山は理由を聞いた。彼の話は、相変わらず要領を得なかったが、だいたいの事情は呑み込めた。養護施設に連れてきた同室の少年にいじめられているのだという。顔を合わせると殴られ、酷《ひど》いときには三十分もの間、延々と殴られ続けているらしい。いじめが続く中、なんとか殴られない方法はないのかと、彼なりに考えた。同室の彼と顔を合わせないように、仕事が終わるとすぐに布団の中に潜り込むのである。布団をかぶって寝たふりをしていれば、殴られることもない。だが、そのために風呂に入ることができなくなり、気が付いたら手の色が変わっていた。彼は養護施設時代から、呼ばれても返事をしなかったり、口の利き方を知らなかったりしていたので、荒っぽい職場で働くのは難しいとは思っていた。

「……今まで、休みの日とか、どうしてたんだ？」

「へや、いれないから……。ずっと、ほんやで、たちよみしてた」

「一日中か？」

「……うん」

「……何で、もっと早く連絡しなかったんだよ……」

「………」

「どうしたんだよ黙って」

「……せんせい、おれ、しごとやめたいよ……」

神山に電話してきたのは、仕事を辞めたいということを伝えるためだった。「だけど、仕事を辞めたら、お前は住む場所がなくなるだろ」と神山が言うと、彼は黙ってしまった。仕事を辞める方法がないわけではなかった。もう一度、児童相談所に知能テストを受けに行くのだ。知能指数八〇以下で知的障害者として認められれば、たいした額ではないが障害者年金がもらえるし、障害者用の就職も探すことができる。

「じゃ、また知能テストを受けてみるか……」

その言葉が喉まで出かかって止まった。これは彼の一生の問題である。身寄りがないとはいえ、自分が決めてしまっていいのだろうか。判断がつかずに悩む神山は、彼をドッグレッグスに連れていくことにした。

ドッグレッグスは、彼を菓子パンマンとして温かく迎えた。菓子パンマンにとって、それは久々に過ごす楽しい時間であったようだ。神山はドッグレッグスのメンバーに、菓子パンマンのこれからについて相談した。

「かぁみやまぁさぁん、もぉし、あいのてちょうをぉ、もらったぁらあぁ、いっしょう、しょうがいしゃっていう、れってるぅを、はぁらぁれるんだよぉ。そぉんなぁ、かぁんたぁんにぃ、きめちゃだぁめだよぉ」

ゴッドファーザーは知能テストを受けさせることに反対した。健常者社会で障害者が生き抜く苦労を知っている彼が言うだけに、言葉に重みがあった。

「……それもわかるんですよ」

神山はゴッドファーザーの言葉に頷いた。

「でも……じゃ、どうしたらいいんですかね。何か慎太郎や浪貝の方が恵まれていると思っちゃいますよ。あいつらの障害は目に見えるじゃないですか。だから、周りがある程度、察してくれるでしょ。だけど、菓子パンマンの場合は、察してくれるどころか、むかつくやつになっちゃうんですよ。おまけにあいつには家がないでしょ。住むとこがないってのは大きいですよ。仕事を辞めれば、本当に路頭に迷っちゃうんだから」

「このまま行ったら、障害者にもなれないし、健常者にもなれないってわけだ。難しいところだよな……」

私がそう言うと、またも神山は頷いた。

「だけど、早急に結論を出す必要もないんだろ」

「それはそうなんですけど」

「だったら、難しい問題は、ゆっくりと考えればいいじゃないか」

「……そうですね。ドッグレッグスに連れてきた時点で、菓子パンマンとは一生付き合っていくって決めたわけだから……」

そして、健常者レスラーとして菓子パンマンをデビューさせることが、当面の神山の目標となった。

レスラーとなった菓子パンマンは、さっそく練習に参加することになった。神山と二人で練習場に現れた菓子パンマンは、着くなり菓子パンをモグモグと食べ始めた。それを見ながら神山は「みんな、こいつはビシビシしごいて構わないから」と笑っている。身長こそ一八〇センチ近くもあるが、服を脱ぐと、なで肩でガリガリに痩せた菓子パンマンの体は随分と貧弱に見えた。しかし、健常者チームに入った場合、その弱そうな風貌は、逆にインパクトがあるかもしれない。一通りのウォーミングアップを終えると、早速、スパーリングをやらせてみることにした。相手は障害者レスラー屈指のパワーファイター、あらいぐまラジカルだ。

マットの上で二人が向かい合う。「じゃ、三分の1ラウンドね。よし、始め！」と牧野コーチが言った。

「うああ!!」

ラジカルが雄叫《おたけ》びを挙げて突進してきた。ビクッと肩をすくめる菓子パンマンの頭めがけて、ラジカルは右手を横殴りするように振り回した。得意技の「ラリアット」が菓子パンマンの側頭部を直撃した。鈍い音とともに吹っ飛び倒れた菓子パンマンにラジカルは馬乗りになると、上から張り手を雨あられと降らす。

「あーあ、ストップ、ストップ」

一旦、牧野コーチがラジカルを止める。下になった菓子パンマンはピクリとも動かない。顔を見ると、声を出さないで泣いていた。

「なんだよ、これぐらいで泣くなよ」と私が言うと、神山は立ち上がろうとしない菓子パンマンを、ズルズルと体育館の隅へと弘っ張っていった。

「お前、そんなことでどうすんだよ」

「…………」

菓子パンマンは涙と一緒に鼻水をたらしている。

「職場がいやなんだろ。自分の居られるところが欲しいんだろ」

「…………」

しばらく考えた後、コクリと頷いた。

「じゃ、頑張ってこい」

神山は菓子パンマンの背中をドンと押すと、またマットへと向かわせた。

そうして練習を積み、菓子パンマンのデビュー戦は、三月九日の府中青年の家での興行と決まった。リングコスチュームは、白のブリーフに唐草模様の風呂敷のマント。お腹にはマジックで「か」と書かれている。菓子パンマンの登場は、障害とは目に見えるものだけではないという新たな衝撃を、ドッグレッグスのマットに間違いなく運んでくれるはずだ。私は試合が待ち遠しかった。

ところが、興行の二日前のことである。慌てた声の神山から電話がかかってきた。

「北島さん、大変だ！　菓子パンマンが仕事で神戸に行っちゃったよ！」

「えーー⁉　なにそれ、どういうことだよ」

「それが昨日、職場で『誰か神戸の現場に行く者いるか？』って聞かれたら、あいつ自分で手を挙げて立候補したんだって」

「な、なんで？　興行があさってだって知っているだろうに……まさか、試合に出たくなかったのかな……ほら、ラジカルにボコボコにされたから……」

「いや、あいつは目先の楽しみに弱いから、何か面白そうだって思ったんじゃないかな……」

菓子パンマンのあまりの突拍子もない行動に、しばらく二人は考え込んでしまった。慎太郎や浪貝もさまざまな問題を起こしてきたが、試合にこないなんてことはなかった。

「神山君さ、あいつ日曜日は仕事休みだろ。土曜日の夜に東京に帰ってこさせるってのはどうだ」

「いや、駄目です。あいつ、一人じゃ東京でも電車に乗れないんですよ。新幹線の切符なんか買えませんよ。第一、金だって持っているかどうか……」

結局、菓子パンマンのデビュー戦は、今回は見送りにせざるを得なかった。

興行の前日の夜、神山は菓子パンマンの泊まっている神戸の宿泊先に電話した。

「もしもし菓子パンマンか……」

「あっ、せんせい」

「あっ、先生じゃないよ。お前、そこでなにやっているんだよ」

「おしごと」

「お仕事って、お前、試合に出るって約束しただろ。なんで約束破るんだよ」

「……………」

「……まったく、どうして神戸にいったんだよ」

「……いってみたかったから……こうべ、おれ、いったことないんだよ……」

「……そうか……神戸は面白いか」

「うん。せんせい、しんかんせんにも、のったよ」

「……そうか……北島さんも心配してるんだから、神戸から帰ってきたらちゃんと謝れよ」

しかし、これを最後に菓子パンマンとは、連絡がとれなくなってしまうのであった。

「うん」

五月二十五日に東京大学で開かれる五月祭に出演依頼がきた。ドッグレッグスにとっては久々の学園祭での興行でもあり、二つ返事で了承した。興行は五月祭七十周年記念イベントの一つとなり、安田講堂前の特設ステージで試合を行うという。人々の注目を集めるのは間違いなく、今度こそどうしても菓子パンマンを試合に出場させたかった。しかし、神山が電話で話してから、菓子パンマンとはまったく連絡がつかなくなっていた。東京の職場に聞いてわかったのは、作業現場を転々とし、電話のない簡易宿泊所に泊まっているということだった。

やっと連絡がついたのは興行の三週間前だった。神山が仕事を終えてアパートに帰ると、菓子パンマンから電話があった。

「お前、今まで何で電話しなかったんだよ」

「……でんわ、なくて」

「……電話がないって、公衆電話だってあるだろう」

「しごと、あさが、はやいから、すぐねるんだよ。だから、でんわ、できない」

「……それで、今はどこにいるんだよ。神戸か？」

「いまは、とうきょう。あした、こんどは、おおさかに、いく」

大阪の現場に移るのでは、東大の五月祭は無理だろうと神山は思った。しかし、土日は休みが取れるそうなので、駄目でもともと話だけはすることにした。ただ、試合があるからと話すと、ひょっとして帰ってこないかもしれない。そこで言い方を変えた。

「菓子パンマンさ、今度、東京でお祭りがあるんだよ」

「………」

「もし、休みが取れたらこいよ」

「……せんせい、おまつりに、かぶとむし、いる？」

「カ、カブトムシ⁉ さ、さぁ？ お祭りだから、カブトムシもいるんじゃないか？」

「……せんせい、おれ、やっぱり、くわがたがいいや」

「クワガタもいると思うよ、きっと」

「……じゃ、せんせい、かっといて」

「いや、買っておいてもいいけど、先生は飼い方わからないからさ、菓子パンマンが自分で買いにこいよ」

「……わかった。いくよ、おれ」

「とにかくこれからは、もっとこまめに連絡しろよ」

「うん」

「絶対だぞ」

「だいじょうぶだよ、せんせい」

しかし、やはり大丈夫ではなかった。神山が強く念を押したにもかかわらず、またもや連絡はぷっつりと途切れてしまったのだ。

興行二日前。菓子パンマンの出場を諦めきれないまま、私は自宅で対戦カードを考えていた。当日、配布するチラシのために全カードを決定して大学側に伝えなければならず、今日がそのリミットである。ギリギリまで待ったが、もはや仕方がない。菓子パンマン抜きの対戦カードでいこう、と決断したときである。電話が鳴った。受話器を取ると、興奮した神山の弾んだ声が飛び込んできた。

「あっ、北島さん！　菓子パンマンが試合に出られそうです！」

「本当か！」

「今、菓子パンマンから電話があって、大阪での仕事が明日で終わるので、夜にはみんなで東京に帰るっていうんです！」

「こりゃ、すごい偶然というか、奇跡だな……」

「だから明日、新横浜の駅で待ち合わせして、東大の方には間違いなく連れていきますから！」

「そうか、ところであいつは元気なのか」

「連絡ないから心配したけど、大丈夫です。電話ではぴんぴんしているようです」

「しかし、あいつはさ、オレたちがこんなに期待してたり、心配しているのを知っているのかね」

「いや、そういう気持ちはわかんないと思いますよ」

「どうして？」

「だって、あいつの養護施設にくるまでの人生は、親に虐待されることはあっても、期待されたり心配されたりしたことなかったんですから」

「されたことがなければ、応える術《すべ》もわからないか……」

「そうだと思います……」

「……あっ、ところで神山君、カブトムシはどうするんだ？」

「あっ……すっかり忘れてました」

「……仕方ないな、オレがペットショップで買っておくよ……」

「……お願いします……」

翌日の午後九時半。新横浜駅で神山は菓子パンマンを待っていた。駅の外では、もの凄い雨が降っている。この一週間、五月にしては珍しく雨が降りっぱなしであった。明日の興行当日も九〇パーセントの降水確率である。

新幹線がホームに入りしばらくすると、手ぶらでニヤニヤと笑いながら菓子パンマンが改札から出てきた。三カ月ぶりの対面だが、なんだか何年も会っていないような気がした。神山は自分の車に乗せ、菓子パンマンをアパートへと連れていった。車内では神戸や大阪での話を聞いた。大阪で一緒に仕事した人たちは、自分のことをいじめないからいい人だったということ。神戸では、好きな阪神タイガースの甲子園球場が仕事場のそばにあって、嬉しかったということ。休みの日に一人で遊園地に行って、いろいろな乗り物に乗って楽しかったということ。話しているうちに疲れたのか、しばらくすると菓子パンマンは寝てしまった。

先輩の指導員に聞くと、菓子パンマンのように知的な遅れのある子供が地方労働に出ると、そのまま行方不明になったり、事故死してしまうケースが多いという。数日前にも、養護施設を卒園した子供が横浜にある一泊千円の簡易宿泊所で殺された。トイレで後ろからナイフで刺されたらしい。

命の価値が違うと思えるような現実がある。人生とはなんて不公平なんだろうと思う。菓子パンマンのような子供は、一生、貧乏くじを引くようになっているのだろうか。フロントガラスを強く雨が打ち付ける。向かい風を突っ切るように、神山はアクセルを踏んだ。

アパートに着くと、目を覚ました菓子パンマンが「はらがへった」と言いだした。普段は料理をしない神山だが、コンビニエンスストアで冷凍食品の餃子を六袋買ってくると、それを一気に全部焼いた。弁当を買ってもよかったのだが、なぜか手料理みたいなものを食べさせてあげたかったのだ。換気扇を回さなかったので、六畳の部屋の中が餃子の匂いでいっぱいになった。テーブルの上の皿には、無愛想に餃子だけが大量に並んでいる。少し焦げた餃子を、二人で黙々と食べた。菓子パンマンは、旨いとも不味いとも言わなかった。

布団に入っても神山は、興奮してなかなか寝付けなかった。明日はいよいよ菓子パンマンとタッグを組んで、障害者チームと戦うのである。窓の外では雨音が聞こえる。雨天決行とのことだが、できれば晴天の中、たくさんの観客に菓子パンマンの姿を見てもらいたい。そして、慎太郎や浪貝が障害者プロレスを始めた頃に味わったような、人に認められる快感を知って欲しい。マイナスだらけの人生でも、ドッグレッグスのリングならそれがプラスに光り輝くことがある。

そう思うと、胸が掻きむしられそうになった。本当に今の状態を何とかしてやりたいのだ。それが現実なんだと、すべてを片づけたくない。生きることは、そんなに辛いことばかりじゃないと教えてあげたい。貧乏くじばかりではなく、いつか巡ってくるはずの当たりくじを引かせてやりたい……。

雨の音がさらに強くなった。神山のそんな気持ちなど知らないかのように、隣で菓子パンマンはいびきをかいて熟睡していた。

第十四章　家族

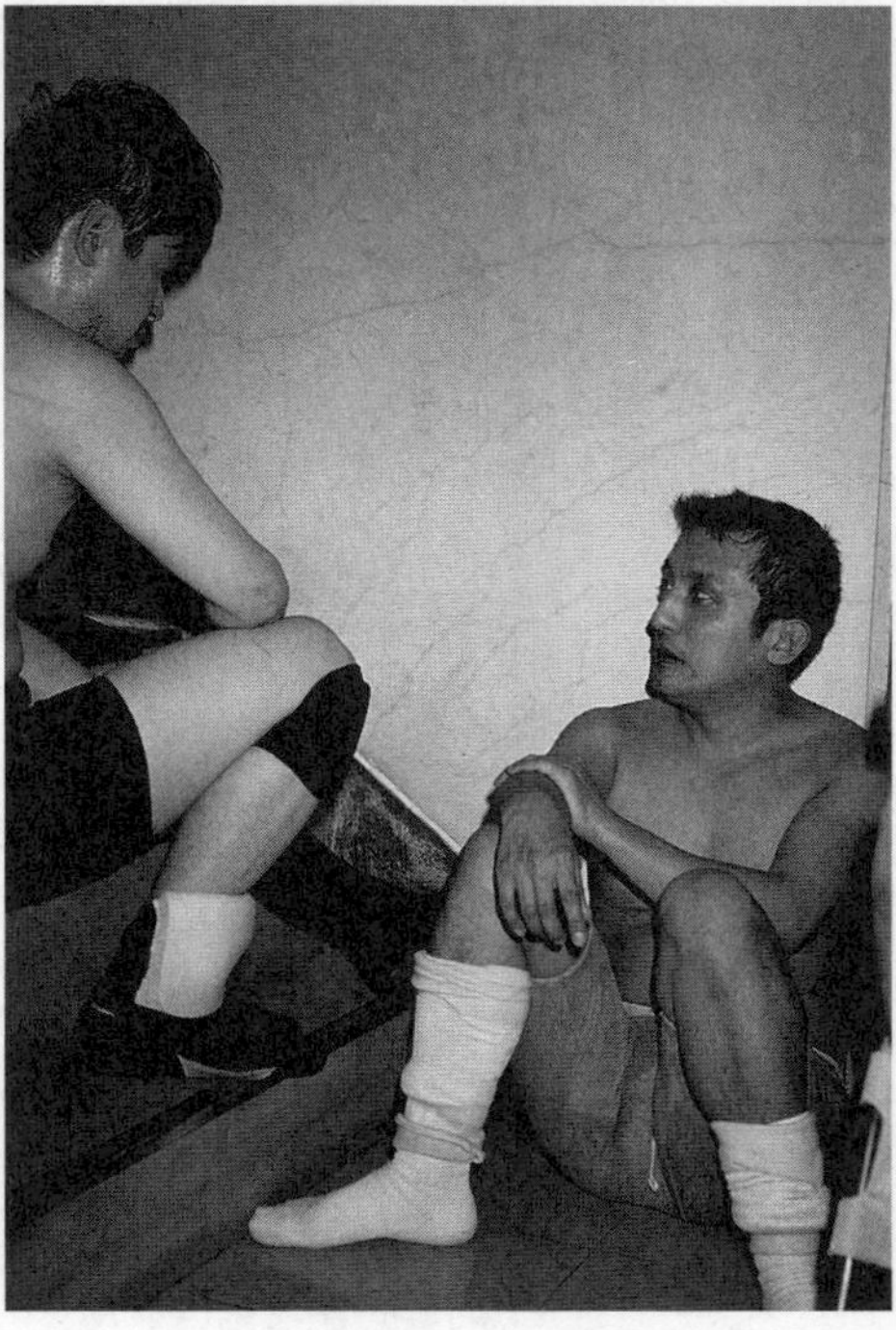

真っ暗な部屋は、時間が止まったようだった。

私はベッドに横になり、天井を見つめていた。単調なリズムの雨音が、延々と耳の中に流れ込む。一体、今は何時なのだろう。ベッドの側に置いてある時計を手に取った。午前二時。興行の数日前になると、不安と緊張のあまり眠れなくなる。前日であれば、なおさらだった。いい試合ができるだろうか。お客さんは集まるだろうか。怪我人はでないだろうか。心配事を挙げればきりがない。

そんな不安と緊張から逃げ出したくなるかと言えば、必ずしもそうではなかった。むしろ心地よく、これが興行前の醍醐味と楽しんでいたりもする。私は寝返りをうって、視線を天井から部屋の中へと移した。そして、雑然とした空間を、ただ何となく眺める。東大での興行は、屋外であるが雨天決行が決まっていた。

「……それでも、なんとか、雨やまないかな」

誰に言うわけでもなく呟いた言葉は、瞬く間に暗闇の中へと吸い込まれていき、私を置き去りにした。テレビ、机、本棚、部屋にあるすべてのものが静かに身を潜めている。この世界で私一人が、ポツンと取り残されたように感じられた。そのときである。突然、既視感を覚えた。この風景、この感覚を私は知っている。

そうだ。こうして暗い部屋をじっと眺めていたのだ。

だが、あの頃は、今のように暗闇や孤独を友とすることはできなかった。忘れることのできない絶望と焦燥の記憶が甦る。所々が欠け、不自然な形をしている私の心が、忘れていた痛みを思い出したかのように疼《うず》き始めた。

小学校五年生だった。私は薄暗い部屋の中で泣いている。隣の部屋では父がベッドに横になり、その傍らで母も泣いていた。

「ゆきのり、ゆきのり、こっちに来なさい」

か細い声で、父が私を呼ぶ。辛うじて耳に届くような声だった。しかし、私は動けなかった。父の元に行くことができなかった。じっと膝を抱えて、暗い部屋の隅を見つめていた。

ほんの数分前のことである。数週間前から体調不良を訴えていた父が、病院での検査から帰ってくるなり、玄関に座り込んだ。そして、靴も脱がずにうなだれたまま、大きな溜息をついた。「どうしたの？　とうさん」と聞いても父は返事をしなかった。「具合が悪いなら、入院すればいいじゃない」と私が気楽そうに話すと、傍らにいた母が怒ったように「とうさんは癌《がん》でね、もう助からないかもしれないのよ！」と言った。

——癌？　一体、母さんは何を言っているんだ。助からない？　嘘だよ。だって、このあいだの日曜日、一緒にキャッチボールをしたんだ。母さんは知らないかもしれないけど、父さんはすごく元気だったんだ。死ぬわけないよ。病院に入院すれば、きっと良くなるよ——さまざまな言葉が、もつれるようにして頭の中を駆けめぐる。だが、それを声には出せなかった。沈黙し続ける父と母の姿が、何よりも重く事実を物語っていたからだ。私は逃げるように自分の部屋に駆け込んだ。

——父さんが死ぬ——

部屋の床が足下から崩れさり、暗闇の底に堕ちていくような気がした。力無く、私はその場に座り込むと嗚咽《おえつ》した。

「ゆきのり、ゆきのり」

私は父の声に耳を塞いだ。父が何を言おうとしているのか、わかったからだ。しばらくすると、「お父さんの話を聞きなさい」と母が部屋に入ってきて私の手を引いた。私が布団の側に座ると、父は「おまえは長男なんだから、父さんがいなくなっても、母さんと弟のことをしっかり守っていくんだぞ」と言った。

「……うん」

自分で返事をしながら、テレビドラマのワンシーンのようだなと思った。しかし、ギュッと握りしめた拳に爪が食い込むと、鈍い痛みがはしった。これは間違いなく現実なのである。私は部屋に戻ると、ベッドに潜り込んだ。父との楽しい思い出が、次から次へと思い浮かんだ。朝が来ないかと思えるほど、その日の夜は永かった。

父の病気は直腸癌だった。発見が遅かったため、手術で大腸のほとんどを切除することになった。父は長期入院をすることになり、母は毎日、病院に見舞いに通った。そのため、私と四つ年下の弟の面倒は、母方の祖母が見ることになったのである。

父が入院して一カ月が経った頃から、母の様子がおかしくなった。病院に行ったきり、家に戻ってこないのである。帰宅するのは翌日の昼頃らしく、学校に行っている私と弟は、母と会うことがほとんどなくなった。

あるとき、私が学校から帰ると、珍しく母が家にいた。そして、その周りを親戚が取り囲んでいる。ひと目見て、母が責められているとわかる光景であった。

「行徳、部屋に行っていなさい」

叔父が言うので、私は黙って従った。部屋で耳を澄ませていると、親戚たちの怒っている理由がわかった。数百万あったはずの家の貯金が、ほとんどなくなっているのだという。

「お前が遣ったのはわかっているんだ！」

「一体、あれだけの額を何に遣ったの⁉」

親戚一同に厳しく詰め寄られた母は、しばらくの間、黙秘していたが、やがて観念するように口を開いた。それを聞いたとき、私は自分の耳を疑った。毎日の看病でストレスが溜まり、ホストクラブで羽目をはずしていたというのだ。信じられなかった。父は懸命に病と闘っているのである。甲斐甲斐しく看病するのが当然ではないか。親戚たちの怒鳴り声は、それから何時間も続いた。私の心は、母に対する失望で埋め尽くされた。

半年が経った頃、父が仮退院という形で家に帰ってきた。しかし、ずっと家のベッドで横になっている父を見て、仮退院の意味を理解した。病気が治っていないのに、なぜ家に帰ってきたのか。その答えは一つしかなかった。

父と母の仲がギクシャクした感じになっているのは子供の目にもわかった。特に父の身の周りの世話で夜遊びができなくなった母は、いつもイライラしているようだった。些細なことで私が母に口答えをしたことがあった。それに対して、母は顔を真っ赤にして激怒し、私が大事にしていた本や漫画を本棚から取り出すと、びりびりに破いて窓から外へ放り投げた。私は泣きながら本を拾い集めると、父の元に走った。私は母の悪口を父にぶつけるように言った。黙って聞いていた父は、一言「セロテープを持ってきなさい」と言った。父は破れた本を一頁ずつ丁寧にセロテープで留め、それを私に手渡すと「お母さんを許してあげてくれな。お母さんは寂しさに耐えられない人なんだよ」と呟いた。私は父の言葉の意味が、よくわからなかった。

一カ月後、父は再入院することになった。母はまた病院に行っては朝帰りをするという生活になった。こんどはホストクラブではなく、男ができたようである。祖母と母がそのことで口論しているのを耳にして知った。この頃から、私は母を憎むようになっていた。

小学校を卒業し、数日後に中学校の入学式を控えていた。朝、病院から父が危篤との知らせがあった。もちろん、この時間では母は家に帰ってきていない。祖母は私と弟を連れ、病院に向かった。

病室に入ると、呼吸器を付け、苦しそうに息をする父の姿が目に入った。放射線治療で髪が抜け落ち、痛みのために歪んだ顔は、まるで別人のようであった。呆然とする私に、看護婦が「お父さんの手を握ってあげて」と言った。父の両目は濁り、私のことが見えていないようである。私は父の手を握った。微《かす》かだが温もりがあった。父は、何かにすがりつくかのように、私の手を握り返してきた。

その日の晩、父は死んだ。三十八歳だった。

父の亡骸が家に帰ってきた頃である。母が呑気な様子で帰宅してきた。家に上がるなり、叔父に顔を平手で張られ、親戚一同に激しく罵倒された。事態を呑み込んだ母は、父のそばに行くと、力が抜けたように座り込んだ。顔を見ると、涙が静かに頬を伝っていた。

父の死後、母はスナックで働くようになった。生活パターンは変わらず、店に行っては、そのまま男の家に泊まり、次の日の夕方になると帰宅するというものである。また、日曜日は家に帰ってこなかったため、私は弟と祖母の三人だけで暮らしている感じがしていた。

祖母は食事時になると、毎日のように「あんなふうに育てた覚えはないのに」と母への愚痴を私にこぼした。それがあまりにしつこいので、私も「あんなやつ、親じゃない。死んじまえばいいんだ」と怒りをぶちまけた。すると祖母は怒ったように「それは行徳が言うことじゃないでしょ。私はあの子の親だからいいの。子供にそこまで言われたら、あの子も親として立つ瀬がないでしょう」と言った。

母への悪口は、元はと言えば祖母が言い出したことである。私はムッとすると「何言ってんだよ！　親としてって、親らしいことなんか、あの女は何にもしてないじゃないか！」と怒鳴った。祖母はしばらく黙っていると、「……あの子は親である前に女でもあるんだよ。わかってやっておくれ」と言った。その言葉を聞いて、私は爆発した。思い切りテーブルをひっくり返すと、「ふざけんな‼」と叫び、自分の部屋に閉じこもった。

家の中がそんな状況だったので、進学に対しても投げやりになった。中学三年間在籍していたハンドボール部が好成績を収めていたので、スポーツ推薦で入れる高校があった。高校なんて、どこでもいいという感じで、何も考えることなく進学を決めた。

その高校のハンドボール部は、東京都大会で必ずベスト8に入っていただけに、練習も厳しかった。特に入学してすぐに開かれる春季大会の前は、寝る時間すらなかった。新入生は朝練習の準備のために、午前七時には学校にこなくてはならない。通学時間が一時間半かかったので、毎朝五時起きである。そして、放課後の練習は、グラウンドで午後七時まで、それから体育館に場所を移し、十時近くまで続いた。しごきともいじめとも思えるようなこともされた。ボールのキャッチングが下手だと言っては、近距離から延々とボールを思い切りぶつけられるのである。疲れ果てて家に帰ると、十二時を過ぎていたこともあった。だが、それに耐えられないわけではなかった。体を酷使することで、家でのゴタゴタが忘れられるような気がしたからだ。

しかし、どうしても馴染めなかったのが、体育会系特有の軍隊的な人間関係である。新入生は基本的に小間使いだったが、三年生が二年生に対して振るう暴力は日常茶飯事だった。厳しい練習の鬱憤《うっぷん》を後輩にぶつけるように、殴る蹴るを繰り返す。目の前で人が殴られているのを見るのは、決していい気持ちではない。スポーツ推薦組以外の新入生部員もいたのだが、次々にクラブをやめていった。

荒《すさ》んだ雰囲気のクラブであったが、仲のいい友人もできた。張という在日韓国人である。

彼が三年生たちに目をつけられた。ランニングの際のかけ声で、一人が「エイッ！」と叫ぶと、周りが後から「ヤッ！」と合わせるものがある。三年生たちは彼をからかうために、そのかけ声を「チョウ！」「チョウ！」とやり始めた。それだけでは飽きたらず、今度は彼にグラウンドの中央で「ちょうちょ」の歌を歌ってこいと命じた。そして、「蝶々のアクセントは気をつけろよ」と意地悪く言うのも忘れなかった。

彼は渋々と、グラウンドの中央に歩いていった。

「……チョウチョ……」

一呼吸置いた後、意を決したように歌い出した。

「聞こえねぇーぞ！」

「もっとでかい声で歌え！」

笑いながら三年生たちが、はやし立てる。

「チョウチョ！　チョウチョ！　菜の葉にとまれ！」

彼は泣きそうな顔をしながら大声で叫んだ。

その様子を見ていた野球部やサッカー部もゲラゲラと笑っている。あまりの怒りから、私は軽い目眩《めまい》を覚えていた。民族差別は許せないとか、大袈裟に考えていたわけではない。ただ、友だちが目の前で傷つけられているのが耐えられなかった。そして、それを見ていることしかできない自分が許せなかった。その日の帰り道、彼は一言も言葉を発しなかった。

翌日、私は担任教師に、彼が受けた仕打ちを打ち明けることにした。すべてを知っていながら何も注意しないでいる監督に話したところで、クラブとはそういうものだと片づけられるのがオチだと思ったからだ。すると問題は私の想像以上に広がり、何度も行われていた暴力までも明るみに出て、クラブは活動中止になってしまった。その混乱の中、張がクラブをやめたことを聞き、私は彼のクラスを訪ねた。教室の外から声をかけると、彼は迷惑そうな顔をして、私のことを無視したのである。それはまるで、ことを大きくしたことを非難するような態度に私には思えた。

私がしたことは、余計なことだったのだろうか。そう悩んでいると、追い討ちをかけるように、私は監督とコーチに呼び出された。

「おまえはクラブを売る気なのか! なぜ、私ではなく担任なんかに相談するんだ!!」

烈火のごとく怒られたが、その言葉は私の心を通り過ぎていくだけだった。

「責任を取って、学校をやめます」

そう言うと、私は監督とコーチに頭を下げた。

翌日から、私は学校に行かなくなった。スポーツ推薦で入学した学校であり、元々自分が気に入って選んだわけではない。クラブをやめたら、学校に通う意味が見出せなくなったのだ。担任教師は私の家まで来て「スポーツ推薦など関係ないから、学校に来なさい」と言ったが、もう何もかもどうでもよかった。学校をやめると決めたら、それまで溜まっていた心と体の疲れが、一気に噴き出したのである。高校の友だちや中学時代の友だちが心配して訪ねてきても、会おうとする気力が湧いてこなかった。

雨戸を閉め切り、真っ暗な自分の部屋で一日中過ごした。食事は祖母に運ばせ、部屋を出るのはトイレに行くときだけ。高校中退者に対して世間の目は今ほど寛容ではなく、親戚や近所の人たちからは気が狂ったのではないかと言われた。部屋に閉じこもれば、学校や母親のことから逃げ出せるような気がしていたが、実際は閉じこもれば閉じこもるほど、私は追いつめられ、逃げ場を失っていたのである。

時間を感じない閉じた空間にいても、夏の到来だけはわかった。学校が夏休みに入った頃だとわかると、たまらなく惨めな思いが募ってきた。同世代が楽しそうに夏を過ごしている姿が頭に浮かぶ。どうして自分だけが、こんな目に遭わなければならないのだろう。私はすべての原因は母にあると思った。母が男遊びをしていたから、私が投げやりになったのだ。母が私のことをもっと考えていてくれれば、部屋に閉じこもることもなかったのだ。

そう思い出すと、止まらなくなった。

私は部屋を飛び出すと、台所に行き包丁を握りしめた。そして、仕事に行こうとしている母に向かって叫んだ。

「みんな、お前が悪いんだ！」

鈍く光る包丁を向けられても、母はさほど驚かなかった。

「殺したいんなら、殺しなさい」

母は静かに言った。

包丁を持った手が汗ばんでいる。心臓は爆発したように鼓動を刻む。喉から悲鳴の塊が飛び出しそうになる。

母と見つめ合っていたのは、おそらく数十秒のことだったと思う。しかし、私には時間が止まったように感じられた。腕がだるくなり、包丁をおろした。途端に全身から力が抜けた。

初めから、母を殺すような勇気などなかった。むしろ、母に甘えようとしていたのである。今の状況から助け出してほしくて、救いの手を差し伸べてほしくて、苦しんでいる自分を母に見せようとしたのだ。

母は私が立ち竦んでいると、目を伏せて、仕事に出かけていった。それから一年間、私は暗い部屋の中で、たった一人でもがき苦しんで過ごしたのである。

十八歳になった。私はレストランでウェイターのバイトをしていた。時給は四百八十円である。働くという目的で、暗い部屋からは出ることができた。だが、私は劣等感の塊のような人間になっていた。そんなとき、偶然、ボランティア活動を特集しているテレビ番組を見た。その手の番組にまったく興味はなかったが、一九八一年の国際障害者年をきっかけに障害者関係のドラマやドキュメンタリー番組が多く作られるようになり、目にする機会が増えていたのである。

漠然とテレビを眺めていた私だったが、突然「これだ！　これだよ！」と叫びそうになった。自分より惨めな人間がいるではないか。自分より可哀相な人間がいるではないか。そのときの正直な気持ちは、「障害者は私の劣等感を吹き飛ばしてくれる」であった。障害者の手助けをしてあげれば、きっと自分の心が救われるはずだ。直感的に、そう感じたのだ。世田谷ボランティアセンターを訪ねた私は、自分にできそうなボランティアを片っ端から紹介してもらった。時間はありすぎるほどあったので、障害者の介助に始まり、知的障害児の遊び相手、老人ホームでのおむつたたみと、いろいろなボランティアをやった。親戚の目も簡単に変わるもので、「ボランティアをするなんて偉い」と言われるようになった。

そんなことでも、私の心は徐々に癒されていったのである。また、障害者や老人に感謝されるのも、単純に嬉しかった。他人に必要とされることで、少しずつ自信を取り戻しながら、私はボランティアの世界に深く踏み込んで行く。そして、慎太郎や浪貝と出会ったことで、この世界がそんなに素晴らしいところではなく、さまざまな矛盾と問題を抱えていることを知るのである。

祖母が亡くなり、弟が結婚して家を出ると、実質的に家は私一人になってしまった。母は近所でスナックを経営するようになり、ますます家に帰らなくなったからである。だが、母も歳をとったせいか、このところ随分と変わったように思うこともある。私が帰宅すると、ハンバーグやカレーライスなど夕飯が作ってあったりする。さんざん放ってきたくせに、突然、母親らしいことをするなど、随分と都合のいい話ではないかという気がしないでもない。しかし、そんな母に寂しさを感じてしまい、憎みきれないのも事実である。私も三十歳を超えて、何となく母の弱さがわかってきた。人間は弱い。清く、正しく、美しく、そして強く生きることのできる人ばかりではないのだから。

雨音が聞こえる。

今日も慎太郎から二回ほど電話があった。

「あしたは、あめでも、やるのですか?」

「かならず、きたじまさんと、いいしあいをやるのですね」

どんなにたわいもない話であっても、慎太郎は相変わらず毎日のように電話をかけてくる。そのためにノイローゼになりそうになったこともあったが、今では逆に電話が鳴らないとなぜか不安になったり、不思議と寂しさを感じたりする。慎太郎が私を頼りにしているように、私も慎太郎の存在が心の支えになっているのだ。

自分の世界に閉じこもり、稀薄な人間関係しか築けなかった私は、激しくぶつかり合える濃厚な繋がりを強く求めていた。暗い部屋に置き忘れた心の欠片《かけら》を探し続けて、気が付いたらドッグレッグスを作っていたのである。

慎太郎とは、感情をむき出しにして体ごとぶつかった。

浪貝の痛みには、目を逸《そ》らさずに向き合った。

挫《くじ》けそうになったとき、ゴッドファーザーには何度も励まされた。

大賀と磯は、求めていた答えの一つを教えてくれた。

それはすべて、私が父や母、友人にしてほしかったことでもあった。


やっと眠れそうになったとき、ものすごい音がして玄関のドアが開いた。

「もぉー！　ほぉんとに、ひどい雨ったらないわねぇ！」

母はわざとらしく大声を張り上げ、ドタバタと部屋の中を音を立てて歩く。

「もうー！　こんな日はお客さんがこないのよ！　まったくねぇ、これじゃ商売あがったりなのよぉ！」

酔いがまわり、ろれつの回らない口調で、延々と独り言を続ける。いや、正確に言うと、独り言ではない。私に話を聞いてもらおうとしているのが、明らかだからである。

「ホントにね！　寂しいのよね！　一人なのよね！　私は一人なのよね！」

「……何を勝手なことを……再婚でもすれば良かったのに」

私は布団の中で呟き、寝返りをうつ。父が死んだ後、どうして母が再婚をしなかったのか、その理由は今でもわからない。

「私が悪いの。そう、みんな私が悪いの…………どうして、どうしてよ。どうして、私だけが悪いのよ……聞いてよ……私の話を……私だって、私だって一生懸命だったのよ。あれからね、コツコツとお金を貯めたのよ……そんなことしか、そんなことしかできないのよ……聞いてよ、私の話を、私の話を……」

「…………」

「そりゃね、もう遅いのかもしれないけどね……」

仕方がない。私はベッドから降りると、母の話に少しだけ付き合うことにした。

翌朝、目が覚めると、すっかり雨は上がり雲ひとつない快晴だった。母は歳に似合わぬ派手な色の服を着たまま、布団もかけないで寝ている。私はリングコスチュームをバッグに詰めると、東大へと向かった。

第十五章

眩しいスポットライトの下で

空を見上げると、目の覚めるような青空が広がっている。日差しは初夏を思わせるほどに眩しい。前日までの雨が嘘のようだった。

東大安田講堂の前に設置されたステージに、体操用マットを何枚か重ねてリングが作られる。試合開始の時間が近づく。

「今日の見所はズバリですね。菓子パンマンです。健常者チームなんですけど、注目の選手です」

「そうですね、彼は放送禁止の格好して入場しますから、期待してください」

実況を務める神山と新垣の声が、スピーカーにのって響きわたる。

ステージ前にある芝生の植え込みに、観客が座り込む。何が始まるのかわからない人たちが、足を止めステージを見つめる。

五月祭主催者側の意向により、この日の興行は無料で見ることができる。私たちはファイトマネーをもらって試合を行うだけの、いわゆる売り興行だ。だからといって手を抜くことなく、障害者レスラーのアブノーマライゼーションが欠場しただけの、ほぼフルメンバーで試合に臨む。いつも会場で見かける常連の顔も見えるが、ほとんどが障害者プロレス初観戦という感じの人が多い。ざっと見て、二百人ぐらいの観客が、ステージの周辺に集まっている。

一時三十分。時計を確認し、私の顔を見た新垣が「時間です。始めます」と目で合図した。

カン、カン、カン、カン、カン、カン。

試合開始を告げるゴングが鳴る。

「第一試合、ミラクルヘビー級バトルロイヤルを行います！」

本部席でマイクを握った新垣が、伸びのある声で勢いよく叫ぶ。

レスラーの増加によって、ドッグレッグスは障害の重さに応じて階級分けをするようになった。比較的障害の軽い慎太郎やブルースたちはヘビー級、浪貝やナイスガイはスーパーヘビー級、そして、一番障害の重い階級がミラクルヘビーである。

「ぼく、医者からプロレスすると障害が進むって言われているんです。パトス森下！」

「噛ませ犬人生まっしぐら！　バーサク大滝！」

「年寄りは大事にするもんじゃ。ワイズマン！」

「お嬢さん、オレに触ると妊娠するぜ。にゃんにゃんフェラクレス！」

「オレはドッグレッグスで成り上がってやる！　ノーシンパシー！」

「女装という愛の迷宮に迷い込んだ私。今日も張り切ってサービス！　サービス！　愛《ラ・》人《マン》！」

「もし、僕を街で見かけたら、手を貸してください、優しくしてください、お金を貸してください。ザ・弱者！」

新垣のアナウンスに乗って、重度の障害者たちが次々とリングに登場する。各選手がマット上でモゾモゾと蠢《うごめ》く光景は、異様な迫力に満ちあふれていた。

しかし、いつも自主興行で見る選手たちの姿とは、何か少し違う感じがした。なぜだろう。不思議な違和感があった。その理由を考えているうちに、ゴングが高らかに鳴った。

バトルロイヤルは、参加選手が全員で一度に戦う試合形式である。通常のＫＯ、ギブアップに加えて、場外に出されても負けとなり、最後に一人残った選手の勝ちとなる。ただし、今回は特別に二人が残った時点で試合を終了し、改めて決勝戦としてシングルマッチを行う。

リング中央で選手が折り重なると、巨大な肉塊が出来上がった。どよめきに似た歓声が客席から起こる。肉塊がほぐれると、今度はリングのあちこちでシングルマッチが始まった。愛人《ラ・マン》が両足をうまく使って弱者を場外に突き落とせば、ノーシンパシーが大滝をチョークスリーパーで絞め落とす。

選手が次々と退場していき、ノーシンパシー、ワイズマン、森下の三人が残った。この中から一人脱落した時点で、決勝に進む二人が決定する。ノーシンパシーは、二十六歳でドッグレッグスの最年少レスラーである。反対にワイズマンは最年長で五十五歳。そして、森下は男子レスラーの中では、最も障害が重い選手だ。

真っ先に仕掛けたのはノーシンパシーだった。ピョンピョンと飛び跳ねるようにして森下に近づくと、若さにまかせるように平手を振り落とす。森下の背中に、紅葉のような手形がいくつもつく。ノーシンパシーは森下に狙いを絞ったようだ。リンゴが一個まるごと入るほどの大口を開けたまま、ノーシンパシーは情け容赦なく攻撃を続ける。ワイズマンは、それを離れて眺めているだけだ。滅多打ちにあった森下は、糸の切れた操り人形のようにペタンと潰れると、そのまま動かなくなった。レフェリーが試合を止める。ゴングが打ち鳴らされ、試合が終了した。

決勝戦は、ノーシンパシー対ワイズマンによる最年少対最年長対決となった。試合が終わってみれば、ワイズマンはほとんど動かないままで勝ち残ってしまった。

「第二試合、障害者女子プロレス三分2ラウンドを行います！」

バトルロイヤルに参加した選手たちはロック系入場テーマだったが、今度は寂しくおどろおどろしい曲がスピーカーから流れる。

「私、脱いでも凄いんです。新橋三枝子！」

「私、今日、動きます。千野恵子！」

障害者女子プロレスは、一年前の興行から導入されるようになった。千野は、磯が自立ホームで職員をしていたときの友人である。現在は自立ホームを退去し、一人暮らしを始めている。新橋は、大賀の昔の彼女という噂だ。二人とも磯の熱心な勧めによって、障害者女子プロレスラーになることを決意した。

派手な色の水着に身を包んだ両選手は、車椅子で入場すると、介助者によってマットの中央に下ろされた。すると、ともに力なく、ゴロリとマットに横たわった。千野も新橋も、介助者が後ろで支えていなければ、座っていることすらできないのだ。

「この試合は寝技のみになるので、お客さんは少し見にくいかもしれませんね」

「寝技と言っても、ただ寝転がっているだけに見えるかもしれませんが」

「二人とも日常生活では、寝返りをうつのにも苦労していますからね」

「そんな体の状態でプロレスをするわけですから、お客さんも見るポイントをしっかりと押さえて欲しいです」

「そうですね。私はズバリ、千野選手の水着がポイントとみました。何か、おニューみたいですからね」

新垣と神山のたくみなやりとりが観客の笑いを誘う。レスラーたちの素顔や日常生活のエピソードを盛り込んだ試合の実況は、今や障害者プロレスに欠かせないものとなっていた。観客は二人のブラックジョークに笑いながら、リング上で行われている以外のことにまで思いを巡らせていくのである。

リング上で添い寝をしているような二人に、試合開始を告げるゴングが鳴る。

笑っているのか泣いているのかわからない表情で、千野が必死に体を動かそうとする。しかし、体はヒクヒクと痙攣《けいれん》するだけで、まったく動かない。それに対して新橋は、ゴソゴソとお尻を這わせるようにして、千野に接近する。そして、そのまま千野の体に乗っかった。

「あーー」

耳を澄まさないと聞こえないほどの、小さな悲鳴を千野が挙げた。千野の体重は三十数キロ。新橋は、その倍以上の体重を誇る。新橋はさかんにお尻を動かし、千野の体に体重をかける。何とも悲しそうな顔をする千野だが、脱出する術はなく、ただただこの苦しみに耐えるしかない。

なんとも表現のしようのない光景と、プロレスというにはあまりに動きの少ない展開に、観客席は静まり返った。実は過去に行われた試合も、似たような展開となり、そのまま2ラウンドが過ぎて引き分けに終わっている。それに対する、観客の反応は「技がなく見ていてしんどい」「何回闘っても引き分けになるだけではないか」というものだった。

障害者女子プロレスは、勝敗や技よりも必死で動こうとする姿を見てもらいたかったのだが、観客には意図が伝わらなかったようだ。そこでこの試合から、特別にアフロディーテ・ルールというものを導入した。

ギリシャ神話に登場する美の女神から名前をとったこのルールは、女子レスラーの動きに芸術点をつけようというものである。表情、手足、お尻などが目を見張る動きを見せた場合、その女子レスラーに芸術点が1ポイント加算される。ダウンもロープエスケープもなく、引き分けになったとしても、これならば判定で完全に決着がつく。また、芸術点が入るときにはマイクでその箇所を告げるので、観客は今、女子レスラーのどこを見ればいいのかもわかるはずだ。

「新橋お尻1ポイント」

「千野顔1ポイント」

次々と芸術点が入るたびに、観客席から複雑な笑いが起こる。

このままなら判定になっても勝負はつくだろう、と思ったときである。新橋が左足で、千野の腹を細かく踏み始めた。

「うげえええ」

千野は悲鳴を挙げ、苦悶の表情を浮かべる。

「千野顔1ポイント」

すかさず芸術点が入った。

それでも構わず、新橋は髪を振り乱して腹を踏み続ける。見るに見かねたレフェリーが、ついに試合を止めた。レフェリーストップで新橋の勝ちである。

得意気な笑みを浮かべて、新橋は勝ち名乗りを受けた。グッタリとした千野は、介助者に運ばれてステージから降りていく。観客にしてみれば、二人がプロレスをやりたがる気持ちを理解できないかもしれない。

しかし、プロレスを始めるようになって、二人は間違いなく変わったのだ。

新橋は、気持ちが前向きになった。今いる入所施設を出て自立する勇気が湧いてきたという。千野は、病弱だった体が健康的になった。「一人で寝返りがうてるようになり、脂っこい食べ物も食べられるようになったんですよ」と、千野の介助者は笑いながら話してくれた。

「第三試合、障害者対健常者八人タッグマッチ。三十分一本勝負を行います！」

すっかりドッグレッグスの定番となっているカードであるが、今回はひと味違う展開になりそうだ。何と言っても、ついに菓子パンマンが登場するのである。

「限りなく障害者に近い健常者！　菓子パンマン‼」

菓子パンがいっぱい入った袋を持ち、唐草の風呂敷をマントにして、菓子パンマンがリングに立った。観客席に向かって、勢いよくマントを脱ぎ捨てる。露《あらわ》になったリングコスチュームは、白いブリーフが一枚だけ。胸には「か」と書かれている。観客席から爆笑が起こると、菓子パンマンは照れくさそうに、ニヤニヤと笑いを浮かべた。リング上には私、神山、コマンドでこ、菓子パンマンの健常者チームと、慎太郎、ブルース、ゴッドファーザー、ラジカルの障害者チームの選手が並んだ。

「よし、行くぞ！」

神山は菓子パンマンの背中を叩いた。

何度も闘ってきた顔合わせだけに、試合はレベルの高い攻防となった。各選手がそれぞれの持ち味を繰り出していく中、私からのタッチを受け、菓子パンマンがリングに入った。

マイクを力強く握りしめて、新垣が叫ぶ。

「さぁ、出てきました話題の新人、菓子パンマン！　ＩＱが八一で愛の手帳がもらえずに、障害者になれなかった健常者です！　もう一つ付け加えるなら、親のいない孤児でもあります！」

楽しそうに観戦していた観客席がざわめく。聴きようによっては酷い中傷と受け取られかねないが、新垣にすれば覚悟の上の実況であったという。一見しただけでは、菓子パンマンは変わった風貌の少年としか観客の目には映らないかもしれない。菓子パンマンの障害や背負った過去を知ることは、彼が闘う理由を深く考えるきっかけになるはずだ。そのためには歯に衣《きぬ》着せない実況をしなければ伝わらない。きつすぎる表現をすることに、抵抗がないわけではなかった。それでも新垣は、観客を相手に言葉のプロレスをする。

　菓子パンマンの相手は、因縁の相手ラジカルだ。スパーリングでは滅茶苦茶に殴られて泣かされている。

「うあああ！」

　雄叫びを挙げてのラジカルの体当たりに、菓子パンマンは吹っ飛ぶ。そして、ラジカルは馬乗りになると、菓子パンマンの顔面や後頭部に容赦なく張り手をくらわせた。スパーリングのときと、まったく同じパターンである。

「ダウン！」

　すかさずレフェリーがダウンカウントを数える。

「1、2、3……」

「菓子パンマン！　しっかりしろ！」

　神山が叫ぶ。菓子パンマンはムクッと起き上がると、ファイティングポーズをとった。スパーリングのときは、この後に泣き出してしまったが、今日は違った。

「子供の頃からいろいろといじめられてきましたからね。痛いのは苦手です。しかし、なんとか孤児魂をみせて欲しいです」

新垣の実況に応えるように、菓子パンマンはラジカルの足を取って寝技に持ち込むと、綺麗にアキレス腱固めを極めた。

「よーし！　いいぞ！　それで、いいぞ！　菓子パンマン‼」

神山が興奮する。それを見た新垣も「孤児だった彼は、今まで生きてきて、こんなに人に誉められたことはないと思います！」と声を張り上げた。

試合は終盤、神山とラジカルの闘いとなった。ラジカルが得意の馬乗りパンチで神山を滅多打ちにする。

「まるでお母さんにぶたれているような攻撃です。神山選手はマザコンらしいですからね。こういう攻撃が一番効くはずです」

新垣がそう言ったとき、菓子パンマンが手を伸ばし、神山の背中を叩いてタッチした。そして神山の危機を救うように、入れ替わってリングに入った。

「さぁ、出てきました！　母と父を持たぬ子供！　彼はマザコンになりたくてもお母さんがいませんからね！」

新垣のしつこいブラックジョークに、ついに観客も根負けして笑い声を挙げる。しかし、ラジカルはまったく容赦しない。腕を思い切り振り回しての「ラリアット」が、菓子パンマンの頭を直撃する。

「あ、あぁ！　これは効いたか⁉」

新垣の実況の後、少し間をおいて菓子パンマンはガックリと膝をつく。

「どうした！　立て！　菓子パンマン、立て‼」

神山がマットを叩きながら絶叫する。

「そうだ！　立て！　お前が生きていくのはこのリングしかないんだ！」

新垣も声に力を込める。

頭を振りながら菓子パンマンは立ち上がると、ラジカルの脚にローキックを放った。ドッと観客席が沸く。さらに一発、二発と追い討ちをかける。ラジカルの顔が苦痛に歪み、たまらず逃げるようにして慎太郎にタッチをした。菓子パンマンは、慎太郎にも怯《ひる》むことなくローキックを連発していく。打たれ強さには定評のある慎太郎も、三発目の蹴りでダウンした。

「いいぞ！　いいぞ！　菓子パンマン‼」

神山が拳を突き上げる。

結局、試合はブルースが羽折り固めでコマンドでこを仕留め、障害者チームに勝利を呼び込んだ。試合には敗れたが、菓子パンマンは見事にデビュー戦を闘い抜いた。ステージから降りると、菓子パンマンは疲れ果てたように日陰に座り込んだ。

「おつかれ、よく頑張ったな」

私が声をかけると、菓子パンマンは力なく微笑んだ。

「ほら、ファイトマネーだ」

私は土の入った小さなプラスチック製の容器を手渡した。

「……なにも、いないよ」

容器の中を見ながら、菓子パンマンが言う。約束していたのはカブトムシの成虫だったが、私が買ってきたのは幼虫だった。

「育てる楽しみがあった方がいいと思ってな……」

余計なことをしたかと思ったが、菓子パンマンは土の隙間から幼虫の姿を見つけると、いとおしそうな目で眺め始めた。

第四試合はノーシンパシー対ワイズマンの決勝戦である。ワイズマンは千野に好意を抱いているらしく、この試合は格好のいいところを見せるチャンスと思っているようだ。ノーシンパシーにしてみれば、バトルロイヤルで森下を狙ったのは、高齢のワイズマンの方が決勝戦で倒しやすいと考えたのだろう。ところが、その作戦は裏目に出てしまう。ワイズマンは、顔面や首など、麻痺のための攻撃禁止箇所がとにかく多い。そのために、ノーシンパシーはどうしても攻めきれない。ついにはスタミナが切れたところをワイズマンに捕まり、首を裸絞めで極められてしまった。大方の予想を裏切る、ワイズマンの大金星である。

第五試合は第十一代ヘビー級王者であるラジカルに、ブルースが挑戦するタイトルマッチだ。

ブルースが風を切る音が聞こえてきそうなキックを放てば、負けじとラジカルは驚異の破壊力を誇る右腕を振り回していく。どちらも一発当たれば、即ＫＯの威力を持つだけに、リング上の闘いから目が離せない。

緊張感が走る中、ブルースの体が一瞬、空中に浮いた。その動きに目を奪われるように、ラジカルの動きが止まった。勢いよくブルースの左足が伸び、ラジカルの顔面に命中した。豪快なドロップキックだ。ラジカルの巨体が吹っ飛んで倒れると、ブルースの女性ファンが黄色い声援を挙げる。

ラジカルはカウント8で立ち上がったが、すぐにまた倒れてしまった。レフェリーがリングドクターの香山リカを呼ぶ。今の一発で、ラジカルの左眼は腫れて完全に塞がっている。心配そうに覗き込む香山だが、ラジカルは「うがあぁ!!」と雄叫びを挙げて立ち上がると、ブルースに向かっていった。

その後は一進一退の攻防となったが、結局、このダウンが響き、判定でブルースが勝利した。王者の証《あかし》である茨《いばら》の冠を頭に被ったブルースは、女性ファンの声援に照れながらも、何度もペコリとお辞儀をして応えた。

第六試合はスーパーヘビー級トップ4タッグマッチ。ウルフ、ナイスガイ組対浪貝、藤原組である。

ウルフは職業訓練校の教官にプロレスを禁止されていたが、晴れて学校を卒業し、ドッグレッグスに復帰した。この対戦は誰が見てもわかるように善玉と悪玉の対決である。ふてぶてしい面構えで、浪貝と藤原はえげつない攻撃を繰り返す。昔の浪貝は、試合に出ると負けていたのだが、今では憎らしいまでの強さを身に付けている。ナイスガイの顔面に頭突きを入れると、レフェリーが反則をとった。

「はんそくぅ? それがどうしたってんだ!」

悪びれずに、浪貝は毒づく。この一発で、ナイスガイの前歯は一本折れてしまった。しかし、彼は困ったような顔をしながらも、ニコニコしている。

待ちに待ったリングに帰ってきたウルフは、黙ってやられてはいない。初期のドッグレッグスを盛り上げた狼斬りを連発し、邪悪な二人を蹴散らしていく。

そうか。屋外興行だからか。ここまで試合を観戦していて、私はレスラーたちの体に感じていた違和感の正体に気付いた。

照明効果や舞台演出が施された自主興行は、非日常的な特殊空間と言ってもいい。激しく攻撃的なスポットライトに照らされたリングだからこそ、障害者は障害者レスラーへと完全に変身することができた。しかし、眩しいけれどやわらかな陽射しは、彼らから発せられる異様なオーラを奪い、私が普段見慣れている日常の姿を照らし出していた。七年間の闘いの中で、障害者たちは舞台映えするスターの雰囲気を身に付けてきただけに、等身大の姿で闘う彼らに違和感を覚えたのだ。

普通なら照明は、リングで自らをさらけ出して闘う障害者にしか当たることはない。観客席は闇に包まれ、どんな反応をしようと周囲に悟られはしないだろう。それは日常生活においても同じだ。日々の暮らしの中で、障害者との関わりについて問われることは少なく、無関心のまま生きていく人がほとんどである。だが、空から降り注ぐ太陽のスポットライトは、障害者だけでなく、すべての人を平等に照らす。そのために、普段は潜んで見えない、障害者を取り囲む人々の心までも明らかになった。

日傘を差した上品なおばさんが、「まぁー、嫌」と呟きながら、顔をしかめている。リング上を物珍しそうに眺めていた子供の手を引っ張って、父親がその場から逃げるようにして行く。

真面目そうなおじさんが、今にも怒鳴り込みに来そうな真っ赤な顔をして、本部席を睨んでいる。

障害者の日常と健常者の現実が、特設ステージの周辺で交錯していた。


タッグマッチの最後は、藤原がナイスガイをチョークスリーパーで仕留めた。力なくうなだれる善玉コンビを横目に、浪貝と藤原は観客席に向かってガッツポーズをする。二人とも本当に憎らしく、実に格好いい顔つきだった。

そしてメインイベントは、私と慎太郎の九回目の一騎打ちである。もちろんシングルマッチでは、慎太郎に対する私の連勝は続いている。

リング上で慎太郎と向かい合った。やはり違和感がある。私の目の前に立つのは、サンボ慎太郎と言うより、矢野慎太郎に見えた。当たり前の日常の中で認められることを、慎太郎は望んで止まない。しかし、それは、プロレスのリングで対戦相手に勝つことより難しいだろう。制度が変わり、設備が整えば、障害者は幸せに暮らせるかと言えば、そんなことはない。社会が人間の集まりである以上、結局は人の心の問題がつきまとうのだ。同情、偏見、無関心といった健常者の攻撃は、どれも障害者を社会から弾き出すだけの強烈な破壊力を持っている。それを障害者は、時には真っ正面から受け、時には素早くかわし、時には軽くいなしていかなければならない。繊細で壊れやすい心を持つ慎太郎にとって、これから一生をかけて渡り合う相手は、あまりに手強い。

「きんじては、いりません」

禁じ手は必要ないことを慎太郎が告げると、五分五分の条件下での好勝負を期待する観客から拍手が起きた。だが、その気持ちは、試合が始まってすぐに裏切られる。

同じようにトレーニングを積んできた私と慎太郎だが、ここに来て体力の差が明らかになってきた。私がロー、ミドル、ハイとキックを打ち分けると、慎太郎は人間サンドバッグと化し、ダウンを繰り返す。これまでの展開なら、組み付いて関節技で反撃というパターンだったが、威力を増した私の攻撃の前に、慎太郎は立ち上がるのが精一杯である。

「がんばって、慎ちゃん‼」

「なんとかしろ、慎太郎‼」

「だらしねーぞ、サンボ！」

観客の声援も、この日は慎太郎の元に届かない。頑張っても頑張っても、どうにもならないという障害者の悲しい姿がそこにあった。ラウンドが進むごとに、慎太郎の限界が白日のもとにさらされていく。眩しいスポットライトの下で、魔法が解けていく。好奇と哀れみの視線の中、慎太郎はマットの上を惨めにのたうちまわった。

私の浴びせ蹴りが慎太郎の顔面に決まる。

もつれるように二人が倒れると、慎太郎は私の足をとった。大逆転のアキレス腱固めを必死になって狙おうとする。こうして絶体絶命のピンチを、何度も切り抜けてきたのだ。最後まで諦めなかったから、何度も障害者の限界を超えるような試合ができたのだ。

顔をくしゃくしゃにしながら、私のアキレス腱を締め上げる。だが、得意の関節技の神通力も、もはや失せていた。私は反対に慎太郎の右足首を捻りあげた。足首固め《アンクルホールド》によって、慎太郎の足首がもげそうになる。

「うぁうぁ！」

奇声を挙げてマットを叩き、慎太郎はギブアップした。

「北島強い！　これが、これが現実です！　しかし、慎太郎、これでいいのか⁉」

実況席で叫ぶ神山の声が、スピーカーに乗って構内に響きわたる。ほとんどの観客が呆然としている中、数人の男性が興奮した様子で拍手をしていた。

夕暮れを知らせる冷たい風が吹いた。先ほどまで熱かった体と心が急に冷えていく。私の掌や足のすねには、慎太郎の骨の感触が残っている。何とも後味が悪く、嫌な手応えだった。肉体だけを比較すれば、最終的に慎太郎が私に太刀打ちできなくなるのはわかっていた。それでも、慎太郎が挑んでくる限りは、手加減なく闘い続けるしかないのだ。私はコーナーに置いてあったバケツを手に取ると、まだマットに寝転がっている慎太郎に叩きつけた。バケツは顔面を直撃し、大きく跳ねた。驚いたように慎太郎はムクッと顔を起こすと、ゴッドファーザーの肩を借りて何とか立ち上がった。私はマイクを握り、慎太郎を睨み付けて叫んだ。

「なんだ、そのざまは！　いいか、お前の本当の敵はな、オレの百倍強いぞ！　覚えておけ‼」

私の言葉を聞くと、慎太郎は唇を噛んでうなだれた。

全試合終了後、ステージ裏で、肩を落として泣きじゃくっている。

慎太郎はステージ裏で、新垣のコールで選手たちがもう一度リングに上がり、観客の声援に応えた。

「おい、慎太郎、なにやってんだ！　お前の名前も呼ばれるぞ！　早く立て‼」

「すいません、すいません。きたじまさん、ぶざまな、しあいを、やってしまって……でも、からだが、からだが、おもうように、うごかなくて……なさけないよ、ほんとに、なさけないよ……」

「……じゃ、もうオレと闘うのはやめるか？」

「えっ？」

「オレと闘わないで、障害者同士で闘っていれば、こんなに惨めで辛くて痛い思いはしないですむぞ」

「やめません、やめません、きたじまさんと、たたかうのは、やめません。おねがいします。もういちど、ちょうせん、させてください」

「……だけども、頑張っても、どうにもならないことだってあるんだぞ」

「そんなことありません。いや、そうかもしれませんけど、そうかもしれませんけど……ぼくは、まけたくありません」

「……じゃ、ちゃんと立て‼」

涙を拭いて慎太郎は立ち上がった。

「そして、サンボ慎太郎‼」

新垣の実況が聞こえた。

慎太郎は私に背を向けると、リングに向かってヨタヨタと走って行った。


数週間後、私たちは次回興行を告知するハガキを、世田谷ボランティアセンターで印刷していた。レスラーもスタッフも総動員で、ボランティアセンターの会議室はあふれそうだ。

「逃がした⁉」

神山が素っ頓狂な声を挙げた。菓子パンマンはニヤニヤと笑っている。

「なんで⁉　せっかく幼虫からカブトムシになったのに、逃がしたって言うのか、お前は⁉」

「ちかくのきに、にがしたよ。だって、かわいそうじゃない」

「可哀相って言ったってね。お前がカブトムシを欲しいって言ったんだぞ」

「うん、だけど、ぶじに、おとなになったから、もういいんだよ」

「……よく、わかんねぇなお前は……」

神山と菓子パンマンのやりとりを見て、大きなお腹を抱えた瑞穂が笑う。もちろんお腹の中身は、大賀との間にできた子供である。四カ月後には、二人はパパとママになるのだ。

「そうそう名前なんですけど、大賀さんは男でも女でも、もう決めているみたいで」

「どぉっちっでも、はぁるかぁ！」

「そうなんですよ。遥っていう名前にすることにしました。でも、パパになるんだから、これをきっかけに女装をやめてくれると、いいんですけどね。ママが二人いたら、子供も混乱しちゃうだろうし……」

「そぉれは！　うまぁれぇてぇ、みぃなぁいとぉ、わぁかぁらなぁい！」

突然、物が壊れるような音がした。浪貝が例の調子で、机を叩いたのである。

「きたじまさぁん！　しんたぁろうに、せいさぁいを、くわぁえてぇ、いいですか!!」

「なんで、制裁を加える必要があるんだよ？」

「こぉいつは、こんどぉの、れんしゅうを、さぼってぇ、へんな、しばいを、みにいくって、いってんですよぉ!!」

「……へんな、しばいじゃ、ありませんよ。みゅーじかるですよ」

「あんな、なぁさけねぇ、しあいやって!!　なにが、みゅーじかるだぁ!!　おまえぇ、ぷろれすに、いのちかけるなぁらぁ！　しゅみや、おんなは、いますぐぅすてろぉ!!」

そう叫ぶと、浪貝は慎太郎に飛びかかり、腹に嚙みついた。

「うわぁぁあ!!」

慎太郎が狂ったような悲鳴を挙げた。

騒がしいボランティアセンターの中で、私はそっと自分の所々が欠けた心に触れてみた。痛みがないわけではない。欠けた部分が埋まったわけではない。ただ、ドッグレッグスの仲間たちとの出会いを通じてわかったことがある。

欠けたままの心であってもいいのだ。痛みをなくそうともがき、足りない部分を埋めようともがく。その繰り返しが、生きていくということなのだから。

人間は一人である。親や兄弟、友達や恋人、どんなに親しい人のことだって完全に理解することなんかできない。では、他人の存在は、まるで意味がないのだろうか。

そんなことはない。

手を伸ばしたらするりと逃げる風船のように、叩いても叩いても開かない重い鉄の扉のように、他人の心は思うようにならない。けれども、離れているから繋がろうとし、わからないから知ろうとする。人と人との関係はぶつかり合いの繰り返しで、理解できないからこそ面白いのだ。

障害者と健常者の関係も同じである。

障害者の気持ちになって、と健常者が言ったところで、本当のところはわかるわけがない。わかるというのは健常者の傲慢《ごうまん》だ。周囲に保護されて生きていながら、健常者は理解してくれないと嘆く障害者がいる。それは甘えだ。障害者と健常者はもちろん、障害者同士でも感情的なもつれは常につきまとう。しかし、人と人との間には、いろいろとあって当然なのだ。

むしろ問題なのは、ぶつかり合うことを放棄して生きることではないか。

障害者と健常者の理想的な関係という問題に、模範解答などあるわけがない。だからこそ答えを探して模索し続けるのだ。何度か飛び上がっていれば、いつか風船を掴むことができるかもしれない。血が出るまで拳で叩けば、重い扉が向こうから開いてくるかもしれない。それが、私たちが障害者プロレスをこれからも続けていく理由であり、観客に伝えていきたいことでもあるのだ。

・

「おいおい、浪貝、いくらなんでも噛みつくのはなしだよ……わっ！　何だ⁉　お前、口が血塗《ちまみ》れじゃないか！　大丈夫か、慎太郎⁉」

「……だいじょうぶです」

「あれ？　噛まれた腹の辺りは、何ともなってないぞ。じゃ、なんで浪貝の口が血塗れなんだ？」

「なみがいさんは、ぼくのべるとの、かなぐに、かみついていました。それで、じぶんのくちが、きれたのですね」

「てぇめぇ！　しぃんたぁろう‼　おれに、べるとくわせぇるとは、どぉういう、りょうけぇんだぁああ‼」

「そ、そんなぁ、じぶんで、かってに、かんだくせにーーー‼」

障害者プロレスを始めた頃を思い出させるような二人の喧嘩を見ながら、「お前たちは、本当に面白いな」と私は呟いた。

あとがき

　私が世田谷ボランティアセンターに向かって歩いていると、前をフラフラと歩く浪貝の姿が目に入った。声をかけようとしたその瞬間である。浪貝は、カクンと糸の切れた操り人形のようにバランスを崩し、前のめりに道路へと倒れた。

「おい、浪貝、大丈夫か？」

　私が駆け寄って抱き起こすと、道路に頭をぶつけたらしく額から血を流している。

「……だいじょうぶぅ、だいじょうぶぅ」

　私の手に摑まると、浪貝は何とか立ち上がった。

「おい、額から血が出てるぞ」

「えっ？　あ、あぁ」

　硬直した手で額をこすると、血は顔全体に広がった。

　初めて会った頃と比べると、浪貝の体は確実に衰えている。平らな道でも真っ直ぐに歩けなくなり、転ぶことも多くなった。

「浪貝さ、そろそろ車椅子にした方がいいんじゃないか。そんなふうに歩いていると、そのうち大怪我するぞ。今だって、倒れたところに車が突っ込んできたら……」

「いやぁ、じぶんでぇ、あるけるうちは、あるこうと、おもうんだよぉ」

脳性麻痺は進行性の障害ではないが、健常者より筋肉の老化が早いと言われている。そのために、足の力が落ちて歩けなくなれば、車椅子の生活を余儀なくされる。

「だいじょうぶ、なみちゃん？」

私の後方から、薫が電動三輪車に乗ってやってきた。

「あ、あぁ。へいき、へいきだょぉ」

「浪貝もさ、お母ちゃんみたいな電動三輪車を買えばいいじゃないか」

「なみちゃんなら、かうおかね、はんがく、ふたん、してくれるはずよ」

「……そうなんだぁ」

電動三輪車は、買えば三十万円はする。その費用を行政が半額負担するという話を聞いても、浪貝は関心がなさそうな素振りである。

「わたしもさ、あるくのしんどくなったから、これにのるようになったわけじゃない。でも、どうしても、あるかなきゃいけないときには、あるいているのよ。すこしでも、ながく、あるいていられるように、むりしないのが、いちばんよ」

「………」

「やっぱり、車椅子に乗るのは抵抗があるのか」

「いや、そういうわけじゃ、ないですよぉ、くるまいすに、なったらぁ、なっただからぁ……」

「だったら、考えてみなよ。何かさ、心配だよ……」

「……まぁ、かんがえては、みますよぉ……」

寂しそうな顔をしながら、浪貝は気のない返事をした。

障害者プロレスを始めて、無我夢中に駆け抜けた七年間を暑い夏とたとえるならば、いずれは私たちにも寂しい秋や寒い冬といった季節が訪れるかもしれない。いつまでもドッグレッグスの仲間たちと障害者プロレスをやっていけたら、どんなに楽しいことだろう。しかし、心地よい夢は、いつしか醒《さ》めるときがくるものだ。

みんなが集まったボランティアセンターでは、浪貝の転んだことをきっかけにして、障害者の体の衰えというシビアなテーマが話題になっていた。

「歩けていた人が歩けなくなっちゃうのは辛いよね……」

新垣が悲しそうな表情をする。

「しょうがいしゃは、とぉしとるのがぁ、けんじょうしゃとぉ、くらべるとぉ、じゅうねぇんは、はやいっていうしねぇ。おまけぇに、じゅみょうもぉ、みじかいみたいだしねぇ」

ゴッドファーザーが薄い笑みを浮かべながら言う。

「そうなると、大賀さんは五十歳近いってことなんだ……やだぁ……遥ちゃんのためにも、あと十年は生きてよね……」

瑞穂がお腹を撫でながら、口を尖《とが》らせる。

「あぁとぉ、じゅうねぇんもぉ、いきぃなぁきゃ、いけぇなぁいのかぁ」

「もう、何でそんなことというのよ……」

「いきぃるのもぉ、つかぁれたぁよぉ」

大賀の重みのある言葉に、それまでざわついていたみんなは黙ってしまった。

肉体的な限界が間違いなく訪れる以上、障害者プロレスは永遠に続くものではない。リングを降りた障害者レスラーたちは、今度は矛盾だらけの世の中を相手に、生きるという行為で闘い抜くことになる。それは長くて厳しい闘いになるはずだ。私たちの繋がりも、改めて問われることになるだろう。

ゴッドファーザーたちが熱心に話していても、慎太郎は自分と関係ないような顔をして、弁当をくちゃくちゃと食べている。

「慎太郎さ、お前だって、将来に不安がないわけじゃないだろ。たとえば、もしお前の両親が死んだら、その後はどうするわけ。お前、一人で生きていけるのか？　ご飯作ったり、洗濯したりできるのか？」

「そ、それはですね……」

私が意地悪な質問をすると、慎太郎の箸はすっかり動かなくなってしまった。

興行をしたり、みんなで集まることは楽しい。だが、楽しいだけでは済まない現実が、すでにドッグレッグスの目の前には横たわっている。

ゴッドファーザーは、勇人が成人するまでは頑張って生きていたいという。その一方で、あと十年生きていられるかどうかはわからないともいう。

慎太郎は、相変わらず冴えない仕事ぶりで、ついに減給処分となった。今もらっている月給は八万円である。

菓子パンマンの職場でのいじめはさらに酷くなっている。顔の形が変わるほど殴られ、ついには部屋を追い出された。仕方なく、夜は会社のトラックの運転席で寝ているという。

ウルフは転職に失敗し、失業中である。再就職は難しく、施設に入るか、田舎に帰るかの選択を迫られている……。

現実という名の重い荷は、これからも増え続けていくだろう。


女子プロレスラーが、試合中に死亡する事故が起きたことがあった。

体を鍛え上げたプロレスラーでさえ、不幸なアクシデントが起きるのだ。プロレスが危険な格闘技であるのは間違いない。それを障害者がやるのだから、「選手が試合中に大怪我をしたり死んだりしたらどうするのか」と思う人も多いはずである。

怪我なら治療費を出すことはできるが、もし死亡事故が起きてしまったら、と考えると心配がまったくないわけではない。ただ、年間百試合や二百試合もこなすプロの興行団体と、年間六、七回の興行しか行わないドッグレッグスを、単純に比較することはできないだろう。

試合数が少なく、体のダメージが回復しないまま闘うことで生まれる事故や怪我は、少しでも避けることができるからだ。

それでもプロレスである以上、リングドクターを常駐させていても避けられない不測の事態は起こりうる。綱渡り状態で興行を続けているのは確かなのだ。女子プロレスラーの死亡事故のニュースを知ったスタッフたちは、他人事ではないと、不安そうな表情を隠せなかった。その一方で、障害者レスラーは、まったく動じていなかったりする。浪貝は、私が「死ぬ危険性もあるプロレスを続けるのは怖くないのか?」と聞くと、こう答えた。

「おれにいわせればさぁ、ぷろれすをしてなかったぁ、むかしこそぉ、しんだようなぁ、じんせいだったんだよぉ！ だいたいさぁ、おれにさぁ、ぷろれすを、やめろっていうのはさぁ、それこそぉ、しねって、いってるようなもんなんだよぉ！ もし、しんだらぁ? じょうとうだよぉ、ほんもうだよぉ！ こちとらぁ、しんでもいいってぇぐらいのぉ、かくごでぇ、やってんだからぁ！」

これから一体、ドッグレッグスはどこに行くのだろう。

「なにが、あったってぇ、ぜんぶぅ、りんぐでぇ、たたかううえでのぉ、こやしですよぉ」

浪貝は自信満々に言う。

「ぼくは、はしをかけたいのですね。しょうがいしゃとけんじょうしゃのあいだに、しょうがいしゃぷろれすというなまえの、はしを、かけたいのですね」

慎太郎が遠くを見るような目で言う。

辛い現実に押し潰され、悩み苦しむことも多いが、障害者たちは生きるという闘いに背を向けることはしない。だから、絶望と同じだけの希望を胸に抱いて、私は彼らとともに歩いて行きたいと思うのだ。

たとえ道の先に、どうしようもない悲しみが待っているかもしれないとしても。

最後になったが、書き下ろしを書く機会を与えてくれた、文藝春秋の今村淳さんに感謝申し上げる。

一九九七年九月　　　　北島行徳

文庫版のためのあとがき

「ドッグレッグスは悲願である後楽園ホール進出まで疾走し続けます！」

リングアナウンサーの新垣多恵が、興行の最後に言う言葉である。何の後ろ盾も持たない私たちが、自分たちの力だけで格闘技の殿堂に進出するのは、旗揚げ以来の大きな目標の一つであった。

一九九九年二月十七日、ついに後楽園ホールに会場使用の申し込みに行くことになった。収容人数千八百人に使用料百二十万円と、今までの興行とはスケールが違うが、私たちも九七年十月五日の新宿・歌舞伎町での野外興行では約千人の観客を動員している。決して、赤字覚悟の無謀な挑戦ではない。

営業主任の人の話では、「スケジュールはいっぱいですが、年間を通して水、木曜日はテレビ局が番組収録用に押さえています。テレビ局が使わなければ、その枠をお貸ししましょう」とのことだった。営業主任は、ニュース番組でドッグレッグスの特集を見たことがあるらしく、非常に好意的だった。

ところが翌日、後楽園ホールより「もう一度、相談したい」と電話が来る。前回は事務室だったのが、今度は応接室に通されると、先日の営業主任と営業副部長が現れた。副部長は

「後楽園ホールは古い建物なので、障害者用の設備が整っていない。もし怪我をされると困るので、利用の件はなかったことにしてほしい」と話を切り出してきた。

後楽園ホールがあるのはビルの五階だが、エレベーターがあるので問題はない。トイレも障害者用のものはないが、洋式があれば何とか事足りる。通路に関しては、車椅子が通らないほどの狭さではない。

「もっと悪条件の場所で興行を行ったこともあるし、そもそも介助者がついていれば心配はないですよ」と私が言うと、副部長は席を離れた。すると営業主任が「急に部長が反対しだして……」と、申し訳なさそうに言った。次に応接室に現れたのは、その部長だった。

「学生時代はボランティア活動をしていましてね。障害者には理解があるんですよ」

まず部長は前置きした。

「障害者のお客さんもたくさん見に来るわけでしょ。それで事故があったら困るんですよ。障害者用の設備もないのに、何で貸したんだと言われるのはウチなんですから。それに、もし火事や地震があった場合どうするんですか？　ウチのような会場では、障害者は避難できませんよ」

「つまり、障害者は後楽園ホールに来るなと言うことなんですか？」と私が聞くと、「そう思うなら、そうとってもらっても結構です」と、真面目な顔をして部長は答えた。

馬鹿馬鹿しくて、話にならない。一体、どこが障害者に理解があるのだ。私の形相から殺気を感じたのか、「とにかくご理解くださいよ」と、部長は事を荒立てないように猫撫で声を出し始めた。結局、二時間以上も交渉したが、話し合いは平行線に終わった。

日本人の障害者理解なんて、本当に上っ面だけなのだ。生まれたときから両手両足のない青年の書いた本がベストセラーになることからもそれがよくわかる。「障害を持っていても、ボクは毎日が楽しいよ」という彼の本を読むと、障害者差別など日本には存在しないかのように思えてくる。

しかし、本当にそうなのだろうか。

その本によると、彼も予備校探しは「受け入れる設備がない」と断られて大変だったらしい。だが、彼は「そういうものか」と悲観することもなく簡単に納得してしまう。そして、「前向きに検討しましょう」という善意ある職員たちのいる予備校に通うことになる。

私たちも「そういうものか」と納得し、「前向きに検討しましょう」という会場を探せばいいのか。「障害を持っていても、ボクは毎日が楽しいよ」と言うためには、厳しい現実は直視せず、善意の中にだけ身を置くしかないのか。だとしたら、そんな楽しい毎日はこっちから願い下げだ。

この「後楽園ホール使用拒否事件」を含めて、この本を出版してから二年程しか経っていないのに、私の周りでは相変わらず事件が起こりっぱなしである。

欲獣マグナム浪貝が、彼女と駆け落ち同然で、ドッグレッグスの事務所に転がり込んできた。激怒する浪貝の母親と兄を説得するべく、私は浪貝家に乗り込むのだが、そこで驚愕の事実を知ることになる。

大賀と瑞穂の間に生まれた男の子「遥」。瑞穂は遥を連れ、実家の両親に会いに行くことにした。障害者との結婚を大反対され、家族の縁まで切られた瑞穂だが、果たして途切れた親子の絆は甦るのか……。また、大賀は女装癖とアル中に拍車がかかっていた。二人の間に吹くすき間風が、瑞穂に別居という言葉を口走らせるのであった。

神山は、菓子パンマンのために養護施設を辞め、日焼けサロン「マチズモ」をオープンする。四畳半の部屋で一緒に生活し、やっと菓子パンマンにも平穏な日々が訪れたかに思えたところが菓子パンマンは店の金を盗んで夜逃げしてしまう。行方不明になった菓子パンマンを探す私と神山は、横浜の寿町でヤクザに捕まって強制労働をさせられている菓子パンマンを発見する。

すでに続編が書けるほどのエピソードは山のようにあるので、今後も何らかの形で発表していきたい。

そうやって私が書き続けることが、この本を世に送り出してくれた、今は亡き文藝春秋の今村淳さんへの何よりの手向けになると思っているからだ。初めての書き下ろしで講談社ノンフィクション賞を受賞することができたのも、今村さんの助言によるところが大きかった。

また、文庫化にあたってお世話になった、文藝春秋の今泉博史さん、写真家の南信司さんに、感謝申し上げる。

一九九九年五月

北島行徳

ちくま文庫版のためのあとがき

異常な蒸し暑さが続く夏の日に、汗まみれになって自転車をこいだ。待ち合わせの時間にはまだ余裕があるが、どうせ早く来ているに違いない。案の定、私の事務所がある建物の前に、小柄な猫背の男がうろうろとしていた。ボロボロのキャップをかぶり、よれたシャツとジーンズに身を包み、腰にはウェストポーチを付けている。こちらに背を向けていても、すぐにサンボ慎太郎だとわかった。

「久し振りだな」

私がいきなり声をかけると、慎太郎はビクッと体を震わせた。

「もう。おどろかさないでくださいよ」

慎太郎はグフグフと笑いながら、手に持っていたイヤホンを、ウェストポーチに押し込んだ。

「何を聞いていたんだ?」

「まいけるじゃくそんの、ばっど、なのですね」

真っ黒に日焼けした顔に、満面の笑みが浮かんだ。

なんだか妙に懐かしい気がした。考えてみれば、慎太郎と会うのは二年振りのことだった。

お互いが十代の頃に出会って、今では私は五十三歳、慎太郎は四十九歳になった。三十年近い付き合いになるが、こんなにも連絡が途切れたことはない。ドッグレッグスの二十五周年記念大会を最後に、慎太郎は障害者プロレスのリングから距離を置いていた。ある理由で慎太郎の方から電話がなければ、もしかしたら二度と話す機会はなかったかもしれない。

慎太郎は事務所の椅子に座るなり、コンビニの袋からツナの手巻き寿司を取り出した。

「ちょっとたべていいですか」

ぎこちない手付きで海苔を巻くと、もぞもぞと食べ始める。私はその様子をぼんやりと眺めていた。慎太郎の顔をよく見ると、顎と頰に長い毛が三本伸びていた。髭の剃り忘れという感じではない。ネズミの髭みたいに、ひょろっと伸びているのだ。カピバラが服を着ているような風貌で、言いようのないおかしさが込み上げてきた。

「なにをわらっているのですか？」

「い、いや別に……」

「ぼくはきたじまさんが、ずっとおこっていると、おもっていたのですね」

「俺が怒ってる？　どうして」

慎太郎は手巻き寿司を食べ終わると、ウェストポーチから大量の輪ゴムを摑み出した。精神安定剤の代わりをテーブルの上でこね始める。慎太郎を事務所に呼んだのは、このあとがきのために近況を聞くためだった。

慎太郎「ほら、ぼくがホノルルマラソンに挑戦しようとしたじゃないですか」
北島「ああ、クラウドファンディングで参加資金を集めようしてたやつか」
慎太郎「それで、ほら……北島さんは怒ってしまったのではないですか？」
北島「いや、怒ってないよ。なんでホノルルマラソンに挑戦するのかわからなかっただけで」
慎太郎「昔、テレビでホノルルマラソンを観たことがあって、ずっと憧れていたのですね」
北島「なんかとってつけたような理由だな。そんなの初めて聞いたけど。まあ、それはいいや。自費で参加するのなら理由はなんだっていいと思うし。問題は他人の懐をあてにしたことだよ」
慎太郎「ほら、怒ってる」
北島「別に怒ってないって。お前は仕事をしているわけだろ。ホノルルに行く金がないんだったら、何年かけても貯めて、それで挑戦すればいいじゃん」
慎太郎「やっぱり怒ってる」
北島「だから怒ってないって。正論を言ってるだけだよ」
慎太郎「いや、まあ……クラウドファンディングはいろんな人にやってみないかと言われて……」
北島「そそのかされた、と」

慎太郎「まあ……そうですね……」

慎太郎はホノルルマラソンの参加資金を集めるため、支援者に言われるがままにクラウドファンディングを始めた。この話を初めて聞いたとき、あまりの唐突ぶりに意味がわからなかった。慎太郎のマラソン経験はゼロで、5キロすら走ったことがないのである。クラウドファンディングのページを見ると、何やら他の障害者もホノルルマラソンに連れて行くようなことが書いてある。支援者の目的はこちらにあるような気がした。

ドッグレッグスのファンの出資を支援者は目論んでいたのかもしれないが、障害者プロレスの選手の中には、自費でホノルルマラソンに参加している者がいる。そんな前例があるのだから、今更、ファンも支えようとは思わないだろう。当然のことながら、このクラウドファンディングは失敗に終わった。

すでにマラソンの練習をしていたこともあり、慎太郎はようやく自費で参加することを決意した。貯金していた二十万円を旅行会社に払ったと聞いたときには、初めからそうしろよと思ったが、当時はあえて指摘したりはしなかった。なぜなら、どうせホノルルマラソンを走ることはないと思っていたからだ。

慎太郎は環境の変化に弱く、些細なことで不安にかられてパニックになる。

出会ったばかりの頃、ボランティアのキャンプに一緒に参加したことがあった。慎太郎は宿舎の様子を見るなり錯乱し、キャンプ場から走って逃げ出してしまった。連れ戻しては逃げる。逃げては連れ戻す。そんなことを半日繰り返し、とうとう一泊もしないで帰ってしまった。こんなことを挙げれば切りがなく、さらには飛行機も大の苦手なのだから、どう考えてもホノルルまで行けるわけがない。

それでも、毎日職場までマラソンで通うようになり、休みの日は講習会に参加して走り方を教わった。周囲にはやる気に満ちているように映ったことだろう。だが、私の予想は的中し、慎太郎は出発当日まで悩んだあげく、ホノルルマラソンをキャンセルすることになる。

その頃からだった。ドッグレッグスに慎太郎が顔を出さなくなったのは……。

北島「俺が怒ってると思ったから、ドッグレッグスに来なくなったわけ?」

慎太郎「そういうわけじゃありません。二十五周年記念大会があったじゃないですか。あれで何か気持ちが変わったというか。プロレスは好きだけどこのまま引退でもいいかなと思うようになって」

北島「気持ちが変わったってどういうこと?」

慎太郎「ドッグレッグスって自分をアピールするための場所だったじゃないですか。でも、なんか……今は違うような感じがするのですね……」

北島「え? そんなことないだろ。今も昔もレスラーが自分をアピールする場所だよ」

慎太郎「プロレスっていうより格闘技になっている気がするのですね。なんか試合がすごく激しくなってるし。だからもう自分の出番じゃないのかなと」

北島「うーん。だけどさ、激しいっていうことなら、昔の方が危険だったと思うけど。ルールをちゃんと整備するのが格闘技になるってことでしょ。だけどドッグレッグスの初期にルールなんかあってないようなもんだったじゃない。倒れてるお前の頭を蹴飛ばしたり踏み潰したり……メチャクチャやった記憶があるんだけど。今のドッグレッグスなら全部反則だよ」

慎太郎「まあ、そうですね」

北島「いや、やめるんだったら、むしろ、あの頃だろ。よくあんな目に遭ってもプロレス続けていたと思うよ。まあ、酷い目に遭わせた俺が言うのもなんだけど」

慎太郎「試合が終わってもしばらくは頭が割れるように痛かったり……そんなことはよくありました。膝が痛くて一週間歩けなくなったりとかも。ホントにいろいろと酷い目に遭いましたよ。でも、あの頃は辞めたいとは思いませんでした」

北島「なんで？」

慎太郎「アピールしたかったからなのですね」

ドッグレッグスの中心レスラーとして、慎太郎はさまざまなメディアに取材された。プロレスをやっている動機について聞かれると、慎太郎は「障害者と健常者の間に橋をかけたい」とよく答えていた。しかし、橋をかけなければいけない問題とはなんなのか。そもそも橋をかけてどうしたいのか。「橋」というたとえはできても、話に具体的な中身はない。

突っ込んでインタビューするうちに、あまりに問題意識が低いので「おや?」と思った取材者もいたことだろう。

それもそのはず。慎太郎の頭の中に「障害者のために」なんて微塵もないのだ。

その証拠に普段の生活では本音がぽろりと出る。私が「プロレスの試合でもし失明したらどうする?」と聞いたことがあるのだが、すると慎太郎は「目が見えなくなったら死んだ方がまし」と言い放った。障害者の問題を日頃から真剣に考えていればこんな発言はしないだろう。

では、慎太郎は何をアピールしたくてプロレスをしてきたのか。

長く付き合った末にわかったのは、あまりに馬鹿馬鹿しい答えだった。

慎太郎のアピールしたいこと、それは自分のカッコよさなのだ。

カッコよさと言っても内面的なものではない。あくまで外見だ。慎太郎は鏡に映った自分の姿が大好きで、その気になれば何時間でも見ていられるのだという。

観客にカッコイイ自分を見てもらいたいと、慎太郎は本気でそう思っている。周囲が「いや、そんなにお前はカッコよくないだろ」と言っても意に介さない。慎太郎の強固な自己愛は何があっても揺るがないのだ。

慎太郎は人懐こくて親しみやすい。一緒にいると保護欲を刺激され、なんだか癒される感じがする。しかし、本人は自分のことしか考えていないので、こちらからの思い入れは一方的なものになる。それが余計に人を惹きつける魅力となっているのだろう。ドッグレッグスのドキュメンタリー映画はこれまでに二本製作されたが、どちらの作品も慎太郎が主人公になっている。ただの気のいい障害者では片付けられない。慎太郎には複雑な味わいの魅力があるのだ。

慎太郎が引退状態にあるように、多くのメンバーがドッグレッグスを去っている。ドッグレッグスの象徴の浪貝、私の相棒だった神山、菓子パンマン、ブルース高橋、ウルフファング、ナイスガイ、そして大勢の運営スタッフ……皆、急に連絡がとれなくなり、逃げるように去っていった。

どのメンバーとも濃密な関係だったため、裏切られたようで寂しい気分になった。ただ、酷い離れ方をしなければいけない彼らの心情もわかった。

障害者にとってもっと生きやすい世界を作る。本書を読んでもらえばわかると思うが、ドッグレッグスを旗揚げした頃の私は、プロレスで世の中を変えようと本気で思っていた。冷静になって振り返ると、我ながらメチャクチャである。プロレスで世の中が変われば誰も苦労しない。少し考えればわかりそうなことだが、若気の至りという部分もあったのだろう。手加減なしの戦いの中、仲間を傷つけることに心を痛めながらも、革命に犠牲はつきものとの勢いで突き進んだ。

どこか追い詰められたような気持ちを抱えてはいたが、みんなでプロレスの練習をしたり、興行の準備をするのは本当に楽しかった。だから、仕事をほったらかしにするぐらい、ドッグレッグスの活動にのめり込んでいった。今ならわかる。革命とかいうのは本当は口実で、仲間と過ごす時間が何よりも大切だったのだ。その意味では私と慎太郎は本質的に変わらない。

ドッグレッグスの活動は学園祭がずっと続いているような感じだった。どっぷりはまってしまうと、いつまで経っても大人になれない。しかし、あまりに心地よいので離れることも難しい。だから、連絡をとらないようにするしか断ち切る方法がなかったのだろう。

それでも熱い時期を駆け抜けた仲間との別れは、私の心に引っかき傷をつけたままになっている。

北島「ドッグレッグスの初期メンバーって、もうほとんど残ってないよな」
慎太郎「みんないなくなりましたね」
北島「浪貝のこととか気になったりする？」
慎太郎「別に。浪貝さんは生きてるんですかね？」

どうってことのない過去のように、慎太郎は去っていった人たちを振り返る。自分のことにしか興味がないので、人間関係も妙にドライなところがある。

慎太郎はFacebookに毎日書き込みをしているのだが、そこには悩んだり落ち込んだりする様子も綴られている。心配してアドバイスのコメントを付ける人も多い。しかし、その人たちに慎太郎が「励まされました」とか「参考にします」などの反応をしたことはない。基本、無視だ。Facebookへの書き込みは自分のためだけで、誰かとの交流を目的とはしていない。きっと慎太郎は他人を必要としていないのだろう。

誰からも影響を受けることがなければ、ずっと変わらないまま生きていられる。慎太郎の根っこの部分は、出会った頃とほとんど同じだ。

人は生きているだけでも、仕事や家庭など取り巻く環境が変わる。よくも悪くも同じままではいられないのに、慎太郎はずっと変質しない石のようだ。

だが、それでも人には絶対に避けることのできない変化がある。身内の死もその一つだ。それはまず私の身に起こった。

七年前、その夏の最高気温を記録した日のことだ。

早朝、私の母の住むアパートの大家から電話がかかってきた。

「お母さんが亡くなってるんだけど。こっちにきてもらえますか」

瞬時には言っていることが理解できなかった。母とはつい最近も電話で話をしていたし、そのときは声も元気そうだった。だが、大家が嘘をつく意味などない。私は混乱したまま自転車で母のアパートに向かった。

アパートの側までくるとパトカーが一台とまっていた。路地には大家が立っていて、私の顔を見るなり、落ち着いた表情で近付いてきた。

「すみません。警察にも連絡しておきました」

大家は淡々とした調子で事情を説明してくれた。

ここ数日、新聞が取り込まれてなかったので、心配になってドアベルを鳴らしてみた。しかし、部屋の中から返事はない。ドアノブを回してみると鍵がかかっていなかった。なんとなく嫌な予感がしながら部屋の中に入ってみた。すると母が居間でうつ伏せになって倒れていたのだという。

「部屋の様子で亡くなっているとわかったもので。たぶん熱中症だったんじゃないかな」

大家の言葉に思い当たる節はあった。私が何度注意しても、母は「クーラーをつけるのなら死んだ方がまし」と言い張っていた。

警察官がアパートから出てきたので、息子であることを告げると「これから現場検証をするので」と素っ気なく言われた。部屋の中にはまだ入れないというので、仕方なくその場で待つことにした。しばらくすると辺りにすえた臭いが立ち込めてきた。母の部屋の窓が開かれて、そこから悪臭が漏れているのだ。

どれぐらい時間が経ったのだろう。異常な暑さと悪臭によって頭がぼんやりしてきた。一度、自宅に戻ろうかと思っていると、警察官が部屋から出てきた。

「事件性はないと思いますが、検死のために遺体を署に運びます。よろしいですか?」

さも当然のように言われて、私は少しカチンときた。

「連れて行く前に母に会うことはできませんか?」

「遺体の損傷が激しいのでダメです」

軽い押し問答になったが、警察官は引く様子がない。そんなやりとりをしているうちに、袋に詰められた母が部屋から出てきた。検死が終わったら連絡をすると言い残し、警察官たちは母を車に乗せて行ってしまった。

「それじゃ片付けのこともあるので、ちょっと中を見てもらえますか？」

大家に言われるままに、私は母の部屋に入った。

玄関のドアを開けた瞬間、鼻が曲がりそうになった。外にいたときとは比べ物にならない臭いが、全身に染みこんでいくような感じがした。玄関から台所を抜けて、母が倒れていたという居間に入る。

するとあまりに異様な光景に声を失った。

部屋の中央には大きな赤黒い染みができていた。体液でできたものなのだろう。そこに母が倒れていたことが一目でわかった。この体液が悪臭の元で、部屋の端まで流れていたのだ。

何気なく体液の流れを目で追っていくと、壁際で何かがもぞもぞと動いているのに気付いた。なんだろうと近付いてみると、信じ難い量の蛆虫が湧いていた。

もはや業者に清掃してもらうしかないだろう。とりあえず貴重品だけを部屋から持っていくことにした。

床の染み以外は散らかった様子もなく、まだ日常が続いているようだった。壁のエアコンを確かめると、コンセントが抜かれていた。心の底からクーラーが嫌いだったようだ。

嫁入り道具と言っていた桐のタンスの引き出しから、プロゴルファーの石川遼の切り抜きを何枚も見つけた。ファンだったのだろうか。切り抜きの下には巾着袋があり、通帳、財布、お年玉袋が入っていた。通帳には残高がほとんどなかった。財布には数枚の千円札が細かく折られて丁寧に収まっていた。お年玉袋には孫の名前が書いてあった。正月はまだ先のことなのに、我慢できずに用意してしまったのだろうか。

父が癌で死んでから、母はある男と付き合っていた。競馬と酒と煙草が好きで、母より年下のビルの警備員だった。何度か会ったことがあるのだが、暗くて口数も少なく、何を考えているのかわからない感じだった。私が結婚したのをきっかけに、母はその男と一緒に暮らすようになった。母はホテルで清掃の仕事をしていたので、二人の暮らしはそれなりに安定しているようだった。

母が腰を痛めて働けなくなると、年金だけが収入になったので、家賃や生活費は出してやることにした。私に子供ができると「孫に会いたい」としつこいので、年に何回かは家に呼んでやった。息子としてできることはやる。ただし、一線を引いた距離感で付き合う。過去にいろいろとありすぎて、正直、母とはあまり関わりたくなかった。

もっとも、そうも言っていられない状況になったのは、母と同居している男の電話がきっかけだった。

「今、病院からなんだけど。俺、もう癌で助からないんだ」

電話口の向こうから、男は重く沈んだ声で、いきなり驚く話を切り出してきた。

「それで君のお母さん……もしかしたら気が付いているかもしれないけど、かなりボケてきていると思うんだ。意味不明なことをよく言っているし、急に怒り出しては近所に怒鳴り込んだりとか……そんなお母さんを一人にしてしまうのは本当に心残りなんだけど……申し訳ない。あとはよろしくお願いします」

私は一方的に男の話を聞いていることしかできなかった。何を言えばいいのかわからず、最後に「はい。わかりました。お大事にしてください」と答えるのが精一杯だった。

その電話があった翌日に、今度は男の妹から電話があった。私のところに電話をした後、男は容態が急変して亡くなったというのだ。もはや絶句するしかなかった。まさにあれは最後の力を振り絞った言葉だったのだ。男の妹から聞いた話によると、母は一度も病院に顔を出さなかったらしい。

私の父のときと同じように、一緒に暮らした者の死に目に、母はまたも立ち会わなかった。自分の親ながら呆れ果てた。私の母は何かが大きく欠落しているのではないか。

その後、母は一人で暮らすことになるのだが、ボケてきているという男の言葉は正しかった。部屋に幽霊がいると錯乱し、不動産屋に文句を言いに行ったりと、奇行が目立つようになってきた。私と話していても支離滅裂で、なんらかの手を打たないといけないと考えるようになった。同居はあり得ないので、ヘルパーかデイサービスか。そんなことを考えていた矢先に、母は亡くなってしまった。

母の遺体が発見された翌日、警察署から呼び出しを受けた。

検死の結果を説明されたが、正確な死因はわからないとのことだった。おそらくは熱中症によるものなので事件性はないという。

遺体はやはり見せられないようで、代わりに検死の顔写真を差し出された。

母の顔は皮膚がろうのように溶け、骨や歯が透けて見えていた。映画に出てくるようなゾンビにそっくりで、かろうじて母とわかるような状態だった。遺体の損傷がどんどん進むので、すぐに葬儀をした方がいいと言われ、警察から紹介された業者に準備を頼んだ。

身内だけで葬儀を簡単に済ませると、長い呪縛が解けたような気がした。憎んで、許して、呆れて、また憎み、そして許す。母との関係はそんなことの繰り返しだった。それが続いていったとしても仕方がない。諦めて受け入れるだけだと思っていたが、結局は死別という形で清算されることになった。

母の死は私に悲しみよりも安堵をもたらせた。我ながら冷たいなと思うが、あの母にしてこの子なのだ。

私が母を失ってから七年後、今度は慎太郎に身内との別れがやってきた。

ホノルルマラソンの数日前、慎太郎の母親が病で倒れた。

命に別状があるものではなかったが、慎太郎の精神は不安定になり、これがホノルルマラソンをキャンセルする一番の原因となった。

その母親が退院すると入れ替わるように父親が入院した。定期検査で異常が発見されたのだ。この時点ではそれほど大事とは思っていなかったようだ。

しかし、慎太郎の父親はそのまま帰らぬ人となった。癌の末期だったそうだ。慎太郎から二年振りに電話がかかってきたのは、父親の死を報告するためだった。

そのとき、電話で話しながら私は違和感を覚えていた。

身内の死でパニックになっていると思いきや、慎太郎は拍子抜けするほどに淡々としていたのだ。

北島「慎太郎のお父さんとはちゃんと話をしたことがなかったんだよね。ドッグレッグスの会場で挨拶したぐらいだったかな」
慎太郎「父は何回か試合を観にきてくれました」
北島「一番印象に残っているのは、お前の家が新築されたときだな」
慎太郎「……ああ。あのときですか」
北島「新しい部屋が怖くて家に帰りたくないって半狂乱になったんだよな。ドッグレッグスのミーティングのときに」
慎太郎「はい。そうでした。なんかまあ、今は平気ですけど」
北島「それでドッグレッグスのメンバーで新築の家を見に行ったんだよな。夜中に。お前のお父さんはすごくバツの悪そうな顔をしていたのを覚えてるよ。息子のわがままがこんな大事になって……みたいな感じで」
慎太郎「あのあとはすごく父に怒られました」
北島「せっかく建てたマイホームを、怖いから嫌だって言われたら、お父さんもかわいそうだろ」
慎太郎「そうですかね」
北島「……なんかさ、かなり意外だったんだけど」
慎太郎「何がですか？」
北島「お父さんが死んだらもっと動揺すると思ってた」
慎太郎「父とはいろいろとあって……病院にもお見舞いにはいきませんでした」
北島「どういうこと？」
慎太郎「母が退院してきたばかりでタイミングが悪かったのですね。家のこととかちゃんとしてなかったから、父と喧嘩になってしまったのです」

慎太郎の家族喧嘩はとにかく激しい。
母親は容赦なく慎太郎に拳を振り下ろす。しかし、慎太郎は石頭なので、逆に殴った母親が骨折する。父親はハンガーで殴りかかり、慎太郎はタックルで対抗……そんな話をよく聞かされたものだ。

慎太郎「父はぼくが殺してしまったのかもしれません」
北島「え？」
慎太郎「リビングで激しい喧嘩になったのです。ぼくは父をタックルで倒し、バックにまわってチョークスリーパーをかけました」
北島「首を絞めたのか……それで？」
慎太郎「父はギブアップしました」
四十九歳の男が七十過ぎの父親と、リビングで真剣勝負を繰り広げる。想像するだけでなんとも言えなくなる。慎太郎に首を絞められて「まいった」をした父親は、どんな気持ちだったのだろう。
慎太郎「あのときのダメージで父は死んでしまったのかもしれません」
北島「いやいや。そんなわけないって。だって病気だったんだろ」
慎太郎「まあ、それはそうですが。ショックが大きかったんじゃないかなぁと」
北島「チョークスリーパーで負けて」
慎太郎「はい」
北島「……お前にとってお父さんはどんな存在だったわけ？」
慎太郎「好きじゃなかったです」

北島「え？」
慎太郎「厳しくて怖くて話しにくい人でした。だから好きじゃなかったです」
北島「……そうか。そうなんだ」
慎太郎「だけど、母のことは大好きです！」
北島「ああ。それは知っているよ」

一時間ぐらい話したところで慎太郎はそわそわしだした。どうやら集中が切れてきたようだ。

「のこりのいんたびゅーは、またこんどにしてもいいですか？」

そう言うと慎太郎はテーブルの上の輪ゴムを集め出した。手巻き寿司の包みやポロポロとこぼしていた米粒も、コンビニの袋に無造作に押し込んだ。

「ぷろれすは、いんたいだとおもいますけど、ほのるるまらそんは、ことしこそ、はしります」

「まあ、頑張れよ。一人で走るマラソンの方が向いているかもな。お前には」

「なんか、きょうはあえてほっとしました。きたじまさんは、ずっとあにのようなひとで、いてください」

私はあえて返事はせずに、小さな笑顔で答えた。

慎太郎が事務所を出ていくと、痕跡を残すようにあちこちに輪ゴムが落ちていた。

二年振りに会って話しても、慎太郎はやっぱり慎太郎だった。

プロレスをやめたとしてもそれは変わらない。きっと死ぬまで自分を愛して生きていくのだろう。それはとことん自分を大事にすることでもある。そんな部分を少し見習いたいと思う。

今、なかなかドッグレッグスの大会が開けないでいる。私の仕事が忙しくて準備にかける時間が確保できないからだ。試合をやりたい選手は大勢いるし、観戦を待ち望んでいる人たちもいる。ただ、ドッグレッグスのことが本当に大事なら、無理をしてまでやるべきではないと考えている。

これなら何をさておいてもやりたい。ドッグレッグスは私の人生の一部だから、きっとまたそんなことが見つかるはずだ。どんなものが生み出せるのか、今から自分でも楽しみでならない。

ダメな老人ばかりを集めた「老害者プロレス」などいいかもしれない。

慎太郎にインタビューをした翌日のことだ。

電車で移動中にLINEで連絡があった。

慎太郎〈死にたい〉

北島〈なんで？〉

慎太郎〈お母さんと話してください。なんとかしてください〉

北島〈何を話したらいいんだよ。もう少し詳しく教えてくれよ〉

電話も何度かかかってきたが、電車の中だったので出ることができなかった。

ただ、何が起こったのかは簡単に想像がついた。また母親と喧嘩でもしたのだろう。インタビューではあれだけ好きと言っていたのに……。

Facebookでは「死にたい」「助けて」「ホノルルマラソンは諦める」といった短い書き込みのラッシュが始まっていた。みんなの心配のコメントになんの返事もしないのもいつも通りだ。

本当に何も変わらない。どこまでも変わらない。石のように。輪ゴムのように。

けれども、そんな慎太郎に私はやっぱり心惹かれてしまう。

慎太郎はこれからも「無敵」で、いつまでも「無敵」のままだ。


本書は二十一年前に出版され、長く絶版状態であったものだ。

障害者を取り巻く状況は、当時よりよくなったのだろうか。まるで変わっていないのか。それとも悪くなってしまったのか。

今の社会と比較しながら読んでみる。そんなことができるようになったのも今回の再文庫化のお陰である。本書を発掘してくれた筑摩書房の松永晃子さんには本当に感謝したい。

障害者プロレスの激しい戦いは、若気の至りであったとしても、真剣に誰かを思って起こした行動だった。だから念のような強い思いが本書には宿っている。どんなに時間が経っても消えることなく。

今は亡き今村淳さん、文藝春秋の今泉博史さん、写真家の南信司さんとも、こうしてまた思いが繋がったことを共に喜べればと思う。

二〇一八年八月

北島行徳

解説　祈りにも似た感動

齋藤陽道（写真家）

ラオスでゾウに乗った。四千キログラムの巨体を目の当たりにすると、さすがに圧倒される。

ラオスに来た目的は、ゾウ乗りの免許がもらえるというツアーのためで、通常は三時間で終わるところを特別に二泊三日の濃密なプランを組んでもらったのだ。ちなみに、ドッグレッグスに所属している「高王《たかおう》」も一緒だった。

ゾウに「マプロング」（座って）と声をかける。座ったゾウの膝に足をかけて、ひょんとジャンプしてまたがるやいなや立ち上がるゾウ。ぐうぅんと視界が高く、広くなる。

振り落とされないようにゾウの頭を足で挟むことになるのだけれど、ちょうどゾウの耳の裏になるそこは、人間の脇のように、体温がぽわあっと溜まっている。

ゾウの頭に手を置くと、針金のように太くて固い毛がざくざくっと刺さる。皮膚が分厚いことはわかるのに、手に伝わってくる体温はとてもあたたかい。皮膚の向こうにある筋肉の動きがダイレクトに伝わってきて、艶めかしくすら感じた。

体温がはっきり分かることに、なんだか驚いてしまった。ぼくとなんら変わらない血肉の通う身体だった。「たぶんゾウの体温って低いんだろうな」という見た目からの勝手な思い込みがあったことに気づかされる。触れることで、そんな先入観がすっかり覆された。

トウキビをあげようとすると、長い鼻を使い、数本をなんなく一気に鷲摑みして、わっしわしと食べる。いろんなゾウの鼻の使い方を見ていると、好きなトレーナーにちょんちょんと触れたり、前を歩いていて邪魔なゾウのおしりをトントンと叩いてどくように促したり、しゃぶりながら居眠りしていたりと様々に活用していた。

滞在している間、六頭のゾウの鼻を抱いてみた。そうしているうちに、それぞれのゾウの鼻から噴き出される吐息の匂いの微妙な違いに気づくようになる。

ぼくが仲良くなったゾウは、三十二歳のオスで「キャーメィ」という名前だという。なんと二〇一八年で三十五歳になるぼくと同年代だったのだ。それまでは単なる雑学にすぎなかった「ゾウの寿命は平均七十歳」ということが、自分自身と地続きの生々しい事実に変貌したのをそのとき感じた。高王は二十三歳のメス「ティーン」といっしょによく散歩していた。

それまで、ただ「ゾウ」とひとくくりにしてきたけれど、皆、それぞれに名前のあるひとつの存在なのだった。ひとりずつ名前があり、性格や個性がある。そのことに気づいてみれば、ゾウひとりひとりの性格がよりはっきりと見えてきた。落ち着いた子、くいしんぼうな子、すこぶる荒っぽい子、せっかちな子。

みんな、生きている。みんな、性格が違う。

当たり前だ。生命をもつ存在として、それぞれが一個人であり、みんながみんな異なっている。本当に、そんなのは当たり前のことだ。だけど、ラオスに来るまでのぼくにとって、それは当たり前ではなかった。

イメージだけでは追いつくことのできない、現実の重みというものがある。一過性の体験ではなく、ちょっと粘り強く付き合ってみなければ、ゾウたちそれぞれの性格の違いを知るに至ることはできなかった。

自分ではない誰かが体験した話や、本やテレビなどで読み聞きした「ゾウ」の断片的な情報をもとにして（なんと恐ろしいことに、その情報をほぼ絶対的なものとして）、一個人として存在している彼らの個性を無いものとしていたことがわかった。

罪深いことだと思う。けれども、情報過多の現在、そんなふうにして現実の重みを引き受けず、個性を無いものとしている存在が他にもいるのではないか。

＊　＊　＊

二十三歳のとき、「写真をやろう」と思った。なぜ写真なのかわからないままながらも、「写真じゃなきゃだめだ」という強い直感だけがあった。

それまでは忌み嫌うものでしかなかった写真というものを知るために、地元の図書館にある本すべてを手にして、写真がどんなふうに使われているのかを学ぼうとしていたときがあった。長いあいだ写真を嫌っていて、撮るのも見るのも避けてきたというブランクがあったので、修行というかリハビリというか、極端なくらいのことをしようと思ったのだ。一体、何千冊あったのか。当時はサラリーマンをしていたので、休日を使って、一日中、図書館にこもりながら医学書から絵本までと幅広く本に触れていく。そうして数ヶ月後、最後に残ったのが福祉のジャンルにある本たちだった。そこは最も敬遠していたコーナーだった。

障害者による自伝は、笑顔一辺倒のものが多い印象があったために苦手だった。笑顔を前面に打ち出した装丁の本は、まるで「障害があっても、頑張って生きていけばなんとかなるよ」という綺麗事をうそぶいているようにしか思えなかったからだった。

ぼくは生まれつきの感音性難聴で、物心がつくころから周囲の大人たちに「聞こえる人のようになりなさい」と言われてきた。そうして、たくさん発音訓練をして、きれいに発音しようとしてきた。でも伝わらないことが多く、逆に、相手の発言を聞き取ろうとしても、全然、聞き取れなかった。どんなに努力しても、聴者のようにはできなかった。そんななかで差別やイジメを受けてきたことから、どうやったって障害者は健常者並みになれないんだという劣等感をもっていた。

小学校にあがるころから、ぼくの顔には愛想笑いが張り付いていた。どんな人であれ、「健常者／聴者」と話すときは、格上の存在に対するように、追従するように愛想笑いするのが当たり前だと思っていた。能力的にはそんなに変わらないはずなのに、聞こえて話ができるというだけで認められていく（ように見えた）人たちが羨ましくて妬ましかった。

社会は不公平だ。

そんな思いが鬱積していたからこそ、その不公平さをごまかし、むしろ庇うような笑顔の写真には「綺麗事ばっかり！」と腹が立った。

だから、歯を剥いて威嚇する人物が写った小ぶりなモノクロ写真で装丁された『無敵のハンディキャップ』（単行本）を手にしたときには、「これは、他と何かが違うぞ」と感じた。

寝食を忘れ、のめりこんで読んだ。それまでに読んできた障害者関連の本とは次元が違っていた。

まるで目の前にその人がいるかのような臨場感ある文章、頭でっかちの理屈だけではない体感の伴った生々しい描写、それでいながら全体に漂うのは、人と関わることの面倒くささや哀しみをそれでも肯定してくれる仄明るいユーモア。それがぼくを夢中にさせた。

これまで「障害者」と一言で済ませていた者たちにも、ひとりひとりに名前があり、心が、苦悩が、容易には語りえない愛の形があるのだという当たり前のようなことを、深く、知り直した。同時に、抗えないような運命へ、それでも挑もうとする者にこそ、豊穣な生の瞬間が訪れるのだということをも教わった。

ああ、こんなふうに、人間と関わることができたなら！

ああ、こんなふうに、身体ひとつで対話をしたい！

そう強く憧れた。この憧れは、ぼくの望む写真への大きな指標となった。

＊＊＊

冒頭のゾウの件のように、誰かがあつらえた情報や、言葉ひとつで何かわかったようになる態度は、本書を読むまでのぼくの「障害者」という言葉に対するものでもあった。

二十歳になるまでのぼくは、他の障害がある人と出会う機会がほとんどなかった。というよりも、「障害者」というレッテルを外して、「ひとりの人間」として接しようとする姿勢が備わっていなかった。

さらに、愛が地球を救うらしい二十四時間テレビで「苦難をのりこえて頑張っている障害者」の姿を観ながら涙を流していた。またさらに最悪なことに「ぼくもあなたたちの側だからね、わかるよ、わかる」という甘えた言い訳をこしらえて一銭も募金せず。でも、翌日にはすっかり忘れていた。

つまりは、うわべだけの感動をタダで消費して「自分よりも大変な人がいる」という優越感をもとうとしていた。なんという倒錯。今となっては、思い出すだけで、おへそがねじれとれそうなほどに恥ずかしい黒歴史である。

たとえ自分が健常だと信じていても、事故にいつ遭うかわからないし、病気や老いを避けることはできない。死に向かう宿命をもつものとして、皆、遅かれ早かれ、誰であろうとも必ずなにかの当事者となる。本書は、自分もなにがしかの当事者であるはずなのにそのことを棚に上げて、他者への想像を欠いた人々へ鋭いナイフのように突き出されている。

言葉や数字でまとめることは、ひとりの存在の重みを、たいらに均す効果がある。そうすることで統計がとりやすくなり、未来にあるべき形を予測・軌道修正することができる。そのためにも必要な視点ではあるが、処理することに長けたそのまなざしを、あまりにも当然のように使いすぎてはいないだろうか。

本書を読みながら浮き上がってきたものは、ひとりの存在の重みと向き合うことをしないまま、小利口に屁理屈ばかりこねて自分の中へ閉じこもりながら、人間を消費・処理することになんの疑問ももたない傲慢さだった。

社会の万人が飲み込みやすいようにと、徹底していびつさを取り除いた美辞麗句の物語がのさばる現状に対して、北島さんはドッグレッグスという団体を、アンチテーゼのナイフとして尖らせてきたのだろう。

そのナイフは、ぼくにも刺さった。人生を大きく変えるほどに、深々と。

本書と出会った日からわずか半年後、ぼくはドッグレッグスでレスラー「陽ノ道《ひのみち》」としてデビューすることになった。二〇一〇年以降に行われた興行にはすべて参戦している。

入団テストとしてドッグレッグスのスパーリングへ初めて行ったとき、「ああ、本が、現実につながっている」と思った。初めての場所とは思えなかった。本書で描かれている情景が、そっくりそのままあった。本の続きへとスムーズに接続されていて、まったく図々しいことだけれども「ずいぶん、ごぶさたしちゃったな」というような懐かしさすらあった。

つまりは、本書を読んだときから、ぼくの中にドッグレッグスのひとりひとりが立体感をもって棲みついていた。だから、初めてのはずのスパーリングにもすんなりと馴染めたのだろう。それほどまでに生々しい人物描写が本書にはある。

＊　＊　＊

リングの上に立っている。眩しいライトに照らされて、リング一面は雪景色のようにただただ白く、ぎらぎら光っている。真っ白な荒野の果てには、相手がいる。ぼくにゴングの音は聞こえないが、レフェリーが手を振り下ろして試合の開始を告げる。

向き合うその人は、だいたいがなんらかの特性を抱えている。下半身不随、精神の病、盲目、ひきこもり、脳性麻痺……。こんなにも人間の身体は多様だ。けれども、殴り殴られて、ときに血を流して、全身を、心を、揺すぶられるうちに、「障害」というものが溶けていって、ただの人間と人間のぶつかり合いとなっていく。向き合う相手の生身による現実の重さがのしかかる。

痛い。痛い。汗。涙。肉の身体。筋肉。体温。血。血の味。鼓動。

ああ、ぼくは生きている。同じように、おまえも生きている。この身体で生きている。ともに生きている。ただそれだけだ、ただそれだけだった！

ドッグレッグスのリングで相手と向き合うたびに、この素朴な驚きを鮮烈に知り直している。まったくたまらないぜといつも思う。

リングの上には、健常者も障害者もなく、ただの人間同士としてのせめぎ合いによる生の深みから噴きあがる感動があった。祈りにも似た感動は、決して消費されることがない。独り強く屹立する感動こそが、人の心を本当に揺るがす。

揺れる心とともに、読者自身も己のうちにある弱さをこそ見つめたくなることだろう。そうして、その弱さをさらけだしながら、ゆっくりと時間をかけて、未知の他者と向き合おうとする勇気を与えられていることにも気づくだろう。

ぼくはその恩恵を感じてやまない一人である。

この作品は一九九七年十二月文藝春秋より刊行され、
一九九九年六月に文春文庫に収録されました。

生きさせろ！　雨宮処凛

若者の貧困問題を訴えた記念碑的ノンフィクション。湯浅誠、松本哉、入江公康、杉田俊介らに取材。JCJ賞受賞。最終章を加筆。（姜尚中）

ライカでグッドバイ　青木冨貴子

ベトナム戦争の写真報道でピュリッツァー賞にかがやき、34歳で戦場に散った沢田教一の人生を描いたノンフィクションの名作。（開高健／角幡唯介）

英国セント・キルダ島で知った何も持たない生き方　井形慶子

イギリス通の著者が偶然知った世界遺産の島セント・キルダでの暮らしと社会を日本で初めて紹介。実在した島民の目を通じてその魅力を語る。

霞が関「解体」戦争　猪瀬直樹

無駄や弊害ばかりの出先機関や公益法人はもういらない――地方分権改革推進委員会を舞台として、官僚を相手に繰り広げた妥協なき闘いの壮絶な記録。

完全版 この地球《ほし》を受け継ぐ者へ　石川直樹

22歳で北極から南極までを人力踏破した記録。ほとばしり出る若い情熱を鋭い筆致で語るデビュー作、待望の復刊。カラー口絵ほか写真多数。（管啓次郎）

脱貧困の経済学　飯田泰之／雨宮処凛

格差と貧困が広がり閉塞感と無力感に覆われている日本。だが、経済学の発想を使えばまだ打つ手はある。追加対談も収録して、貧困問題を論じ尽くす。

日本帝国と大韓民国に仕えた官僚の回想　任文桓《イム・ムナン》

植民地コリア出身の著者は体制の差別と日本人の援助を受け、同胞の為に朝鮮総督府の官僚となる。植民地世代が残した最も優れた回想録。（保阪正康）

釜ヶ崎から　生田武志

失業した中高年、二十代の若者、DVに脅かされる母子――。野宿者支援に携わってきた著者が、「究極の貧困」を問う圧倒的なルポルタージュ。

戦場カメラマン　石川文洋

眼前の米兵が頭を撃ち抜かれ、擲弾銃によって解放軍兵士が吹き飛ぶ。祖国を守るため、自由を得るため、差別や貧困から脱するため……。（藤原聡）

テレビは何を伝えてきたか　植村鞆音／大山勝美／澤田隆治

テレビをめぐる環境は一変した。草創期から番組作りに携わった「生き字引」の三人が、秘話をまじえて歴史をたどり、新時代へ向けて提言する。

東京骨灰紀行 小沢信男

両国、谷中、千住……アスファルトの下、累々と埋もれる無数の骨灰をめぐり、忘れられた江戸・東京の記憶を掘り起こす鎮魂行。（黒川創）

大正時代の身の上相談 カタログハウス編

他人の悩みはいつの世も蜜の味。大正時代の新聞紙上で129人が相談した、あきれた悩み、深刻な悩みが時代を映し出す。（小谷野敦）

大山康晴の晩節 河口俊彦

空前の記録を積み上げた全盛期。衰えながらも、その死まで一流棋士の座を譲らなかった晩年。指し手と人生から見る勝ち続けてきた男の姿。（yomoyomo）

万国奇人博覧館 J-C・カリエール／G・ベシュテル 守能信次訳

無名の変人から、ゴッホ、ルソーらの有名人、「聖遺物」「迷信」といった各種事象や営みまで。人間の業と可能性を感じさせる超絶の人生カタログ。

聞書き 遊廓成駒屋 神崎宣武

名古屋中村遊廓跡で出くわした建物取壊し。そこから著者の遊廓をめぐる探訪が始まる。女たちの隠された歴史が問いかけるものとは。（井上理津子）

消えた赤線放浪記 木村聡

「赤線」の第一人者が全国各地に残る赤線・遊郭跡を訪ね、色町の「今」とそこに集まる女性たちを取材した貴重な記録。文庫版書き下ろし収録。

町工場・スーパーなものづくり 小関智弘

宇宙衛星から携帯電話まで、現代の最先端技術を支えているのが町工場だ。そのものづくりの原点を、元旋盤工でもある著者がルポする。（中沢孝夫）

『洋酒天国』とその時代 小玉武

開高健、山口瞳、柳原良平……個性的な社員たちが創ったサントリーのPR誌の歴史とエピソードを自ら編集に携わった著者が描き尽くす。（鹿島茂）

「社会を変える」を仕事にする 駒崎弘樹

元ITベンチャー経営者が東京の下町で始めた「病児保育サービス」が全国に拡大。「地域を変える」が「世の中を変える」につながった。

ドキュメント ブラック企業 今野晴貴・ブラック企業被害対策弁護団

違法労働で若者を使い潰す、ブラック企業。その「手口」は何か？ 闘うための「武器」はあるのか？ さまざまなケースからその実態を暴く！

あぶく銭師たちよ！　佐野眞一

昭和末期、バブルに跳梁した怪しき人々。リクルートの江副浩正、地上げ屋の早坂太吉、〝大殺界〟の細木数子など6人の実像と錬金術に迫る！

宮本常一が見た日本　佐野眞一

戦前から高度経済成長期にかけて日本中を歩き、人々の生活を記録した民俗学者、宮本常一。そのまなざしと思想、行動を追う。（橋口譲二）

新 忘れられた日本人　佐野眞一

佐野眞一がその数十年におよぶ取材で出会った、無私の人、悪党、そして怪人たち。時代の波間に消えて行った忘れえぬ人々を描き出す。（後藤正治）

「心」と「国策」の内幕　斎藤貴男

「がんばろう、日本」が叫ばれる危ういこの国で、「国民」の内面は、国や公共、経済界にどう利用されていくのか？　政治経済、教育界まで徹底取材！

初代 竹内洋岳に聞く　塩野米松

日本人初、八千メートル峰14座完全登頂を達成した竹内洋岳。生い立ちから12座目ローツェの登頂に成功するまでを描き、その魅力ある人間性に迫る。

游侠奇談　子母澤寛

飯岡助五郎、笹川繁蔵、国定忠治、清水次郎長……正史に残らない侠客達の跡を取材し、実像に迫る、游侠研究の先駆的傑作。（松島榮一／高橋敏）

決定版 切り裂きジャック　仁賀克雄

19世紀末のロンドンを恐怖に陥れた切り裂きジャック。日本随一の研究家が、あらゆる角度からジャック事件の真相に迫る決定版。（菊地秀行）

半農半Xという生き方【決定版】　塩見直紀

農業をやりつつ好きなことをする「半農半X」を提唱した画期的な本。就職以外の生き方、転職、移住後の生き方として。帯文＝藻谷浩介（山崎亮）

増補版 ドキュメント 死刑囚　篠田博之

幼女連続殺害事件の宮崎勤、奈良女児殺害事件の小林薫、附属池田小事件の宅間守、土浦無差別殺傷事件の金川真大……モンスターたちの素顔にせまる。

武士の娘　杉本鉞子　大岩美代訳

明治維新期に越後の家に生れ、厳格なしつけと礼儀作法を身につけた少女が開化期の息吹にふれて渡米、近代的女性となるまでの傑作自伝。

ちくま文庫

無敵《むてき》のハンディキャップ
障害者《しょうがいしゃ》が「プロレスラー」になった日《ひ》

二〇一八年十一月十日　第一刷発行

著　者　北島行徳（きたじま・ゆきのり）

発行者　喜入冬子

発行所　株式会社　筑摩書房
東京都台東区蔵前二―五―三　〒一一一―八七五五
電話番号　〇三―五六八七―二六〇一（代表）

装幀者　安野光雅

印刷所　星野精版印刷株式会社

製本所　株式会社積信堂

ISBN978-4-480-43550-7 C0195